华中师范大学中国农村研究院

智库书系·地方经验研究

丛书主编／徐　勇　邓大才

# 清远改革：
## 以治理有效引领乡村振兴

任路　李博阳　方帅 等◎著

社会科学文献出版社
SOCIAL SCIENCES ACADEMIC PRESS (CHINA)

# 《智库书系》编辑委员会成员

# 总　序

地方经验研究是由华中师范大学中国农村研究院推出的系列著作。

中国作为一个古老的文明大国，能够在 20 世纪后期迅速崛起，展现出强大的活力，得益于改革开放。20 世纪 80 年代兴起的改革开放，重要目的就是"搞活"，在搞活经济的过程中确立了市场机制。市场竞争机制不仅激活了经济，而且激活了地方和基层的自主性和创造性。极具战略眼光的顶层设计和极具探索精神的地方基层实践以及两者之间的良性互动，是中国政府推动现代化建设取得巨大成功的秘诀。中国改革开放的路径就是：先有地方创造的好经验，中央加以总结提高上升为好政策，然后经过若干年推广再确定为好制度。本书系正是在这一背景下推出的。

我们华中师范大学中国农村研究院自 20 世纪 80 年代开始，就关注农村改革，研究农村治理，并以实地调查作为我们的基础和主要方法。调查一直是立院、建院和兴院之本。在长期实地调查中，我们经常会与地方和基层领导打交道，也深知地方和农村基层治理之不容易。地方和基层治理的特点是直接面对群众、直接面对问题、直接面对压力。正因为如此，地方和基层领导势必要解放思想，积极开动脑筋，探索解决问题的思路和方法，由此有了地方创新经验。我们自觉主动地与地方进行合作，通过理论与实践相结合，共同探索地方发展路径并总结地方创新经验，起始于 2011年。当年初，地处广东西北部的云浮市领导为探索欠发达地区的科学发展之路，专程前来我院求助请教，我们也多次前往该市实地考察、指导和总结。至此，我们开启了地方经验研究的征程，并形成了基本的研究思路和框架。

地方经验研究的目的，主要是发现地方创造的好经验、好做法、好举措，突出其亮点、特点和创新点。中国的现代化是前所未有的伟大实践，必然伴随大量问题。对不理想的现实的批判思维必不可少，需要勇气；而促进有效解决问题的建设思维也不可或缺，需要智慧，两者相辅相成，各有分工，共同目的都是推动社会进步。作为学者，我们不仅要持公正立场评点现实，更要参与到实际生活中，理解现实，并运用自己的智慧与实践者一同寻求解决问题之道。历史的创造者每天都在创造历史，但他们往往不是自觉的，学者的参与有可能将其变为自觉的行为；历史的创造者每天都在创造历史，但他们往往并不知道自己在创造历史，学者的总结则可以补其不足。地方与基层的探索是先行一步的实践，需要总结、加工、提炼，乃至推介，使更多人得以分享；地方与基层的探索是率先起跑的实践，需要讨论、评价、修正，乃至激励，使这种探索能够可持续进行。我们的地方研究便秉承以上精神，立足于建设性思维。

地方经验研究的方法，绝不是说"好话"，唱"赞歌"。在地方经验研究中，我们遵循着以下三个维度：一是地方做法，时代高度。尽管做法是地方的，但反映时代发展的趋势，具有先进性。二是地方经验，理论深度。尽管是具体的地方经验，但包含相当的理论含量，具有普遍性。三是地方特点，全国广度。尽管反映的是地方特点，但其内在价值和机制可复制，具有推广性。正是基于此维度，我们在地方经验研究中，非常注意两个导向：一是问题导向。地方和基层实践者之所以成为创新的主要动力，根本原因在于他们每天都必须直接面对大量需要处理的问题。解决问题的过程就是实践发展的过程。二是创新导向。解决问题是治标，更重要的是寻求解决问题的治本之策，由此就需要创新，需要探索，也才会产生地方好经验。怎样才是创新呢？需要有两个标准：一是历史背景。只有将地方经验置于整个宏观历史大背景下考察，才能理解地方创新由何而来，为什么会产生地方创新。二是未来趋势。只有从未来的发展走向把握，才能理解地方创新走向何处去，为什么值得总结推介。

我们正处于一个需要而且能够产生伟大创造的时代。地方经验研究书系因时代而生，随时代而长！

主编　徐　勇

2015 年 7 月 15 日

# 目　录

# 总体调查篇

# 专题调查篇

# 导论

## 清远改革，以治理有效引领乡村振兴

　　党的十九大提出了乡村振兴战略，将"产业兴旺、生态宜居、乡风文明、治理有效、生活富裕"列为五大总要求。然而在具体实践中，五大要求在乡村建设中往往难以协同并进，如何协调处理好五大要求的关系，实现乡村整体振兴，仍待地方实践来破题。

　　为推动乡村振兴真正落地，清远市以"治理有效"为引领，以治理能力提升为关键，构建起现代化基层治理体系，为乡村振兴找到了发力点，找准了突破口。具体而言，清远市以重塑治理主体能力为核心，突破组织脱力困境，确保振兴有"内力"；以健全服务体系为前提，补齐基础设施短板，保证振兴有"助力"；以焕活经营要素为支撑，摆脱发展贫血桎梏，确保振兴有"动力"；以再造乡风文明为保障，填补乡村文化缺口，确保振兴有"气力"。清远市成功地发挥了治理有效的杠杆作用，让村民得以有效自治、让政府得以有效治理、让市场能够有效参与，形成了多元主体协同振兴的发展格局，让乡村不仅从"面子"上得到振兴，更让基层的"里子"得到发展，实现了由"单一建设、短期发展"到"全面振兴、长久振兴"的转变，为实现"乡村振兴"提交了一份令人满意的答卷。

## 一 以基层治理为牵引，强化党的领导能力，突破"参与乏力"困境，把好乡村振兴的"方向盘"

从"管理民主"到"治理有效"的要求的变化，不仅体现出治理模式的转变，也彰显出了"治理"在其中的重要作用。为此，清远市深入推进"重心下移"，强化基层党组织的领导，重塑乡村自治能力，为乡村振兴提供了强劲动能。

### （一）强化党领能力，找准组织龙头

清远市以"党组织重心下移"为抓手，健全基层党组织领导体系，提升基层党组织治理能力，牵住改革的"牛鼻子"。首先，健全基层党组织节点，形成全域一体的基层党组织网络。清远市不断创新基层党组织设置方式，推动党组织建设重心下移，通过选派第一书记、设立联合党支部等途径，在全市1023个行政村的自然村中建立9383个党支部，实现了基层党建工作的纵深发展和广度延伸。其次，提升基层党员整体素质，践行党引民治的协同治理逻辑。清远市以重心下移为契机，推动党员倾斜性发展，重点在村民小组长、村民理事会成员、经济能人中发展党员，有效地支持和保障了村民自治。目前，清远市的农村党员发展指标占比达到57.5%，其中高中以上学历的党员占比达到50.7%，35岁以下的党员占比达到54.1%，农村党员队伍的素质得到了整体提升。最后，落实基层党组织参与机制，确立党领经济的发展思路。清远市将党支部建在自然村，发挥基层党组织的"主心骨"作用，以适度的规模治理，保障村支两委能够有效整合集体资源，谋求村庄经济发展。连州冲口村党支部组织村民成立蔬菜生产专业合作社，带动西岸镇30多个村庄500多户农户种植蔬菜，2014年合作社种植蔬菜8000亩，销售产品1.2万吨，产值达6000多万元。

### （二）重塑自治能力，激活主位功用

清远市以"自治重心下移"为契机，通过在自然村设立村委会、成立村民理事会、建立经济合作社等措施，理顺了乡村自治逻辑，激活了乡村自治的主体功能。第一，村委会下移，规模适度，激发自治活力。清远市将村民委员会建立在自然村，实现了行政与自治的分离，"在门口的村委会"也为村民自治创造了广阔空间，破解了行政村自治难的问题。西牛镇

陈书记讲道："自治重心下移后，自然村成立村委会，村民在生产生活中遇到的问题可以直接向村委会反映，村民通过内部协商解决了很多矛盾纠纷。"第二，理事会整合，对接传统，赋予自治内力。清远农村依托深厚的自治传统与文化基因，在自然村层面普遍成立村民理事会，实现村庄发展和村民自治需求的无缝衔接，激活了乡村改革的内生动力。目前，清远市的自然村共成立了 16803 个村民理事会，充分吸收了传统文化中的自治精神，激发农民的主人翁意识，村民理事会已经通过参事、议事成为改革发展中的重要支柱力量。第三，经济社协同，聚焦发展，强化自治动力。清远市以经济社为纽带，激励村民积极参与乡村自治与产业发展，目前已经成立了 19589 个经济社，深入推进农业"三品"工程，发展壮大家庭农场、合作社等新型农业经营主体。新城村经济社大力推动集体经济发展，2015 年仅山林流转一项就为村集体创收 20 万元，集体经济增强了村民之间的利益联结，进一步凝聚了村庄建设力量。

### （三）提升治理能力，汇聚改革合力

清远市在"重心下移"完善乡村治理体系的基础上，进一步转变政府职能，激活农民主体，整合社会资源，提升乡村治理综合能力，为改革发展凝聚多方合力。一是转变政府职能，以统筹规划为改革引路。清远市探索政府权责一致和乡村自主规划建设相结合的模式，按照新农村、产业、土地、公共服务和生态规划"五规合一"的要求，健全"市—县—乡镇—村"融合发展的体制机制和政策体系，为农村综合改革指引了方向。二是激活农民主体，以自我创建为改革护航。清远市加强政策引导和宣传发动，充分调动广大农民的积极性和创造性，在改革中探索出"四不补""农民筹工筹劳筹资"等建设措施，变"要我建"为"我要建"，使农民成为改革发展的受益者和建设主体。阳山县杜菜村发动村民筹资筹劳，投入资金 150 万元、人工 5000 多工时，拆除危旧泥砖房、猪牛栏 186 间 3120 平方米，购置生活垃圾收集箱 328 个，清理卫生死角 103 处，清理积存垃圾 52 吨。三是鼓励社会参与，以资源整合为改革添力。清远市充分利用"广东扶贫济困日"等活动平台，积极引导社会各界参与乡村振兴，吸引乡贤回乡投资，为乡村改革增添动力。连州市熊屋村通过企业垫资、社会捐资等方式，投入 200 多万元开展特色村

创建，引入连州市熊福地农业生态观光旅游开发有限公司，利用村民闲置住宅改建农家旅馆 7 间 28 套客房，可同时接待游客 60 至 70 名，每月给村中带来近 3 万元收入。

**二 以经济治理为核心，焕活经营要素，摆脱"发展贫血"桎梏，点燃乡村振兴的"引擎"**

清远市以经济治理为导向，充分借力"三个重心下移"，有效发挥地方自治力量，推动涉农资金整合，促动土地资源调整，带动乡村产业发展，探索出了一条"以治理促经济"的改革试验之路。

**（一）在整合资金中切入，"死资金"变"活资源"**

清远市以自治重心下移为契机，因地制宜，探索涉农资金整合方式。第一，组织重心下移，涉农资金整合主体更易凝聚。借助组织重心下移，有效界定各方权责，是清远市涉农资金整合迈出的第一步。具体而言，包括组织引导，农民自愿，政府协调。通过上述做法，基层组织、农民与政府之间的权责关系更为清晰，为涉农资金有效整合奠定了基础。清远市在涉农资金整合中充分尊重农民意愿，组织村民与村小组集体签订《授权委托书》，通过上述方式，阳山县整合涉农资金 2046.9 万元、"一事一议"财政奖补资金 886.25 万元，撬动了 4000 多万元、150 多个美丽乡村的建设项目。第二，自治重心下移，涉农资金范围更易界定。通过自治重心下移，清远市厘清了涉农资金整合的范围，解决了较大范围内资金涉及面广、整合力度小的问题。各村在整合非普惠性涉农资金、普惠性涉农资金的基础上，撬动市场资金的进入，助力乡村振兴战略。仅 2014 年，阳山县 73 个村委会 364 个村小组就通过上述方式整合普惠性涉农资金 2046.9 万元；截至 2015 年，清远全市共整合非普惠性涉农资金 8.93 亿元，达到资金集中投放的整合效果。第三，服务重心下移，涉农资金整合方案更易落地。借力服务重心下移，依规层级推进涉农资金整合，是清远市涉农资金整合中一直重视的问题。具体做法包括：制定规划，重点突破；项目依托，共同配套；优化组合，优势互补；各方协调，统筹推进等。2014 年以来，清远市制定《清远市财政涉农资金整合实施方案（试行）》《清远市财政涉农资金整合 2016 工作要点》《清远市 2016 年涉农资金整合工作考核评价办法》等一系列文件，为涉农资金整合提供了强有力的制度保障。

**（二）在土地调整中深化，"斗笠地"变"高标田"**

在自治规模调整中，村庄有了发展的组织抓手，也获得了发展的方向指引。各村自组织将闲散的土地整合成片，激活乡村发展的土地要素，为农村实现规模化经营奠基铺路。第一，政策配套，土地整合有依据。按照中办土地置换相关政策精神，2015年3月，广东省农业厅印发《关于鼓励通过互换解决农户承包地细碎化问题的指导意见》，提出要通过土地整合、完善田间配套设施、提高耕地质量和土地利用率，实现承包地块相对连片。在上述基础上，清远市财政安排了3300万元资金推动本市土地整合工作。第二，自主谋划，土地整合有动力。清远市在土地整合过程中，借助自治重心下移契机，充分协商，初步制定"耕者优先""大者优先""同等条件抽签"等原则，机动灵活置换零碎化地块，土地整合动力凸显。叶屋村按照上述原则，将原户均11块的零散、抛荒土地整合成为户均2块，为实现规模化种养打下了坚实的基础。第三，因村定策，土地整合更有效率。清远市在土地整合过程中，充分结合不同村庄的实际，探索出多种土地整合方式。具体包括：以"集体统筹，重新分配"为主的叶屋模式；以"集体统筹，有偿承包"为特色的红崩岗模式以及以"集体统筹，统一经营"为特色的中华里模式。中华里村将96户村民承包的126亩责任田和2600多亩山地统一整合到村集体，由村委会统一托管，极大地发挥了土地的整合效应。

**（三）在重整产业中落地，"穷弱远"变"富强新"**

清远市在上述资金整合、土地整合的基础上，引进产业，优化结构，促进产业发展，"治理有效"在产业发展中得以夯实。第一，聚合财政资金，助推产业稳健起步，夯实自治基础。离开产业发展，村庄自治便缺乏长久为继的基础。清远市各村庄在充分尊重民意的基础上，将农业补贴、扶贫资金等财政涉农资金聚合起来投资于产业，解决了村庄产业起步难的问题。2016年，官坑村利用扶贫专项资金12万元，购买了4万株麻竹苗进行栽种，实现了麻竹产业的起步。第二，借力集体收入，支撑产业快速发展，筑牢自治阶梯。缺乏村庄集体资金的进入，村庄产业难以发展，自治的阶梯也难以筑牢。村集体利用集体收入投资村庄产业，成为产业"股东"，壮大了村庄产业的运营资金。龙坪镇白瓦村用集体收入出资购买牡丹苗，村集体成为占股 30% 的股东，助推了牡丹种植产业平稳发展。第三，吸纳农户资金，确保产业持久发力，巩固自治根基。唯有产业发展，乡村才有长期自治的基础。村集体采取阶段性资金"入股"的方式，"借"村民闲散资金用于产业投资，缓解了产业拓展的资金压力。如中华里村利用村民的入股资金，建成 80 多亩的红葱头基地，该基地日渐成为中华里村的主导产业。

### 三　以民生治理为保障，构筑宜居村庄，补齐"基础设施"短板，协调乡村振兴的"车轮"

在城乡二元格局的长期影响下，农村公共服务一直属于"短腿"一方，但在重塑自治能力的带领下，清远各村庄不仅开始进行自我服务，并通过组织化力量开始与大市场对接，打造了生态宜居的新农村面貌，也为农村振兴提供了持续的"营养"支持。

#### （一）完善基础服务，筑牢攀登底座

基础性公共服务是乡村发展以及村民生活的最基本保障，在自治引领与他治支持下，清远市农村普遍开始了自服务，让农村面貌得以焕然一新。一是自规划。过去，佛冈县里岗村村民利用美丽乡村创建机遇，在村民理事会牵头之下，村民们共同商议，召开大小会议 30 多次交流意见，终于集体通过建设文化室的提议，并通过理事会成员合作设计，自主绘制了文化室建设图纸。二是自筹资。其一是村民自筹。人口 330 人的福联村，通过自筹的形式，聚合了 60 多万元自治资金，建起了 270 平方米的文化室、乡村公园及标准篮球场。其二是社会募捐。中和村的三位理事成员自筹路费去往深圳"化缘"，争取到在外经商村民陈东培支持的 45 万元，占文化室建设总金额的 60%。其三是集体提成。佛冈县上西村经过村民会议同意后，规定每年村集体收入的 10% 留作"村提留"，充当公益金，作为公共建设所用。三是自建设。自治有效的牵引作用同样体现在组织村民自主建设方面，如连州市蓝屋村规定每家每个人需要出三个义务工，党员干部则要带头出 10 个义务工，若在外不能出工也需要出 100 元买一个工，以多种形式参与到建设过程当中。而新屋村则采取记账出工、未来分工的形

式鼓励大家参与。新屋党支部动员村中的年轻人修建机耕路，并记录下工时，在集体收入增加后予以补偿。

### （二）健全经济服务，注入外部营养

传统小农在面对大市场时往往处于弱势地位，为此清远市大力加强经济类服务，让村民在提升能力的同时接轨市场，促进农村农业现代化。首先，自立自强，完善生产服务。一方面，发展合作社服务，"以点带面"。连州市西岸镇冲口蔬菜生产农民专业合作社适应市场需求，创新开设农事服务超市，为各类有需求的农户及周边合作社、农产品生产企业提供农业生产服务，如菜单式耕作服务、标准化种植辅导、特殊型疑难解惑等。另一方面，利用平台服务，"以面聚源"。如今，金竹片区的村民们除了可"足不出村"便办理行政事项外，还能享受农业生产服务、农产品购销、农机服务、农业技能、电子商务培训等服务。其次，内外结合，联动销售服务。一为自助销售。红崩岗村村民自发组织建起了"无人售货点"，将农户收获的农产品包装标价，利用无人平台，实现"自选货物、自投货款、自备零钱"，为村民闲置农产品找到了销售渠道，也填补了市场与政府服务的"边角地带"。二为抱团销售。如阳山县江英镇大桥村村民周养和 105 户村民组成了清远鸡养殖合作社，并连接电商平台，除在自己的网店里卖，也打上"阳农"的品牌，通过阳山新农村供销合作社的网上平台来出售。2015 年一个季度合作社在网上便卖出了 1 万多只鸡，每只鸡售价 198 元，四个月销售额超过 200 万元。最后，互助信贷，健全金融服务。龙塘经济联合社最初是由 15 位村民自筹建立信用合作部，开展互助金融服务。合作部采取封闭运行模式，只有村内成员方能以资金入股，并需由一名会员或者发起人股东为信用担保，由此村民可享受 1∶10 的生产发展贷款，为村民发展生产提供了内部"燃料"。

### （三）优化行政服务，塑造宽松环境

"办事跑断腿"是过去农村行政服务的常态，为破除农村服务最后一道屏障，清远市努力完善行政服务体系，为农民生活、创新创业提供了良好宽松的氛围。第一，调整服务单元。清远市将过去的"乡镇—村（行政村）—村民小组"调整为"乡镇—片区—村（原村民小组、自然村）"，在乡镇以下根据面积、人口等划分若干片区，建立社会综合服务站，通过

下放审批权限，让其更多地承担党政管理和公共服务职能。如西牛镇将过去13个行政村改为13个片区服务站，又根据实际需要打造了三个综合服务平台，为服务开展提供了优化的单元以及平台支撑。第二，延伸服务触角。龙塘村公共服务站根据7名村干部的不同分工，安排了不同的代办项目，涉及37个部门667个行政审批事项和社会服务事项，为全村5500人代办各种证照等事务。村民足不出村即可办成各种事项。第三，转变服务机制。清远市通过"网络高速公路"的建设，依托微信公众号，使行政服务在线上得以运转起来。村民在网上即可进行服务申请，各部门相关业务员集中时间在线答复群众的服务申请，能在线上解决的线上解决，不能在线上解决的由各部门统一协调时间地点办理，实现了"群众少跑冤枉路，网络服务多跑路"。

## 四　以文化治理为归宿，再造乡风文明，破除"精神滑坡"痛点，培育乡镇振兴"加速板"

清远市以乡风文明建设为契机，一方面加强传统文化的保护和传承，另一方面建设现代化乡村文化体系，为乡村改革"寻根铸魂"，树立乡村振兴的文化自信。

### （一）打造乡贤文化，重塑文明标杆

习近平总书记提出："大力发掘并鼓励'新乡贤'反哺乡村、参与乡村治理，使其成为促进乡村进步、革除'精神荒芜'的重要实践者和引领者。"清远市深翻乡贤文化的沃土，充分发挥新乡贤的优势，为乡风文明建设提供了重要的引领力量。首先，乡愁呼唤，新乡贤"凝民心"。2017年，清远市评选出最美乡贤7人，通过乡贤的带动作用，革除村庄的陈规陋习，重拾尊老爱幼、团结和睦等优秀文化，赋予乡贤文化以时代气息。佛冈县石角镇中华里村最美乡贤李庚原回村之后，通过修建村庄篮球场、开展敬老活动、举行升国旗仪式等，革除了村庄的赌博、喝酒等不良风气，凝聚了村民的集体意识。其次，资源整合，新乡贤"聚民力"。清远市通过新乡贤回村，不仅为乡风文明建设注入了新鲜血液，而且充分利用了新乡贤的模范带头作用，为乡村改革聚集了人力、物力和财力。连南县寨岗镇杜屋村"最美乡贤"杜少武累计垫资110多万元，带动全村43户

313 人，自主建设了篮球场、儿童乐园、文化室等村庄基础设施。最后，发展规划，新乡贤"干实事"。"空谈误国，实干兴邦"，在清远市的美丽乡村建设中，涌现出大量的新时代乡贤，他们通过带动乡村产业发展、规划村庄前景等发挥着"柱石"的作用。阳山县黎埠镇前锋村"最美乡贤"江建青主动放弃国外高薪工作，回到家乡带领村民开展土地置换整合和规模经营，在美丽乡村建设中捐资 12 万元，充分发挥了新时代乡贤的带头示范作用。

**（二）弘扬优秀家风，树立个人良俗**

家庭是社会的基本细胞，家庭和睦则社会安定，家庭文明则社会文明。清远市从细节着手，大力塑造家庭文明，保证了乡风文明建设"落地生根"，建立起"个人—家庭—村庄"三位一体的文明习俗。一是以核心价值观焕新家规家训。优良的家规家训是家庭美德的微观载体。清远乡村以社会主义核心价值观重塑传统家规家训，规范家庭成员的文明行为。连州市龙坪镇李屋村开设"国学课堂"，每周末组织村中小学生学习家规家训、社会主义核心价值观等内容，目前已经举办了 10 余次，共有 100 多人次参与学习，培养了村民爱家爱国的优良品德。二是以文明活动传承家庭美德。清远市在农村普遍开展了家庭美德评比活动，以群众喜闻乐见的优秀文化活动作为乡风文明的重要载体、创新落实乡风文明的有效手段。2017 年，连南县寨岗镇杜屋村开展"最好婆媳"评比活动，共评出 7 个"好家婆"和 14 个"好媳妇"，发放奖励金 15400 元，营造出浓厚的尊老爱幼的家庭氛围。三是以家庭监督落实村规民约。清远市倡导"家村一体"建设，将村规民约与和谐家风相结合，实现了村规民约由"花架子"到"真功夫"的蜕变，有效地促进了文明乡风的落地。连州市九陂镇王屋村以美丽乡村创建为契机，制定新的村规民约，约定不能在村中公共区域放养家禽，通过家庭之间的互相监督约束，有效地解决了村中散养家禽的问题，维护了村庄的整洁卫生。

**（三）培育公共精神，形成善治秩序**

清远市通过乡风文明建设，提升了村民的公共文明意识，通过多种措施保障村民持久参与，维护了乡风文明建设的成果，进而使乡风文明从个人走向村庄，塑造了乡村的公共精神。其一，致力乡村美丽，提升公共认知。清远市通过"整洁村""示范村""特色村""生态村""美丽乡镇"等五个梯度创建，有条不紊地开展美丽乡村建设，整体上提升了村民对于家乡的认同感和归属感，使他们能够自觉维护乡村发展的成果。英德市叶屋村理事长介绍："现在乡村建设得越来越好，村民们认为公共卫生是大家共同的事情，都会自觉维护生活环境。"其二，健全文明制度，保障公共参与。清远市乡村通过一事一议、民主议事的规则，进一步激发民众参与的积极性。佛冈县石角镇红崩岗村确认了理事会一事一议与民主议事的规则，确保每一位村民都能够参与到村庄文明建设中，党支部邱书记说："现在大家都要按规则来参与精神文明活动，村民会按照规则持久地参与乡风文明建设。"其三，落实以奖代补，激励公共建设。清远市统筹新农村建设、产业发展、土地整合、公共服务和生态文明等部门的资金和建设要求，形成了美丽乡村建设的指标体系，市财政每年安排1.5亿~2亿元的财政专项资金，通过以奖代补政策支持美丽乡村建设，激励村民共同开展人居环境、绿色发展、富民强村、基层治理、和谐共享等方面的建设。

### 五 围绕有效治理，撬动综合改革，摆脱"乡村衰败"泥泞，走上乡村振兴的"大道"

#### （一）有效治理是统筹乡村振兴的"纵贯线"

党的十九大提出实施乡村振兴战略，加强农村基础工作，健全自治、法治、德治相结合的乡村治理体系，并将治理有效作为乡村建设的总要求之一。乡村经济的转型势必推动乡村治理的转型，乡村振兴必须以治理有效为出发点和落脚点。清远市在农村综合改革中，以"三个重心下移"为抓手，以美丽乡村建设为推力，以党组织重心下移健全基层党支部，以村民自治重心下移实现民事民办，聚合各方改革力量。在乡村建立起"党支部提事—村民理事会议事—村民代表大会决事—村委会执事"的基层组织关系，促进了乡村治理体系和治理能力的现代化，加速了基层治理方式的转型，破解了基层治理主体缺位难题。通过"党委领导、政府主导、农民主体、部门协作、社会参与"的共创机制，建立起"以治理有效统筹乡村振兴，以乡村振兴促进有效治理"的良性互动模式，夯实了农村综合改革和乡村振兴的治理根基。

**（二）经济复苏是复兴乡村文明的"主动脉"**

"仓廪实而知礼节，衣食足而知荣辱。"一个民族要实现复兴，既需要强大的物质力量，也需要强大的精神力量。在乡村振兴中，必须推动物质文明和精神文明协调发展，实现乡村发展的双轮驱动。为此，清远市坚持农业农村优先发展原则，制定《"十三五"期间推进美丽乡村建设实施意见》，以"产业兴旺、生态宜居、乡风文明、治理有效、生活富裕"为目标，实施"人居环境、绿色发展、富民强村、基层治理、和谐共享"等五大创建工程。在"整洁村、示范村、特色村、生态村、美丽乡镇"五个梯度创建美丽乡村中，清远市始终坚持处理好经济发展和乡风文明的关系，探索出"以美丽乡村助力乡村旅游，以乡村旅游激励乡风文明"等发展模式，通过乡村经济的持续发展夯实乡风文明的物质基础，实现了"以经济发展助力乡风文明建设，以乡风文明深化经济发展内涵"，为乡村振兴提供了物质和精神的双重动力。

**（三）服务等值是避免农村"掉队"的"药方子"**

习近平总书记多次强调："在全面建成小康社会的征程中，必须加快补齐农村这块'短板'，决不能把农民落下，决不能让农村掉队，决不能一头是发达的工业和繁荣的城市，另一头是凋敝的农业和荒芜的农村。"要补齐农村的"短板"首要的是补齐基础公共服务的短板。在自治牵引下，农村有了完善服务供给与健全服务治理的新载体，一方面是改变了过去"由上到下"的服务体系，变"政府要建"为"农民要建，政府协助"的双向互动格局，农民的服务需求得以由下至上传达，公共服务也可延伸到底，让农民真正从服务中受益。另一方面服务健全也可为其他改革协同推进提供助力。服务的提升不仅是振兴的基础，也倒逼农村地区协同深化其他改革，由此形成了以服务治理助力其他层次治理同步推进的有机格局。

**（四）清远振兴的终极价值在于实现"农民富裕"的总目标**

党的十八大以来，以习近平总书记为核心的党中央高度重视精神文明建设，强调实现中华民族伟大复兴的中国梦，物质财富要极大丰富，精神财富也要极大丰富。清远以"治理有效"为牵引，协同带动经济治理、文化治理、服务治理齐头提升，成功让产业兴旺找到了新的动力点，为乡风文明找到了结合点，给生态宜居找到了突破口，在多元振兴攀升中切实保障了发展成果农民分享，使农民不仅富了"口袋"，也富了"脑袋"；让农村不仅富了"面子"，也富了"里子"，真正实现了物质财富与精神财富两手抓，有效推动了乡村振兴五大要求的有机互动与协同振兴。

# 理论研究篇

# 第一章

## 重心下移，改革乡村治理体制

执笔人：朱虹燕

　　20 世纪 50 年代实行的人民公社制度使乡村治理高度组织化，70 年代末 80 年代初的家庭联产承包责任制则促使人民公社体制解体，引发了乡村治理体制的重构和重建，形成了"乡政村治"体制，把国家治理权力延伸至乡镇一级，在广大农村地区则实行村民自治。村民自治作为一项制度已实施 30 多年，实践中基于国家治理需要以行政村为村民自治单位，遭遇到极大的挑战，陷入了治理的困境。行政抑制自治，他治替代自治，自治流于形式，乡村治理更多的是依靠外力的推动，村民自治制度处于"空转"状态。2014 年中央一号文件提出，要"探索不同情况下村民自治的有效实现形式，农村社区建设试点单位和集体土地所有权在村民小组的地方，可开展以社区、村民小组为基本单位的村民自治试点"。英德市西牛镇正是在此政策背景下，探索村民自治的有效实现形式，实行自治重心下移，禾湾村成为试点单位之一。

　　禾湾村是英德市西牛镇赤米片区的一个自然村，位于西牛镇圩西面，距离镇政府约 4 公里，共有 110 户 540 人，其中中共党员 7 人，有水田 330 亩，旱地 730 亩，山地 1428 亩。2013 年村集体收入 21 万元，村民主要收

入来源于种植砂糖橘、大棚蔬菜和外出务工，2013 年人均纯收入为 7000
元。禾湾村曾是远近闻名的"上访村"。2013 年西牛镇成为村建改革的试
点镇，禾湾村利用政策机遇，成立村级自治组织，将村中闲置丢荒的 400
亩土地集中起来，通过公开竞标的方式，将其中 138 亩旱地发包 20 年，集
体增收 101.61 万元。之后禾湾村利用这笔启动资金，发展村中公益事业，
改善村庄居住环境，进行美丽乡村建设。昔日的上访村，如今忙致富。

## 一 改革的背景：自治的现实困境

改革开放以来，广东省农村基层治理模式经历了几次调整。1986 年，
广东省参照全国大部分地区的做法，将原来设在公社的区公所改设为乡
镇，而将原设在生产大队的小乡镇改为村民委员会。1989 年，将原设在生
产大队的村民委员会改为管理区办事处，作为乡镇的派出机构，同时把村
民选举下沉到村民小组，把村小组改为村民委员会。1998 年，广东省统
一撤销农村管理区办事处，并在原管理区办事处一级设立村民委员会，形
成了农村基层"乡镇—行政村—村民小组（自然村）"三级管理体制，一
直延续至今。总的来看，村民委员会的设置层级经历了"自然村（萌芽）
→行政村（1986 年）→自然村（1988 年）→行政村（1998 年）"的变
迁。从十几年的自治实践来看，以行政村为基础开展村民自治遭遇了极大
的困难和体制性的障碍。

### （一）行政村村民自治的弊端

#### 1. 行政压力过大

村民自治是基层群众自治的基本形式，是推进基层民主的重要形式。
实际上，以服务村民自治为己任的村委会，同时承担了行政职能与自治功
能，呈现出明显的附属化和行政化倾向。上级党委政府习惯于把村委会当
成下属机构分派工作任务，村委会实际上成了最基层的政府，村干部也习
惯于对乡镇政府负责、按政府要求办事，村委会自治功能淡化，村民自治
权利被"悬空"和"虚置"。赤米行政村村委会每年要承担上级政府分派
的 13 大项工作任务，包括扶贫开发、计划生育、殡葬改革等，且每项任务
都需要进行考核。赤米村委会干部只有 6 人，完成乡镇政府交办的工作任
务已是疲于奔命，致力于村民自治工作更是"有心无力"。郭支书表示：

"哪有这么多精力管其他事，基本的工作都做不完。"近年来，赤米村委会干部的工资补贴提高了，虽调动了村干部的工作积极性，但进一步强化了村干部"对上负责"的意识，而忽视了"对下服务"的责任，村干部与村民之间疏远、隔离甚至对立。过大的行政压力，压得村干部喘不过气，无法分身处理村民自治事宜，村民自我管理、自我教育、自我服务的积极性没有调动起来。土地权属、村居建设、村务管理、村民之间的矛盾等本应由村民自治解决的问题，往往需要上交到乡镇政府。如禾湾村与邻村的山林权属问题，得不到及时的解决，村民层层上访，破坏了乡村和谐，造成了基层的不稳定。

2. 管辖范围过宽

清远市以山区为主，农村人口居住分散，辖有 1022 个行政村，大的行政村有近万人，小的行政村也有上千人，管辖范围一般都在几十公里左右。西牛镇下辖 12 个村民委员会和 1 个社区居委会，302 个村（居）民小组，管辖范围过宽，加之近年来，随着新农村建设力度的加大，各级政府在农村公共服务设施建设上投入力度也越来越大，但实际中公共服务设施都集中在村委会所在的村，有的自然村距离村委会十几公里，许多村民难以享受到村中公共服务设施，如村庄文化室、文化广场、村民公园等，公共资源享受不均等。另外，行政村"两委"面对相对庞大的服务对象，在提供农村公共服务、加强社会管理方面，往往鞭长莫及。村民反映："平时见村干部的次数少之又少，更别说面对面沟通交流了，在填写相关表格或需要完成行政工作时才会打交道。"此外，村庄和村小组（自然村）的集体公共事务往往无人问津，村民忙于生产而不关注村务公开，村务监督更是乏力，村民陷入政治冷漠状态。部分热心村民反映："即使很想改变村庄环境，改善生产生活条件，但现有的基层自治模式难以提供有效的政治参与渠道，结果也是'有力无处使'。"

3. 自治纽带缺失

基层民主自治的前提是自治组织的成员间必须有共同的利益，或者是共同的经济利益，抑或是共同的血缘关系。清远市现有 19000 多个自然村，西牛镇辖 302 个自然村，赤米片区辖 33 个，自然村大多是因家族或其他历史原因自然形成的居民聚居的村落，具有天然的血缘、族缘等联系纽带，而行政村所辖的自然村之间难以形成利益共同体，因此村委会选举容易演变为宗族、自然村之间的利益竞争。在村委会选举中往往是大姓或大村的人担任村支书或村委会主任，很难协调各村之间的利益，甚至造成村民分化隔阂乃至对立冲突。据政府工作人员反映："每一届村级组织换届选举时，都需要花费大量精力去协调人选，保证选举的顺利进行，选举完成后还需花费很多精力去弥合村民之间的矛盾与隔阂。"选举产生的村委会干部难以赢得民心，威信不高，在实际中很难开展村务工作，久而久之，热情退减，责任心减弱，对村庄事务更是"爱管不管"。流于形式选举的村委会很难发挥自我服务、自我管理、自我教育、自我监督的村民自治组织的作用。此外，从人民公社时期的"三级所有，队为基础"开始，农村集体"三资"就基本集中在过去的生产队，也即现在的村民小组（自然村）一级，行政村基本没有多少集体资产。村小组（自然村）之间在发展集体经济方面形成共识难度大，村委会很难把不同的村民小组或自然村的村民意愿、集体资产统一起来去发展集体经济。由于产权归属村民小组，行政村在土地集约流转、拆旧房建新农村等工作上更是"寸步难行"，一些村民不仅不理解，还恶语相向，村庄建设进程缓慢，环境一如从前，村民不齐心不齐力，发展动力缺乏，后劲不足。

**（二）村庄发展的迫切需要**

1. 二十多年持续不断的上访

禾湾村（姓郭）曾是远近闻名的上访村，跟邻村下洞村（姓丘）因园树山（背夫山）、石岩洞（将军山）山林权属纠纷，二十多年来持续不断上访，曾多次到英德、清远、广东省甚至北京上访。据悉，两村素有积怨，解放前，由于械斗，郭姓一村民被丘姓村民殴打致死后，两村村民开始互不往来。到1992年，禾湾村因山林权属纠纷向英德县司法局提出调处申请，县司法局派员调解未达成协议，后交西牛镇人民政府受理。同年7月23日，西牛镇人民政府做出处理决定，将山林权属判归下洞村所有，禾湾村收到判决后不服，向英德县山林调处办申诉。1992年12月25日，县人民政府做出处理决定，将山林权属判归禾湾村所有。下洞村对判处决定不服，逐级上诉被驳回后，将争议山地发包给本组村民丘炳新用于种植果树。1996年，西牛镇政府规划硬底化赤米片区乡村公路，禾湾村民不同意将经过其村庄约 200 米长的道路硬底化，导致丘姓村民即使有小车也开不回村，有路难行，村民对此怨声载道，更进一步激化了两村之间的矛盾。双方村民因此逐渐把问题归咎于西牛镇政府。2012 年禾湾村、下洞村分别到清远上访。禾湾村二十多年来不断上访，以致集体经济无人管理，集体土地闲置丢荒，还因此用去村中集体经济款项近 20 万元。

2. "有田没人耕，有人没田耕"

土地是农民的基本生产资料，禾湾村地处山区，村民的主要收入来源于务农和外出务工。土地零碎化和贫瘠化使土地的增值功能不断减弱，仅仅依靠务农已不能满足村民的生活需要，村民生活水平不但没有提高反而有不断下降的趋势。加之与邻村因山林权属纠缠了二十多年，村民们都疲惫不堪，更是无心发展经济，家里经济条件稍微好点的村民都外出定居，有一半村民在珠三角等外地定居，有 20 多户村民在西牛镇街居住，真正在家务农的仅有 30 余户。村庄多年停止发展、村民居住分散，由此催生了一系列的矛盾，一部分外出村民将自家田地借给兄弟或亲戚耕种，更有部分村民无暇耕种又不愿给别人耕种，就在自家的田地上种上竹子，竹子吸肥能力强，生长速度快，久而久之，严重遮挡了周围田地的阳光，造成田地无法耕作，禾湾村出现了"有田没人耕，有人没田耕"的怪现象。村民常因此发生纠纷。据村干部反映："村民经常因为竹子遮挡邻家田地阳光和耕牛糟蹋邻家田地禾苗等小事情发生争执，三五天就要去处理纠纷，更有甚者发生争执斗殴。"这些不仅影响了村民的生产生活，更是破坏了村庄的和谐。

3. 村庄集体经济薄弱，民心涣散

禾湾村集体经济收入仅来源于山地租金，收入来源单一。二十多年不断的上访已耗尽村中所有的资金，上级的拨付款仅够维持村中日常的管理运作，村庄集体经济薄弱。一方面，村民的收入来源于种植砂糖橘、大棚蔬菜和外出务工。由于土地肥力不断下降，砂糖橘树到了一定的种植年限，容易染上黄龙病，但凡染病的果树即使挂果也无味，必须把树砍掉方可根治，加之砂糖橘的市场价格波动大、竞争激烈，依靠种植砂糖橘的农民收入大不如前，甚至严重亏本。禾湾村村民种植的大棚蔬菜多为冬瓜、茄子和豆角，受多雨天气的影响，蔬菜虽然产量高，但质量不佳，多腐烂在田地里，该部分收入也一年不如一年。外出务工的农民因教育水平、工作技能、工作经验等因素在工作机会、工作待遇、工作环境上比城市居民都略低一筹，务工收入水平也较低。禾湾村无论是集体经济收入还是村民的个体经济收入都处于较低水平。经济上的无力使村庄没有发展资金，村民无法改善生活水平，村庄无发展，村民无进步。另一方面，村民平时缺乏沟通和交往，只是在上访问题上才齐心齐力，其他时间多各忙自家的"一亩三分地"，对于村庄事务和村民间的事都抱着"事不关己，高高挂起"的心理。村民像一盘散沙，缺乏内在的凝聚力，不仅政治冷漠，更是在"熟人社会"也陌生。

**（三）村庄改革的有利条件**

1. "长年累月"的公共精神

首先，禾湾村是郭姓单姓村，村民历代住在同一片土地上，有着共同的祖先和文化传统，受宗族传统的影响，每年定期祭拜祖先的活动、节日祠堂香火旺盛的传统、不定期的祠堂翻新和维修，不仅成为村民的"习惯性活动"，还在村民间形成了一股内在的凝聚力。其次，禾湾村村民由于与邻村的山林权属纠纷不断上访，争取村庄山林权属的过程提高了村民对村庄公共权利的认知，村民不自觉间开始关心村庄公共事务，潜移默化地培育了公共精神。公共精神在基层民主治理过程中发挥着重要的作用，扮演着必要的角色，主要体现为：形成村民对村庄公共利益或者集体利益的认同和维护；使村民积极参与村庄公共事务；推动个体利益与公共利益之间的共赢等。经过二十多年的上访，村民意识到村庄公共利益是需要争取和维护的，一致认为："山地林权自解放前就属于禾湾村，当然要争取。"在村主任的组织下，村民"各司其职、各出其力"。上访培育了村民的公共精神，在村庄治理上激发了村民的内在凝聚力，有效提高了村民参与村庄公共事务、维护村庄共同利益的积极性。

2. "一心为村庄"的带头人

随着村民自治的发展，村庄能人的作用日益凸显，他们积极介入农村基层政治生活，甚至主持村庄治理，形成了独特的能人治村模式。村庄能人通过政治参与确立在村庄中的绝对权威，发挥了村庄集体经济发展的"领头羊"作用。能人作为政府和农民的中介，对农村经济和社会的发展起着重要的领导作用，也是当前新农村建设欲取得成功的主要依靠力量。西牛镇丘镇长认为："改革最重要的是要选好带头人。"杨副镇长认为："执政者的理念对乡村的治理至关重要，村庄的发展必须要有一个好的带头人。"禾湾村就具备这样有利的改革条件，年逾半百的郭支书谈起建设美丽禾湾村时壮志不已，他常说："都是为了村庄发展好，不计较那么多，再大的困难也要克服。"郭支书心系村民，处处为他人着想，至今未娶妻生子，自家10多亩的砂糖橘疏于管理，也面临黄龙病的侵害，严重失收，他并没有怨天尤人，而是马上联系了一位广西的老板提供技术，带领村民转变生产结构。在村民都住上新楼房的今天，他仍然住在旧泥砖房里，村中商讨发展大计、家长会的召开都是借助弟弟的新楼房来进行的。大公无私的他带领着村民集约土地、盘活资金，进行新农村建设。

3."幸福邻村"的生活启示

村民自治也被喻为草根民主，它的生命力在于实践，在于群众创造幸福生活的内在需要。在乡村治理改革中要尊重群众的首创精神，政府要善于在实践中发现有价值有代表性的做法，再加以总结提升，形成模式后加以推广。西牛镇在乡村治理体制改革中形成了值得借鉴的模式，其中小湾片区新城村模式主要是村民自治、流转土地、壮大经济，规划村中建设。新城村践行村民的事村民办的村民自治，壮大了集体经济，改善了村庄旧貌，村民住上了新楼房。与此同时，花田片区迳下村模式的要义在于集约山林土地、壮大集体经济、发展公益事业。幸福邻村的路径主要在于有组织带头、有建设资金、发展公益事业、建设新村，村民因此过上了有新楼有新村的幸福生活。禾湾村村民受幸福邻村的启示，深刻领悟到只有改变才有发展，愿意放下历史恩怨，致力于新村建设。"把环境搞好，住得舒服才是最重要的，老是斗来斗去对谁都没好处。"郭支书说道。

## 二　改革的做法：自治重心的下移

清远市乡村治理体系改革的主要内容在于自治重心的下移，切实发挥农民在乡村治理中的主体作用。

一是村民自治重心下移。为使村民自治组织能够充分发挥自治功能，清远市将现行的"乡镇—村—村民小组"调整为"乡镇—片区—村（原村民小组、自然村）"的基层治理模式。首先，把原来的行政村改为片区党政公共服务站，作为乡镇派出机构，接受乡镇政府的领导和监督；其次，以村民小组或自然村为单位设立村委会，开展村民自治，真正实现村民的事情村民定、村民管、村民监督。

二是公共服务重心下移。为改善乡村公共服务，乡镇建设服务中心，片区成立服务站，自然村设服务点，实行乡镇、片区、村三级公共服务平台的对接，努力实现农村群众生活服务、文体活动、医疗保障、矛盾调解"四不出村"。党政服务站作为政府性公共服务和农村基层社会管理的平台，负责向片区所辖自然村统一提供政府性公共产品、公共服务，进行公共管理。

三是党组织设置重心下移。镇党委在下辖片区设立了党政公共服务站，建立了片区党总支，同时在片区下辖的村（原村民小组或自然村）建立了党支部。在条件具备的村办企业、农民专业合作社、专业协会等组织中建立了党支部，扩大了党组织的覆盖面。建立健全党领导的村级基层组织运作机制，建立健全班子联席会议制度、党群联席会议制度，可确保党组织在讨论决策本村经济社会发展的全局性重大问题中发挥领导核心作用。

西牛镇作为清远村建改革的试点镇，改革分成了三步走。第一步：完善村级基层组织建设，包括在片区设立党政公共服务站和片区党总支或支委。第二步：在重新划分的村设立党支部和理事会。第三步：进行村级换届选举，终止原村委会运作，依法依规成立新划分的村的村民自治委员会。西牛镇丘镇长表示："改革就是政府帮忙搭台，群众唱戏，演员和唱戏的都必须是群众。"西牛镇总人口5.3万人，总面积245平方公里，下辖12个村民委员会和1个社区居民委员会，302个村（居）小组，11个居民小组。改革后，成立了片区服务站13个，成立党总支10个，村级党支部130个，村委会130个，理事会135个（见图1）。

西牛镇赤米片区下辖33个村民小组，共有农户1193户，总人口6300人，党员142人，原有"两委"干部6人。于2013年3月召开党员大会，成立了中共赤米片区总支部委员会，党总书记由镇党委副书记丘琅彪担

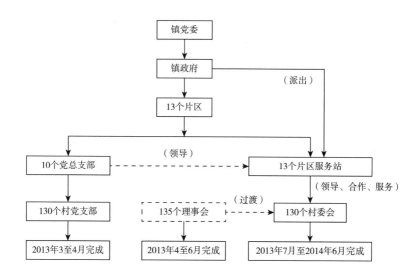

**图 1 西牛镇乡村治理体系**

任，总支委员沿用原行政村 5 名党支部委员。于 2013 年 5 月挂牌成立了赤米片区党政公共服务站，对上承担镇下派的行政事务，对下服务村民，指导自治事务的开展。服务站现有工作人员 6 人，分别为党政公共服务站站长、文书、民兵营长、妇女主任、治保主任和计生专干。于 2013 年 4 月，在党总支组织下，成立了 15 个村（联合）党支部，采取"双直选"选出支部书记和支部委员；家长会选举或"直选"选出村中热心公益、威信高的能人乡贤成立了 18 个理事会；由党支部牵头，按一个党支部对应一个村委会的模式，2014 年换届选举时成立了 15 个村委会，其中联合村委会 8 个，独立村委会 7 个（见图 2）。

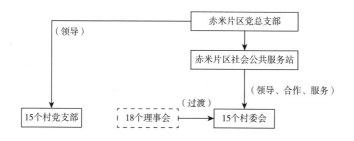

**图 2 西牛镇赤米片区组织体系**

### （一）党组织下移

禾湾村辖有 4 个村民小组（小队），分别是九队、十队、十一队和十二队，有中共党员 7 人，其中预备党员 1 人，女性党员 2 人。随着新农村建设的推进，禾湾村面貌发生了翻天覆地的变化，农民人均收入逐年增加，村集体经济收入稳步提高，新村建设初具规模。为了进一步加强和完善新村建设，提高村庄管理水平，发挥党组织和党员在全面建成小康社会中的战斗堡垒作用和模范带头作用，禾湾村紧抓西牛镇村建改革的政策机遇，于 2013 年 3 月实行党组织下移，成立中共禾湾村支部委员会，随之召开支部第一次会议，采用双直选和无记名投票的方式选举产生支部书记 1 名，支部委员 2 名（详见表 1）。杨副镇长认为："改革要尊重群众的首创精神，但不等于放任发展，要时刻引导到正确的道路上来，村建改革就是党领导下的村民自治。"

表 1　禾湾村支部委员会

| 职务 | 姓名 | 性别 | 年龄 | 学历 |
| --- | --- | --- | --- | --- |
| 党支部书记 | 郭昌金 | 男 | 51 岁 | 初中学历 |
| 党支部委员 | 郭亚金 | 男 | 63 岁 | 初中学历 |
| 党支部委员 | 郭木生 | 男 | 82 岁 | 小学学历 |

1. 不断参观学习新做法

禾湾村党支部成立后，带领村民到西牛镇小湾片区新城村、花田片区迳下村、花塘片区树山村、小湾片区街仔村等村参观学习村民自治、流转土地、壮大经济、发展公益事业、善谋善治自发建设新农村等的具体做法。参观后，村干部和理事会成员都受到很大触动，他们立即召开支部、理事会联席会议，商议村中发展大计。"去了四五个地方，触动很大，一步一步来，先搞宅基地再搞山地。""这几天都去参观别的村，反正他们那样做，我们也这样做。"郭支书如是说。

2. 坚持不懈做思想工作

党支部和理事会积极发挥带头作用，在参观学习后商议决定打破僵局，不再上访，努力说服村民放下历史恩怨。"他们不动我们，我们也不动他们，他们过他们的，我们过我们的。"郭支书坦言。党支部向村民提出，村里上访了那么多年，花费了大量人力和资金，导致村庄严重落后，只有稳定才能谋求发展，才有出路。经过深入做思想工作，村民一致同意，以后不再上访，同意政府铺设至下洞村的道路，化解下洞村民心中的积怨，转移精力搞好经济发展和村庄建设。在劝说村民放下历史成见、把精力转移到建设新村时郭支书生动引喻："再斗下去对大家都不好，我们都是一个鱼塘里的鱼，如果不引外面的活水来，无论大鱼小鱼，都会被困死。""改革不是一帆风顺的，村民的思想工作很难做，但再难为了村庄好，我们也要坚持做。"

**（二）成立理事会**

村民理事会一般是由热心公益事业又有一定组织管理能力和号召力的村民自主成立的群众服务性社会组织，是群众自治组织的补充和完善，能有效解决社会主义新农村建设中"主体缺位"的问题，充分激发村民对村务的发言权、决策权、监督权，极大地调动村民参与村务工作的积极性和主动性。同时，村民理事会还是党委、政府与群众沟通的桥梁，是调处农村矛盾的"缓冲器"，能有效解决村民"民主自治盲点"问题。按照清远市完善村级基层组织建设、推进农村综合改革的要求，新一届村委会产生前，拟建村要组建村民理事会，主要任务是协助村党组织参与农村公益类、公共服务类的社会管理事务，筹备酝酿组建新的村民委员会，新一届村民委员会产生后村民理事会按社会组织方式运作。禾湾村于 2013 年 3 月成立村民理事会，制定了村规民约，商讨村庄的建设发展。村民表示"以前开会就是开会，但不是讨论我们村的事，现在更有针对性，讨论自己村的事"，"以前没人理事，现在有人理事了，大小事都有人来讨论，更多人来讨论"。村民表示："有事就开会，没事就不开，想去听就去，不想去听就不听，但现在不同，都是讨论本村的事，不去听怕错过什么。"杨副镇长则表示："理事会没法律法规支持，始终是改革发展中的附加物，是对村民自治的补充。"

禾湾村民理事会成员见表 2。

表 2　禾湾村民理事会成员

| 职务 | 姓名 | 性别 | 年龄（岁） | 学历 |
|------|------|------|-----------|------|
| 理事长 | 郭永忠 | 男 | 53 | 初中 |
| 副理事长 | 郭记孙 | 男 | 47 | 初中 |
| 监事 | 郭成嘉 | 男 | 44 | 大学 |
| 理事 | 郭荣金 | 男 | 50 | 初中 |
| 理事 | 郭煌记 | 男 | 38 | 初中 |
| 理事 | 郭亚飘 | 男 | 51 | 初中 |
| 理事 | 郭志银 | 男 | 35 | 初中 |
| 理事 | 郭昌金 | 男 | 51 | 初中 |
| 理事 | 郭永金 | 男 | 47 | 初中 |

### （三）选举村委会

西牛镇作为深化村建工作的试点镇，进行村民自治下移，在一个或若干个村民小组（自然村）设立了村民委员会。选举村委会要求村集体"三资"能妥善处理、村民对调整方案充分了解并已达成共识，充分考虑村民居住状况、历史沿革、服务范围、人口多少、水利、道路、集体土地所有权关系、活动场所、经济状况等因素，充分尊重村民意愿，同时避免空心村、麻雀村成立村委会，并引导不够条件的村民小组按照历史、地域、风土人情适当联合起来成立村委会。西牛镇按村庄人口确定成立联合或单独村委会，如 200 人以上，具备成立村"两委"班子的人选条件、自治条件和基础较为成熟的村民小组（自然村），可单独或若干个村民小组联合设立村委会；200 人以下，规模小、自治条件和基础还不成熟的村小组与相邻村小组联合成立村民委员会。禾湾村于 2014 年 3 月的村委会换届选举中完成了村委会下沉（详见表 3、图 3），选举现场一副对联"民众自治得人心，政权下移村选举"尤其醒目，简单朴实的语言，反映的是村民对村民自治重心下移的高度支持。赤米片区公共服务站站长说："村委会下沉后，有权决定自己的事自己做，更多的事情做得了。"驻禾湾村的镇干部说："村干部自己管村中事，村委会下沉作用还是挺大的。"杨副镇长也表示：

"村委会经过转型后，做的事更能为人们所接受，现在村民都希望你来，为他们指明个方向。"

表 3 禾湾村民委员会成员

| 职务 | 姓名 | 性别 | 年龄（岁） | 学历 |
| --- | --- | --- | --- | --- |
| 主任 | 郭永忠 | 男 | 53 | 初中 |
| 委员 | 郭永金 | 男 | 47 | 初中 |
| 委员 | 郭志银 | 男 | 35 | 初中 |
| 委员 | 郭亚飘 | 男 | 51 | 初中 |
| 委员 | 郭伙新 | 男 | 49 | 初中 |
| 委员 | 郭亚杵 | 男 | 43 | 初中 |
| 委员 | 郭荣金 | 男 | 50 | 初中 |

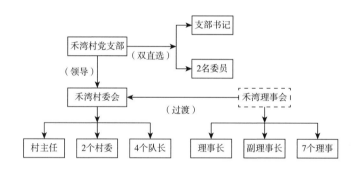

图 3 禾湾村组织体系

## 三 改革的成效：村民自治的落地

以行政村村委会为载体的村民自治在实践中陷入了发展困境，难以有效运转，不可避免地走向了行政化，行政与自治不分离不利于村民自治的发展。究其原因，"地域不相近，不便自治；利益不相关，难以自治；文化不相连，自治无根，这样一来，村民自治只是贴在墙头，没有走到地头"。[①] 清远市乡村治理体制改革在尊重历史、尊重实践、尊重首创的基础

---

① 徐勇：《清远村民自治改革已走在全国前面，要争取这个前沿阵地成为全国性的样本》，《清远日报》2014 年 3 月 3 日。

上对村民自治体制机制进行改革，其价值在于：一是实现了行政与自治的二元分离，将村委会从大量的行政事务中剥离出来；二是将村委会下沉到自然村，使之成为村民自治的基本单元，充分发挥了自然村在村民自治中的作用；三是治理重心下移，建设服务型政府，将更多的公共服务和资源向基层和民众倾斜，它的价值是向村民自治复归，向农村内部要力，不仅仅解决自身问题，且弥补我国乡村治理机制"纵向治理强，横向治理弱，外部治理强，内源性治理弱"的不足。① 利用乡村传统资源，不动农民的"根"，下沉到自然村，建立村民间的横向联系，发掘并利用乡村民众的智慧，凸显农民在村民自治中的主体地位，使村民自治不再"空转"，而是实现了有效"落地"。

**（一）村庄的幸福嬗变**

"昔日上访村，如今忙致富"。从旧泥屋到村容整洁、从缺乏管理到机制完善、从无规划到建设有序、从无收入到经济持续发展、从无基础设施到配套设施齐全、从生态恶化到环境优良、从民心涣散到乡风文明，禾湾村的幸福嬗变正是得益于西牛镇的村建改革，改革不仅改变了禾湾村落后的面貌，改变了村民"等、靠、要"的思想，更加固了自治基础，激发了自治活力，破解了自治难题。

1. 集中发包土地，壮大集体经济

禾湾村改革最主要的问题在于缺乏资金。丘镇长说："改革的困难之一是有些村庄条件不成熟，缺乏资金。"郭支书更是深有感触："最关键就是要搞到钱，没钱什么都搞不好。"资金从哪里来？禾湾村学习邻村做法，盘活土地资源，壮大集体经济。杨副镇长提道："土地是自治的核心，是利益基础，农村改革就是拿土地做文章。"禾湾村先是通过召开党支部、理事会联席会议商议，通过家长会议征集村民意见，决定组织村民砍掉村道两边严重阻挡周围农田阳光的竹子，清理出连片山地200多亩。然后将村中闲置的400亩土地集中起来，理事会根据地形实际，将138亩山地分解成6块，每块从5亩到90亩不等，通过张贴公告、上网、打电话和发信

---

① 徐勇：《清远村民自治改革已走在全国前面，要争取这个前沿阵地成为全国性的样本》，《清远日报》2014年3月3日。

息等方式发布土地流转招标信息，制定投标方案，设定以 5 年内分 3 期付
清租金，承包年限 20 年的方式公开发包。发包当天共 26 名投资者踊跃参
加竞标，最终以 101.61 万元的总价成功发包该片山地（详见表 4），壮大
了集体经济，解决了村中发展公益事业的资金问题。

表 4　禾湾村山地发包情况

| 地段 | 面积（亩） | 标底（万元） | 发包价格（万元） |
|---|---|---|---|
| 老黄栋脚、磨麻塘、乌龟墩、屙屎山 | 88 | 65 | 68.9 |
| 寨子梗 | 12 | 3.6 | 7.2 |
| 粪坪、黄泥岭 | 17 | 6 | 12.01 |
| 松树梗 | 8 | 1.5 | 5.5 |
| 长江岭路下 | 8 | 2 | 5.2 |
| 老瓦厂 | 5 | 1.2 | 2.8 |
| 总计 | 138 | 79.3 | 101.61 |

2. 建设基础设施，丰富休闲生活

村庄进行基础设施建设，使村民能够享用到公共资源，有利于培育村
民的公共精神，增加他们政治参与的效能和参与政治的积极性。村庄规划
完成后，禾湾村于 2014 年 5 月正式启动了村庄整治项目。村集体投入 20
多万元，历时两个多星期，完善了篮球场、绿化带、休闲区等多项基础设
施；通过村级公益事业建设"一事一议"财政奖补政策，完善了村庄陂
头、村庄排水沟、村庄门口坪硬底化、村庄环路道路水泥化等基础设施的
建设。看到村庄面貌发生翻天覆地的变化，村民凝聚力进一步加强。"以
前没那么团结，没人牵头，现在关键是带头人和干部，他们起的作用很
大。"郭村民反映。为了避免"有新楼没新村"，村庄在整治环境后，合理
分配出了生活区、运动区、休闲区等功能区。在运动休闲方面，配套建设
了健身区、休闲区、篮球场、羽毛球场、乒乓球场；在环境卫生方面，根
据实际情况，用竹篱笆隔离家禽放养区，建设了垃圾池、排水渠；在道路
方面，村庄道路硬底化，并配套了街道绿化带；在生活便利方面，接通了
自来水，引山坑水到各家各户。如今，村民的生产生活条件大大改善，他

们实实在在感受到了稳定才能发展的道理，大家谈论的不再是如何上访，而是如何发展生产、建设自来水工程、拆泥砖房建新村、美化村庄环境等话题。

### 3. 拆旧屋建新房，改变村庄面貌

禾湾村有南北两个屋场，南面旧屋场已全部拆除旧屋，2011 年 24 户村民在此建起新居，北面旧屋场还有 300 多间旧泥砖房，大部分年久失修，或长期空置，或用来堆积杂物，只有几户五保户、孤寡老人、困难户居住。目前，十队、二十队的部分村民居住在 2011 年建设的新村中，大家正在谋划的是将九队这片老屋拆掉，今后全村人可以在此集中建新房。禾湾村于 2014 年 4 月 28 日晚召开村民代表会议，围绕是否建新村，大家掀起了热议。会上西牛镇丘镇长表示："每个人都可以表达自己的意见，从有这个意向到发展新村到看到希望，通过热烈的争吵，大家也能懂得道理。环境改变了，一个人的思想就会改变。我可以向你们保证，你们有这个决心，我同规划所的人给大家拉好尺，碧桂园也好或者其他设计院也好，重新搞个好的图纸来，有我们党委政府为大家保驾护航。"西牛镇赖书记发表建言："你们说得很对，这个村庄要不要推，究竟有没有人在这里建，这个问题问得非常好，这个你们内部要征求意见，我们不发表意见。建设新农村的意义在于，除了改善生活环境，还有教育你们的下一代，你们的未来已成定局，但你们小孩的起点在哪里。我回避，你们家庭继续开会，改革保证公平公正。"

之后全村基本达成了建新村的共识，只有两户还不同意，其中反对户郭亚权反映："我本身就有一百、两百个平方，建一套绰绰有余，如果方案不能满足，可能建不成。"村干部和村民代表暂时搁下争议，去别的村"取经"。学习参观后，对于新村规划，村民们有了新的想法，"在祠堂背后搞两栋套间，这样子以后就有大把的地方给人家建房子，下一代的人都有地方住。"郭村民建议。看到邻村的新居建得又好又快，郭干部坐不住了，午饭时间他再次来到其中一户反对的村民家中。经过耐心沟通，户主终于同意。"哎呀，我没说不签，我就说大家签我就签了。"现在就剩郭亚权一户反对了，郭支书决定再努力一下，但无功而返。"他说要两套，这个就难解决了，人家几十户都同意了，就他一户不同意。"返回村中郭支

书想听听其他村民对这件事的看法。"不可以，反正你去问每一个人都不可以。""他不够地方就建套间，就是自己建多一两层在那里，一个人不同意怎么不建，新村肯定要建。"村民纷纷表示。郭支书辗转找到郭亚权的弟弟帮忙，"没有意见了，我今天早上打电话给他，他很快同意了"。2014年4月30日村干部带队砍竹，5月1日测量旧村宅基地，6月12日开始动工拆除北面旧屋场的400多间瓦屋，标志着禾湾村建设新村正式启动。

### （二）自治的完美落地

禾湾村的蜕变昭示着村民自治的落地，党支部、公共服务、村委会的下沉给禾湾村注入了新的活力，带来了发展的希望。从搭建村级自治平台、组织带头转变思想、集中土地发展经济到规划整治建设新村，改革持续了一年多，深受村民欢迎，村民品尝到了村民自治的甜头。禾湾村的尝试，实现了村民自治的完美落地。总的来看，推进村民自治重心下移，符合《村民委员会组织法》关于"村民委员会按照便于群众自治，有利于经济发展和社会管理的原则设立"的要求，实现了农村基层微观组织的再造，得到了农村群众、基层干部和基层党委政府的积极响应和大力支持。凡是村民自治进展好的地方，集体经济发展势头好，群众收入增加快，村庄安定和谐，村容村貌整洁，村级公共服务和公益事业发展较好，各类农村基层组织和当地党委、政府在群众心目中的威信都很高。这充分说明，以村民小组（自然村）作为村民自治单位，是符合当前农村实际的，自治重心下移经过实践检验是切实可行的。

#### 1. 夯实自治基础，推进直接民主

村民自治的要义在于村民自我管理、自我教育、自我服务和自我监督，基层直接民主的核心在于民主选举、民主管理、民主决策和民主监督。禾湾村的自治重心下移，村民自治落地到村民小组（自然村）一级，解决了村民自治"最后一公里"问题，也是传统建制行政村村民自治向草根民主自然村村民自治的复归，还权于民，从根本上夯实了村民自治的基础。自然村村民自治是在一个相对较小的空间范围内的自治，村民们有相关的利益，有相近的历史文化传统，更有利于推进直接民主，使流于形式的民主选举变为参与式民主选举、冷漠的政治参与变为规范的民主管理，使村民从无话事权到参与民主决策，从无监督意识到积极落实民主监督。

基层民主得以步步推进，在于村民政治参与素质和水平的提高、政治参与动力和意愿的增强。调查显示，禾湾村村委会下沉后首届"两委"选举，就出现了村民热情高涨、参与率高的良好势头。

2. 自治载体搭建，激活治理活力

村民自治的开展需要一定的自治载体，在以行政村为载体的村民自治模式中，村民缺乏有效的政治参与渠道，无法表达政治意愿，导致村民政治参与动力不足，水平不高。西牛镇的乡村治理体制改革成功的关键在于搭建了村民自治平台，党支部下沉，搭建了党组织平台，由党组织带领村民自治，增加了村民的信心并保证了村民自治不偏离组织的要求；理事会的成立，完全基于村庄发展和村民自治的需求，理事会成员来源于村庄，熟悉村庄的发展，能为村庄建言献策；村委会下沉，落实了村民直接参与政治的权利，村民自治有了实体；经济合作社等经济组织的搭建，为处理好集体"三资"提供了新方案，经济组织更是整合村庄资源、壮大集体经济的有力渠道。自治平台的搭建涵盖了村庄发展在政治上、文化上、经济上的需要，是村民自治顺利开展的基础。

村民自治的开展还需激活乡村的治理活力。村民自治落地于村民小组（自然村），回归到了自然村自治的传统，自然村有着传统乡绅自治的优势，乡绅自治植根于宗族社会中，宗族自治可以有效地转变村民的思想观念，高效团结村民，动员村民参与村庄建设。这个过程培养了村民政治参与的意识，提高了村民政治参与的意愿和水平，是村民自治的一股重要力量，必须加以"唤醒"和"激活"。必须充分挖掘乡土社会传统自治元素，激发乡村社会自治的内生动力，为自然村村民自治这一草根民主提供动力源泉，推进村民自治的有效健康发展。

3. 行政自治分离，破解自治难题

以行政村为载体的村民自治，行政与自治不分离，导致了村民自治组织过度行政化的问题。西牛镇乡村治理体制改革，实行自治重心下移，实现了行政与自治的分离，有效处理了乡镇政府管理与村民自治的关系。实践中，行政村村民自治遭遇的难题在于村民自治的空间被压缩，压抑了村民自治的活力。通过自治单位的下移，在自然村一级为村民自治创造更为宽松和更为广阔的空间，村民可以亲身参与到实践改革中去，在实践中进发出改革的智慧，妥善地解决了行政村村民自治难以处理涉及村民利益纠纷等问题，破解了村民自治的难题。杨副镇长反映："自治重心的下移，解决了很多由政府出面做不好的事。例如，推掉村民的旧屋建新村，村民的房屋，我们政府是无权去推的，村民也肯定不接受，只能由村民内部协商解决。"丘镇长也表示："村民自建新村更科学，政府办不到，自治可以做到，打破了方方面面的规定。如拆房子，政府实行，肯定要赔偿，但自治实行的话则是通过表决，自行解决了。""要做的事都由村民自己落实，存在的问题由村民自己解决，村民自治落到实地，主体上是取得了好的效果。"

## 四　改革的基础：村民自治的条件

村民自治制度运行三十多载，以行政村为载体的村民自治"山重水复疑无路"，以自然村为载体的村民自治却是"柳暗花明又一村"。行政村村民自治实践中遭遇的发展瓶颈，使人们重新探索村民自治的有效实现形式，回归了自然村村民自治，这一草根民主呈现出旺盛的生命力，能有效地解决村民自治中的难题和盲点。禾湾村治理体系的改革有其内在迫切需求，更是恰逢清远市完善村级基层组织建设、推进农村综合改革这有利的政策大环境。探索和实践村民自治重心的下移，在村民自治体制机制基础上对乡村治理体制进行改革，这种极具创新性的乡村治理体制改革有其内在的空间基础、产权基础和文化基础。

### （一）空间基础：地域相近

村民自治是在一定地域范围内的村民实行自我管理、自我教育、自我服务和自我监督的社会治理形式，地域的大小影响着村民自治的成效。良好的村民自治需要规模适度的地域环境，地域范围过大将增加村民政治参与的难度，增加村民政治参与的成本并削弱村民政治参与的效率，降低村民政治参与的积极性。自古以来，"皇权不下乡"，给予了乡村自治的空间。在乡土自治的演变过程中，村庄自然形成了特定的边界，相邻的村民聚居，更有利于他们在农业生产和生活中的互相照应。村民自治有地域相近的先天优势。

禾湾村村民世代集中居住，同一方水土养育了同一方人，祖辈与祖辈，后辈与后辈间相互熟悉，生活交往频繁，避免了"百里不同风，十里不同俗"的相互隔绝状态，"同根性"使禾湾村具备了开展村民自治的传统。另外，在自发形成的禾湾村村落，村民之间有着血缘、业缘等共同利益诉求，容易形成"有机团结"，有利于集体事务的开展。如与邻村争取山林权属的问题，便表现出了村民强烈的地域意识，在共同利益面前，带头人能快速地团结村民，目标一致对外。地域相近这一空间基础为村民自治提供了社会纽带，避免了行政村村民自治管辖范围过宽导致的"横向不到边"的治理难题。西牛镇的乡村治理体制改革中自治重心的下移是一种有益的尝试。

**（二）产权基础：利益相关**

利益是自治的基础和核心，不同的利益相关度决定了不同的利益共同体，不同的利益共同体决定了不同的自治水平。

利益是人们参与政治的动力和目的。[①] 在农村地区利益与治理的关系密不可分，人们关注的不是治理本身，而是治理带来的利益。在农村地区与利益直接相关的是农村的土地，产权一致的程度影响到利益的相关程度，利益的相关程度又决定了自治的程度和水平。实践中行政村村民自治缺乏利益相关性导致村庄自治动力不足，村民参与无力。实践也表明，利益高度相关的村庄，自治的开展更为顺利，利益相关度低的村庄，自治的开展则更需要外力的注入和带动，无论进程还是效果都不如前者。

农村经济体制改革后，随着家庭承包责任制的推行，农村地区实行村民自治，在原生产大队基础上成立村民委员会，生产队改为村民小组。改革适应了农村发展的实际需要，更有利于实现农民事农民议的自治目标。禾湾村在改革之初，集体土地所有权归村民小组（自然村），共有生产资料形成的产权一致成为禾湾村改革的产权基础。在改革探索中，利用产权一致带来的利益相关性，禾湾村以土地这一基本的生产资料为切入点，一是整合村庄闲置的土地资源，统一对外发包，获取改革的启动资金；二是探索土地的有效利用方式，提高土地的生产效率，带领村民探索规模化种

---

① 邓大才：《利益相关：村民自治有效实现形式的产权基础》，《华中师范大学学报》（人文社会科学版）2014年第4期，第9页。

植大棚蔬菜；三是充分利用"一事一议"财政补贴政策，以公共基础设施建设、环村道路建设、水利设施建设等村庄共同事务构建共同利益，推动了改革的进行。

### （三）文化基础：文化相连

村民自治是最广泛的基层民主，带有基层社会的特质，与植根于乡村社会土壤的文化密切相关，文化对人的影响是潜移默化和深远持久的，村民自治有其内在的文化根基，这便是政治文化和社会文化对人们的影响。政治文化指的是对政治的信仰、态度和情感，人们所处的政治文化和社会文化氛围深深影响其政治参与，政治参与度高低是发展农村基层民主政治的重要内容，是基层民主政治发展的显著标志，也是衡量政治现代化的重要指标。挖掘村民自治背后的文化基础是了解村民自治发展的可靠途径。实践中要将文化创造性地嵌入乡村治理体制改革中，处理好传统文化与现代文化的关系，让文化的理念深入人心，解决农村改革中由文化理念产生的改革障碍。

禾湾村是郭姓单姓村，同属一个宗族，祠堂文化气息浓厚，无论在村民的日常生活中，还是在村民的精神层面祠堂都占据重要位置。受根深蒂固的同根同姓宗族文化的影响，禾湾村村民形成了一股内在的凝聚力，宗族势力的影响在村民自治进程中扮演着重要角色。村庄中有威望的老人、关心村务的热心人、退休老干部、教师等组成村民理事会，在商讨村庄发展大计上出谋划策，在转变村民思想观念上赢得了村民的尊重。正是宗族文化的影响，使处于"一盘散沙"状态的村民，也能被有效地动员起来，齐心协力推进新农村建设。

此外，禾湾村村民所属的客家文化是在历朝历代的迁徙中，在岭南文化与中原文化的碰撞中产生的，不仅历史久远，更对客家人产生了深远持久的影响。客家文化的要义在于团结和奋进，首先是客家先民自身团结的精神形成了很强的向心力，正是这种向心力使他们在漫长的迁徙过程中把中原灿烂的文明带到南方播衍而不被迁徙地的土著同化；其次是这种团结奋进的精神特质还表现在对异族文化的博采和涵化上，长期的迁移使客家人养成了兼收并蓄取其长、开拓进取不保守的民风，使客家民系具有强大的凝聚力和生命力。传统文化的经典之处在于不会随着时间的推移而褪色，反而更显珍贵。禾湾村村民的客家文化传统，已经内化为一股力量，团结包容、开拓进取。在问到"村干部是无酬劳的，新村建设阻碍不少，是什么让你坚持不放弃"时，郭支书回答："都是为自己的村子做事情，不计较那么多了。"简单而有力的一句话却赢得了村民的尊重和支持。退休干部语气坚定地说："人无私心，一心为公，信誉高，群众就相信你，有了职位，就有了责任，要么不做，要做就一定要负责任。"

## 五　改革的特点及局限性

西牛镇完善村级基层组织、推进农村综合改革接近两年。作为试点镇之一，其努力探索，大胆尝试乡村治理体制的改革。在村建改革过程中，群众自发探索出八大模式，各种模式既有共同点也有因地制宜的针对性。当地领导适时分析各大做法的特点，加以总结提升，形成模式后加以推广。当然，改革处于探索期，在一定程度上也存在局限性，留下了仍需破解的问题。解决问题必须回归到实践中，在实践中提升改革的成效。

### （一）"禾湾模式"的特点分析

西牛镇的乡村治理体制改革充分尊重历史，尊重实践，尊重群众的首创精神，突出民众的主体地位，在实践中总结提升出"八大模式一口号"。每一模式都来源于群众的智慧，非千篇一律，而是立足于村庄的实际，结合村庄的资源，发展总结出来的。"禾湾模式"的要义在于"盘活闲置土地，壮大集体经济"，具体包括如下几点。

#### 1. 党建服务自治齐驱

对禾湾村的村民自治改革不能仅理解为村委会的下沉，其实质上是"三个下移"，即党组织下移、服务下移和村委会下移。而且村民自治是党委领导下的村民自治，不是任其发展。整个改革的过程也不是一蹴而就，而是分三步走。首先是成立了党组织，确保村民自治改革的正确方向；其次是成立村民理事会，充分发掘村民自治中的民间智慧；最后是在换届选举中完成村委会的下移。禾湾村通过开展村民自治，自己的事自己管，村民们热情高涨，充分发挥主动性、积极性和创造性，使村中各项发展计划得以顺利实施，村民自治顺利落地。

2. 集约用地发展经济

禾湾村立足本村实际，搁置历史争议后，以土地为改革的切入点。经济基础是改革得以成功推进的物质条件，空谈改革没有成效，必须有实实在在的支撑和一步步的改革决心。党支部和理事会成立后，在丈量土地，制定起标、盖标价格和租金年限，终止合同等涉及土地发包的问题上都充分征求了村民的意见，凝聚了村民的智慧，土地发包顺利进行。实践中，涉及村庄公共利益和村民的个人利益时，必然会发生利益的争夺，出现利益均衡、利益折中、利益受损的补偿等问题。这些问题得不到有效解决，则改革无法进行，禾湾村干部认为："改革要顺应民心，尊重村民的意见，处理好利益分配，这样才能事半功倍。"

3. 村庄建设凝聚人心

人心向背关系到改革的成败，和谐稳定是村庄健康发展的前提。禾湾村多年集体无收入，上访花费 20 多万元，村民们已经疲于应对这样的纠纷，民心涣散。恰逢改革的时期，要想抓住改革机遇，也需要先处理好"内忧外患"的问题。对于"外患"，禾湾村干部通过锲而不舍地做村民思想工作，转变村民思想，劝说村民放下历史恩怨；对于"内忧"，禾湾村则是利用土地承包契机，获得了村庄发展的启动资金，有了稳定的经济收入，也就有了改革的信心。与村民利益最相关、村民最真切关注的是村庄建设。村容村貌的巨大变化，更是凝聚了人心，使村庄在下一步的新村建设和祠堂重建中，排除了更多的人为障碍，推进了改革的顺利进行。

**（二）"禾湾模式"的局限性**

在探索村民自治的有效实现形式中产生的"禾湾模式"，切切实实为禾湾村带来了翻天覆地的变化。无论是直观的村容村貌，还是内在的村民观念，都大不同于从前。但"禾湾模式"是否具有局限性，能否被广泛推广，这些问题都值得深思。

1. 村庄自治条件不足

西牛镇的乡村治理体制改革虽然处于清远市完善村级基层组织、建设推进农村综合改革的大政策环境中，但并不是每个村都能抓住政策优势，实现跨越式发展。首要原因在于一些村庄自治条件不足。在村建改革中，通过村民自治的成效，可以把村委会划分为四种类型，一是较为成熟型，特点是有新房舍、新设施、新环境、新农民、新风尚、新机制和新组织，但缺乏产业支撑，还需进一步提升土地的利用率，村集体经济较薄弱，村民环保意识有待进一步加强。二是发展型，特点是缺乏素质过硬的班子，缺乏好的发展思路，集体经济没有活力。发展型的村庄占了70%的比例，大大影响了村民自治改革的成效。三是无动于衷型，特点是对改革无动于衷，保持中立的态度，不支持也不反对，这类村庄主要是麻雀村、空心村或居住十分分散的村庄。四是缺乏活力型，特点是村庄由于历史原因缺乏发展动力，基础设施极度落后。"禾湾模式"是在较为成熟的村委会中诞生的。但实践中，各村村委会能力与条件参差不齐，使改革大打折扣，这是局限性之一。

2. 干部党员能力责任不足

村民自治改革是在党委组织的领导下进行的，是由党建引领的自治，改革中遇到的共性问题是，农村党员老龄化、素质偏低、党员外出流动性大。党员队伍是农村的先锋队伍，威望高，在动员村民和进行新村建设中能发挥榜样示范的作用。但现实中，党员存在的以上问题，严重影响了党员在村民自治中作用的发挥。另外，村委会下沉后，作为村民高度自治的组织，其角色和职能都发生了转变，村干部无酬劳待遇，工作的积极性和责任心完全取决于村干部自身。丘镇长担心："改革正处于探索阶段，第一届干部能力有限，不能很好完成改革的要求。"随着改革的推进，村干部的热情是否会消退，这是值得思考的问题。村干部是村庄发展的带头人，但一旦思想滑坡，必会影响村庄的发展和村民自治的推进。同时，自治重心下移后，首要的任务是整治土地资源，进行新村建设，在关系村庄发展直接利益的问题上，村委会干部和理事会成员都热情高涨，但在新村建设完成后，他们是否会淡出村民的视线，村民自治是否会失去自治载体，这也是值得思考的问题。

3. 再度行政化的问题

乡村治理体制改革中，原有的行政村村委会变成了党政公共服务站，作为镇政府的派出机构，工作人员的待遇由镇政府财政支出，村委会则下沉到村民小组（自然村）一级，成为高度自治的组织。行政村村民自治容易行政化的主要原因在于行政组织太发达，架构太庞大，组织太多，但是不起作用。行政组织要走向简约化治理的道路，培育更多的社会自治组织。村委会下沉后，自然村如果仍照搬原有的组织架构，一是会增加行政管理成本，二是有可能导致再度行政化。改革中服务站工作人员的工资待遇由乡镇政府支付，政府财政能否负担起乡村行政工作与公共服务的费用，成为改革能否成功的关键。如果财政不能及时下拨，大量的行政事务就会随之下移到自然村村委会，自然村村民自治也就有了再度行政化的可能。还要考虑的是，自然村村委会干部无酬劳待遇，时间久了，会使干部缺乏积极性，但提供工资待遇，无疑会大大增加财政支出，增加治理成本，造成自然村村委会再度行政化。

# 第二章

# 村民理事会，推动村民自治落地

执笔人：邓宏壮

自 20 世纪 70 年代末改革以来，伴随着家庭承包责任制的推行和人民公社的解体，中国农村的社会组织形态、政治关系状况及权力运行机制均发生了重大而深刻的变化，最为突出地表现在村民自治的实施上。村民自治是广大农民群众直接行使民主权利，依法办理自己的事情，实行自我管理、自我教育、自我服务的一项基本政治制度。村民自治已经推行 30 多年，随着社会经济发展，村民自治落地的土壤早已悄然发生变化。近年来以行政村为主要载体的村民自治遇到了不少困境，致使村民自治研究也相对低迷。2014 年中央一号文件要求："探索不同情况下村民自治的有效实现形式。农村社区建设试点单位和集体土地所有权在村民小组的地方可开展以社区、村民小组为基本单元的村民自治试点。"如何实现村民自治有效开展，已是当前亟须破解的难题，对于此问题的解决英德市石牯塘镇提供了有效的叶屋模式。

萤火村叶屋组位于英德市石牯塘镇东北面，距离镇政府约 8 公里，现有村民 35 户 175 人（其中常住人口 150 多人，外出务工 15 人左右）；有各类耕地 902 亩（其中水田 130 亩，旱地和山地共 772 亩），鱼塘 130 亩。20

多年前，这个小村庄和成千上万个中国村庄并无差异，如今时过境迁，当其他许多村庄还在苦苦寻找发展之法时，今日的叶屋村却焕发出前所未有的活力。这一切都得益于村民自治的有效落地。叶屋村的村民自治落地已不再以行政村为载体，而是依托了该村理事会这一新的组织载体。

## 一 叶屋村理事会产生的背景

### （一）村民自治发展的历史必然

1978 年党的十一届三中全会以后，家庭联产承包责任制逐步在全国推行，人民公社体制迅速解体。新的体制下如何有效地对农村进行治理成为一个新的问题。1980 年，广西宜山罗城等地的农民自发地建立起村委会、村管会、议事会等组织，制定了规章条约对村里的公共事务进行管理，开创了村民自治的先例，并得到了上级的认可。可以说村民委员会是在 20 世纪 80 年代初，一些地方基层组织体系处于瘫痪状态、农村社会面临公共产品供给的短缺问题时，农民自发成立的一种组织形式。1982 年通过的新《宪法》明确规定村民委员会是我国农村基层社会的群众自治组织，从法律上确立了村委会的地位。从 1982 年起，国家在继续加强执政党的农村基层组织之外，为了填补人民公社体制废除后出现的农村公共组织和公共权力的"真空"，开始大力推动村民委员会的建立。

村民自治是农民自发走出的一条道路，但其推行必须要依托国家的体制环境。村民自治可以称为"乡政村治"模式，即乡镇政府所代表的政务（国家法律法令和政策的实施）要通过村民自治系统去推行。换言之，国家行政系统一般并不直接面对农户或农户个体，而是通过村一级的基层自治组织去延伸政府的行政功能。这样，村民委员会就不仅是一般的群众自治组织，它在实际上扮演着既办理政府事务又办理村民事务的双重角色，承担着延伸国家行政权力和行使村民自治权利的双重功能，这也使村民委员会这一组织在现实中必须要平衡行政管理权和村民自治权之间的关系。然而在村民委员会的时间、精力和资源一定的条件下，多顾及村务，势必少顾及政务；多顾及政务，势必少顾及村务。另外村民自治的核心是"四大民主"，即民主选举、民主决策、民主管理、民主监督。此四项中，村民委员会换届时需经民主选举，村民有较多机会参加。其余三项，都处于不同程度的"悬空"或"虚置"状态。以村委会作为组织载体的村民自治，在一定程度上陷入了"空转"的困境。如何激活村民自治的活力？看来有必要依托新的组织载体，借助这一新的组织载体唤醒村民自治，而理事会的出现恰好适合这一历史时机。

**（二）行政村管理幅度过大的困境**

叶屋村隶属萤火村委会，萤火村委会地处石牯塘镇东部，面积20.9平方公里，辖22个自然村，共702户，总人口3682人，全村耕地面积4886亩（其中水田2786亩，旱地2100亩），山林面积15000亩。萤火村同样面临着广东省山区行政村管理面积过大的问题。萤火村委下辖22个自然村，面积达到20.9平方公里。村庄面积过大，下辖村庄过多，使萤火村委需要直接面临两个问题：其一，虽属于同一村，但有的自然村之间相距较远，彼此之间老死不相往来，大家相互都不认识，加之缺乏利益联结，村庄难以形成凝聚力，村民对村庄事务热情不高。村委会一年一至两次的村民大会，很多村民也只是走个过场。其二，萤火村委会有七名村干部，一个村干部至少负责三个自然村，加之本身的行政事务，村委会对村中很多事情难以顾及，可以说村干部也是心有余而力不足，对于很多政策村民也只有"点赞"的份儿。行政村一级管理幅度大，换言之自治单元过大，致使村民自治难以有效落地，自然村要想真正发展起来只能依赖自身。因此，为了自身发展，叶屋村村庄理事会应运而生。

**（三）村庄发展的动力需求**

叶屋村村民理事会产生的动力主要是自身需求。叶屋村所属的萤火村委会下辖22个自然村，村委会根本无暇顾及叶屋村的难题。叶屋村恶劣的环境、无法出入的村庄道路、落后的农田设施、潜伏在村庄里的矛盾、严重分散的土地和落后的村庄经济，都在刺激着叶屋村必须进行自我治理。

1. 恶劣的村庄环境

叶屋村位于石牯塘偏远一角，道路以泥沙路为主，坑洼不平，车辆不好通行。说起道路，村民永远都忘不了连通村庄与外面的那座木桥。进出村必须要经过木桥。木桥狭窄，只能容一人通过，外面的大型机器根本无法进入村庄，村民外出的自行车还得扛过木桥才能骑，木桥成为村庄出行难的节点。每到下雨天，村庄泥路根本无法下脚，一脚下去就会被陷住。雨天村里的自行车都用不上，至少要抬十分钟到村外后才能骑。此外，叶屋村农田设施落后，机耕路一遇到下雨天就全瘫痪，田垄排水渠多有残缺，到耕种时节，农田用水调度也成难题，下游处用水不够，田里刚插秧的稻苗容易枯蔫。路通财通，路不通村里的人走不出去，外边的资源进不来，加上村庄落后的农田设施，村内经济作物的收获无法得到保障，村庄发展难上加难，恶劣的村庄环境掣肘村庄发展。

### 2. 潜伏的村庄矛盾

在与理事会理事长叶时通聊天时，他最常提到的两个字就是"和谐"，村庄的和谐他最为看重。相较于如今叶屋村的一片祥和，之前的村庄很不和谐。尽管叶屋村住的都是叶姓人，但总是避免不了矛盾的存在。正如理事会理事叶昌生所说："以前村里很不和谐，自己家的兄弟常因地界小事吵吵闹闹，村里人常因一些小问题三五天就争吵。"村庄虽小，但矛盾四伏，村庄难以形成凝聚力，村庄公共事务难以落实。常言道：家和万事兴。一个村庄就相当于一个大的家庭，只有大家庭里的人和和睦睦，家才能得以发展。叶屋则不然，村庄里矛盾潜伏，成为叶屋村发展的一大障碍。

### 3. 分散的村庄土地

20 世纪 80 年代初期，按照家庭承包责任制的要求，土地分散发包到各家各户。叶屋村村民们的田地按照土地质量平均划分，旱地、山地、鱼塘，每家各占一部分。在 90 年代以前，分田到户激发了农民的生产积极性，但进入经济飞速发展的 90 年代，这种积极性逐渐弱化。当时村内最大的一块连片耕地不超过 5 亩，每户村民跑几处下来要一天才能把地种完。村里的地东一块，西一块，家里的地分成六、七块的情况在村里很常见。分散的土地，使村民无法形成规模性经营，每家每户只能经营自家少量的土地，虽说饿不着，但想发展起来也难得很。

### 4. 落后的村庄经济

村路难行、矛盾潜伏和土地分散，这些都影响叶屋村的发展，村庄经济非常落后。在与村民聊天时他们也常谈到自己兄弟分家时的场景。由于家里穷，有的人家分家时只得到三担谷和十斤油。村庄的贫穷也可在村庄还未拆的旧屋中得到验证，低矮的房屋，泛黄的墙壁，犹如风中残烛。到了 20 世纪 90 年代，乘着改革春风，加之叶屋村隶属英德市，靠近珠三角，村庄不少人外出打工，叶屋村像个被遗弃的孩子，赚到钱的村民开始离开村庄另谋发展。如何组织村民发展村庄的经济成为留在村里的人要面临的问题。

## 二 理事会前身：威信树立二十年

叶屋村理事会产生之前一直有村民小组存在，可以说该村的村民小组就是其理事会的前身。现理事会的成员都是当初村民小组的成员。这一批成员，在二十多年里为村庄贡献了许多力量，他们在村中的威信已经树立了二十多年，这也为后续理事会的成立打下了坚实的基础。

### （一）修道路，避矛盾

1993 年，叶时通经过选举成为叶屋村组长。当时叶时通内心并不大愿意担任。因为担任村干部的工作需要有很好的耐心，在他看来并不是件容易的事情。但按照惯例，选上后不能推卸，叶时通只能接受。作为村组长的叶时通深知要想发展只能依靠自己，做了村组长之后的叶时通为村庄做的第一件事就是修路。叶时通召集村中的户代表开家长会，开始准备村庄主干道和机耕路的修整。

村庄的主干道拓宽了两次，一次在 1993 年，主要修整村内的主干道；另一次在 1998 年，主要修整村庄到村小学的主干道。这两条主干道的修整极大地方便了村民的出入。以前一下雨村里的小孩到小学要一个多小时，修路之后，到村小学才 20 多分钟。两次修路都只是使主干道路面拓宽，并未实现村庄道路的硬化。直至 2006 政府开始推行户户通，叶屋村也借助这一政策，一公里村出 6 万，加上政府补贴，完成了村中道路的硬化，彻底解决了村民出行难的问题。

机耕路是农机具出入田间地头进行农田操作的通道，它能否有效投入利用直接涉及田地的耕种效率。在没有外界帮忙的情况下，村民小组召集户代表开会决定实行责任田机制，将路段分摊给村民，五亩的田就有五亩的责任田路，田多承担的责任也多。机耕路的修整使田地的地界得到明确，地界混乱的问题得以解决，大大减少了由地界引起的矛盾。

村庄道路的修整极大地方便了村民的出行，让村民能够走出去。这次的修路也为以后资源进入村庄做好了铺垫。修整机耕路，使农机具能进入田地，提高耕种效率，同时也明确了村庄田地地界，减少了村庄的矛盾。

**（二）整祠堂，凝人心**

广东的地形可以分成四级台地，山上住着少数民族，山边住客家人，水边住广府人，海边住潮汕人。客家人、广府人、潮汕人都是汉族，但是汉文化在广东就有三个不同的版本——客家版本、广府版本和潮汕版本。坐落在山脚边上的叶屋村，村庄文化就属于客家版本。叶屋村是何时搬迁过来的，村里的老人已经记不清了，关于村庄历史的记载更是少之又少，村里人只知道以前是从福建搬迁过来的，后来就世世代代生活在此。村里的人大都讲客家话，只有年轻的人会讲少量白话，可见村庄深受客家文化的影响。在客家文化中，祠堂扮演着极其重要的角色。

祠堂是村庄办理红白事的重要场所。1997 年由于村庄原叶氏祠堂过于破旧无法使用，叶屋村村民决定对祠堂进行原地重建。为了重建祠堂，村民小组成员至少组织召开了 4 次家长会，共同协商讨论祠堂重建的方案，其中最为主要的是重建资金来源。后经家长会决定，每户按家里的人头算，一人 70 元以保障祠堂能按质完成。祠堂要重建，日子的挑选尤为重要。村里的老人对日子挑选最为熟悉，村民小组决定破土日子由村里老人确定。重建后的祠堂面积变大了不少，前庭也多出了些空地，每年大年初一村民都会聚集祠堂，进行集体祭拜活动。清明时节，拜山也是由村中出钱，进行集体祭拜。祭拜完之后村民都会集中在祠堂前庭举行叶氏"家庭聚餐"，可以说祠堂是村民之间彼此联系的一条重要纽带，不时提醒着彼此身体中流淌的叶氏血脉，凝聚着村庄力量。

**（三）出租地，集资金**

现在叶屋村集体收入每年有 15 万元。村庄的集体收入由三部分组成。一是锦潭电站年租金 11 万元；二是村里鱼塘出租 7900 元；三是出租广海柠檬公司 310 亩地，年租金 34100 元。村庄的集体收入最早是来自锦潭电站每年 11 万元的租金，后两者都是土地流转之后才出租的。

英德市锦潭水电站位于英德市西北片石牯塘镇的北部，属黄洞河流域，是英德市大型水力发电企业之一。锦潭水库是一个集防洪、灌溉、饮水、发电、养殖等为一体的综合工程，是政府重点扶持的建设项目。水电站于 2002 年 3 月始建，至 2007 年 6 月全面投产。下游第二级至第五级站分别坐落在石牯塘镇长江、萤火、沙坪等村。电站第二级就位于叶屋村，因此叶屋村不得不将村里的土地出租给锦潭电站。2003 年村里就拿到了 11 万元的租金，这笔资金成为村民自治的重要资源支撑。

村庄道路的修整，极大方便了村里人的出行，不仅如此，村内的资源也可以走出村庄。以往村里收购猪仔和蔬菜时，收购车辆进不了村，只能停靠在村外，要依赖劳力才能把这些物资运出村外。而今这一环境大大改善，收购车辆可以直接开进村里，减少了劳力，节省了成本。村里祠堂的修整，方便村里人的祭拜和集会，凝聚了村庄的力量。土地的出租更是为村庄集体积累了财富，为后续处理村庄公共事务打下了坚实的基础。而这一切成就都是在村民小组的带领之下完成的，村民小组成员为村庄所做的贡献每个村民都看在眼里，记在心里。村民小组威信的树立，也为村民小组成功转型、顺利成立理事会埋下了伏笔。

### 三 村组转型：理事会的成立

从村民小组到理事会的转型并非一蹴而就。村民小组成员经过二十多年艰难探索，成功改变了叶屋村的旧貌，树立了他们在村民心中的威望。虽村庄旧貌已换新容，但村庄发展并没有从根本上得到提升。要想从根本上解决发展问题，自然离不开行之有效的组织来带头，在叶屋村，这一组织便是理事会。

#### （一）理事会的雏形

二十多年艰辛摸索为叶屋村组树立了威信，可以说，叶屋村组是村民的有力靠山。但叶屋村组在处理村务时，无论事务大小，都要召集家长会统一讨论，这样做既费周章，又难形成统一的意见，效率非常低下。要想发展村庄必须成立行之有效的组织来领头。村组为改变这种状况，与村民协商，实现村民小组转型，成立了理事会。

2008 年村组换届时，叶屋村通过民主选举，成立了由 5 人组成的理事会，并选举了一名热心公共事业、群众威信高的带头人担任村组长和理事会理事长。虽成立了理事会，但其成员依然是之前村民小组的原班人马（见表1），可见，理事会成员拥有良好的群众基础，得到了村民的信任与支持。村民小组向理事会的转型，使叶屋村的村民有了组织上的依靠，不管是村中大小公共事务还是家庭小矛盾都可以找理事会解决。几年来，村中出现的争吵和纠纷，没有一宗上报萤火村委会和调解会，大大小小的纠纷都由村干部和理事会成员及时处理于萌芽状态。理事会成员尽心尽力地为村民服务，理事会公平公正的办事态度也得到了村民的认可。

表 1　叶屋村理事会

| 理事长 | 叶时通 |
|---|---|
|  | 叶昌新 |
| 成　员 | 叶昌生 |
|  | 叶昌成 |
|  | 叶时兵 |

### （二）理事会的成长

村民小组向理事会转型后，理事会承担了村民小组之前的事务，但理事会的工作不同于村民小组。以往的叶屋村民小组在事务上还得承担来自行政村村委会的工作安排，对行政村的政策方针以及村庄的民情意愿进行下达上传，村民小组扮演着桥梁的角色，连接村民与行政村村委会。理事会完全不需要承担来自村委会的工作安排，其自治功能得到完全释放，主要承担本村庄自己的"家务事"。如果要定义理事会在叶屋村所扮演的角色，他们可以是"保姆"亦可是"家长"，但不管是"保姆"还是"家长"，他们都具有高度的民主协商精神。

理事会"摆脱"了来自行政村委会的事务安排，能够在一个自由的空间里成长。没有了行政束缚的理事会，其自治功能得到了最充分的发挥。在处理村庄事务上，理事会秉着公平公正的原则，最优化地处理村庄矛盾；在管理村庄集体收入上，他们秉着公开透明的原则，使村庄每笔钱的收支都让村民了解得清清楚楚。理事会在处理村庄事务上不断规范自身，完善自身，在短时间内迅速成长起来。

### （三）理事会的突破

理事会从初步成形到一步步成长，都在为它的突破打下坚实的基础。在村民小组的带领之下，经过二十多年的艰苦探索，村庄各个方面都得到改善。但村庄经济并未得到提升，村民生活水平并没得到全面改善，而限制村庄发展的主要原因还是村庄土地的严重碎片化。土地是农民的财富之源，当财富之源没有得到充分挖掘时，村庄经济还是死水一潭。正如石牯塘镇书记所言："农村的一切改革还得从土地开始。"

为了村庄发展，理事会开始寻求突破。2006 年，当时作为村民小组长的叶时通已开始思考村里土地流转的问题。虽村里每次开户代表会都有人提出土地流转，但一直拖着没有实施。直至 2008 年理事会成员一致商议通过之后，土地流转问题在家长会上被正式提出。通过理事会表决提出土地流转，村民并无太大异议，但要使村里土地真正流转起来困难重重，而理事会的成熟，为解决土地流转过程中的难题提供了组织保障。

## 四　理事会现状：村民自治落地的组织载体

要想使农村活起来就必须在土地上做文章。土地是农民最重要的保障，农民没有了土地就意味着失去了一切，也因此，一些农民死抱着土地不敢也不肯流转。但叶屋村的土地流转了起来，土地流转过程充满了困难，而解决困难的最好的组织保障正是理事会。

### （一）不得不流转的村庄土地

#### 1. 村民发展的迫切需求

首先，20 世纪 90 年代初，为谋生存，叶屋村村民开始摒弃种植效益低的农作物，发展养猪、养鱼、种植砂糖橘、养蚕种桑等经济型种养业。但按家庭承包责任制的要求，土地被零散地分包到各家各户，每户什么样的土地都有一点，什么样的种养殖都不成规模，限制了土地的规模发展。至 2010 年春村组土地改革前，全村最大的养殖户，养殖面积也只有 5 亩左右，且分散在两个地方。种植面积最大的也只有两三亩，加上交通问题，经营成本大，管理相当困难。土地零散不连片，难以形成规模优势，耗费大量人力、物力、财力、精力，收效却甚微。种养殖效益不高，村民人均纯收入到 2009 年底也仅有 2000 元左右。

其次，经过二十余年的种养殖累积和外出务工收入，部分村民有了一定的经济实力。在村民家庭经济实力增长的同时，他们力图因地制宜，发展规模种养业，提高生产效率，增强经济效益。

2. 受改革开放带动

从 20 世纪 90 年代开始，叶屋村村民开始外出到城市务工，年轻劳动力的不足，使村里部分土地出现请人代耕甚至闲置的现象。叶屋村隶属英德市，靠近珠三角。随着改革开放，珠三角产业发展急需大量劳动力，外出打工的吸引力远远大于在村庄务农，使原本依靠务农生活的叶屋村民逐渐外出寻求发展。至 2009 年底，村里外出务工村民达 60 人左右，占村中总人数的 30% 以上，留在村中的以老人小孩居多。劳动力欠缺，无力精耕细作，哪些作物省工省力就种植哪些作物，2009 年村中丢荒土地已达 50 多亩。

土地的分散零散，部分家庭土地的大量弃置，城市经济的快速发展与落后农村对比产生的强烈反差等，使村民渴望规模发展农业、增加收入的需求不断强化。为改变现实生产力，结合现行土地政策，在理事会的带领之下叶屋村村民创新农村生产经营模式，自发探索开展了土地模式的改革。

3. 受种养专业户的启发

在 2010 年之前，干了多年村民小组组长的叶时通，把主要精力放在了养鱼养猪业上。他从三亩鱼塘起步，通过与自己兄弟互换土地承包经营权、开垦荒地等形式，发展规模生产。到 2008 年，形成了连片经营鱼塘 11 亩，一般年景收入在 10 万元左右，比外出打工收入高得多。有不少村民见此情况也开始私下置换土地，有些村民甚至把部分耕种条件较差的水田改成鱼塘，连片养殖水产品。这些农户逐步变成了规模生产经营的专业户。专业户的规模种养产生了良好的经济效益，对村中其他渴望发展的村民起了很大的示范作用。

可以说叶屋村已经来到不得不改革的时期，正如叶时通所说："土地必须流转起来，不流转不行了。"经过前二十几年的探索，叶屋村各个方面都得到相当不错的改善。但近几年，村庄犹如死水一潭，没有丝毫的提升，随着外出人员不断增多，村庄更是逐步趋向于"空村"。而要想使这一潭水活起来，把外出人口吸引回来，必须通过土地流转刺激村庄的发展活力。但是，真正使土地流转起来的过程充满艰辛。

**（二）土地流转在困境中的坚持**

如今再次说起村庄土地流转，村民都是一个"赞"字，其中的辛酸也只有理事会成员深知。"现在说土地流转大家都说好了，当初说要分的时候，都不知道吵了多少次架，甚至要打架。几次想到要放弃，最后还是坚持了下来。"问起土地流转的情况，叶昌新如是说。当追问为什么当初要坚持下来时，他说："都是为了村里好。"也正是这样一个简单的信念，执着的坚持，让土地流转最终得以落实。

**1. 初提议案，无人理会**

村里关于土地流转早有人私下讨论，真正提出是在 2008 年，由理事会提出的。理事会成员通过之后，在当年的一次家长会上，由叶昌生向家长会提了出来。叶昌生依然清晰记得提出土地流转议案时的场景，当时大家都没有什么反映。显然第一次提出土地流转，并没有引起村民关注。虽看到村中有人私下置换土地带来了经济效益，但真正提出要进行土地流转时，村民心中的疑虑还是不少，对土地流转能够带来良好的经济效益存有顾虑。

**2. 再提议案，争议颇大**

2009 年 1 月 25 日，农历腊月二十，是外出村民大量回村开村民大会的日子，叶屋村第一次召开了土地流转家长会。第二次提起土地流转议案与第一次提出时的情况完全不一样。叶时通向村民介绍大概的土地流转情况，引起了村民的争议。虽有大部分人赞同，但也有不少人持反对态度。其中最大的障碍是，20 世纪 80 年代初土地承包到各户之后一直没有变化，但各家各户人口发生了很大变化，再加上开荒、修建水利设施和道路等要素，户与户之间在人口比例和生产条件等方面有了很大差别。这形成了土地流转中的公平问题，之前拥有土地多者和拥有优质地者极力反对这次土地流转，认为这样做对他们极不公平。公平问题成为土地流转的一个大障碍，为了充分尊重民意，理事会打算先了解民情，再准备流转。

**3. 了解民情，准备流转**

为了能够搬走土地流转路上的大石头，2009 年冬，叶时通组织四名理事会成员，分头对村民进行走访，了解村民对村庄发展、土地改革的意见和建议。综合村民各项意见和规模发展种养殖业的意愿，理事会提出了土地改革的议案，组织村民代表召开家长会开展讨论，形成了村民对土地改革的初步概念和认识。土地流转意识的形成，是探索土地改革发展路径的第一步。

4. 落实议案，组织流转

第一，统一村民思想。理事会利用晚上村民空闲时间，组织召开家长会，讨论通过土地改革议案。其间围绕土地流转村民最难解决的两个问题（一是原地面附属物的归属问题；二是原本地多者和地优者的分配问题），展开了激烈讨论。也因为这两个问题，不少村民在私下对叶时通和叶昌生产生了极大的不满。

为了土地流转，家长会一共开了 30 多次，每次开都在叶昌生家里。问起开会的事情，叶昌生都不大愿意多说，每次都说："这都过去了，都是为了村里好。"而叶昌生的媳妇记忆就更为深刻，她说："每次开会都是晚上 7 点半左右开到夜里 11 点多，30 几个人都在院子里讨论。为了开会家里还特意买了十几张椅子，家里的水杯（纸杯）基本是两三天一条。其实土地流转大多数人都是同意的，只有少数人思想不通，讨论不下去就吵架，甚至几次差点打起来，还有人要打村长。"也正是这种不断的讨论，激烈地争吵，使各方的利益不断磨合。对于那些极力反对的村民，则通过各种形式进行思想上的教育。经过一年时间，全部村民通过了土地改革议案，决定将村民所有分散经营的自耕地和鱼塘全部收起来，再重新按每户人口数量连片承包给农户。

第二，丈量土地。在做村民思想工作的同时，理事会还组织 35 位村民家长代表对全村所有土地面积进行丈量，明确了所有耕地、旱地、山林的总面积。针对土地丈量过程中部分村民由于已种农业经济作物投入成本多、拒绝出让等问题产生的争议，理事会积极教育村民，边丈量边协调各方利益，全力化解矛盾，推动土地回收工作顺利完成。

第三，制定土地分配方案。完成土地丈量工作后，理事会综合全村各类土地数量、村民人口数及村民种养殖业发展状况，经协商，拟定了土地重新分配方案草案，明确了土地重新分配的目的、原则及具体的分配方法，并提交村民代表大会进行讨论。在讨论过程中征求 35 位家长的意见，及时做出修改调整，不断完善，使方案契合村中发展实际，符合村民意愿。在理事会成员的牵头下，叶屋村组先后召开了不少于 10 次的家长会讨论和修改土地分配实施方案。经过多次研讨后，最终制定了一套大家都满意的土地分配方案，并获得村民代表一致通过。

第四，重新规划农田基础设施建设。为避免土地重新分配后道路、灌溉渠重新调整引发村民新的纠纷，经家长会讨论，理事会决定在落实土地分配前，完善农田基础设施建设。在重新规划的土地主干道上，利用集体资金修建了机耕路和灌溉渠，完善了通路、通水工程，为规模农业提供了畅通的输送渠道。

### （三）落实土地分配工作

2009 年冬至 2010 年春，按土地分配方案规定和分配原则，理事会成员组织村民，以连片方式，开展了村组田土的重新分配。在土地重新分配中，不断协调解决村民中仍存留的部分问题，实现了土地的成功改革。

#### 1. 完善土地分配方案

为明晰土地重新分配到户的具体数量，叶屋村制定了土地分配方案。土地分配方案规定，外出人员参与旱地类分配，在家务农村民可自主选择经营水田（鱼塘）、旱地（山坡地），其中村水田（鱼塘）与旱地（山坡地）按照 1:2 的比例分配。村中每人可分到水田（鱼塘）1 亩或旱地（山坡地）2 亩。以村主任叶时通为例，该户家庭有 8 人，可分到水田（鱼塘）8 亩或旱地（山坡地）16 亩，主任原有鱼塘 11 亩，其愿意保留鱼塘 11 亩，按分配多出 3 亩鱼塘，从其同族兄弟叶时日所分土地中扣除 6 亩旱地作为填还，叶时日则少分 6 亩旱地。而村民叶昌新家有 5 口人，按方案可分到水田（鱼塘）5 亩或旱地（山坡地）10 亩，他原有鱼塘 12 亩予以保留，而按分配方案规定多出 7 亩鱼塘，多出的 7 亩通过向集体交租方式解决。经过分配，户户均按照自己的意愿得到了经营的土地。承包后剩余的 310 亩旱地出租给广海柠檬公司种柠檬，同样剩余的 20 多亩鱼塘经村民代表同意后连片出租用于增加村组集体经济收入（具体方案见表 2）。

表2 石牯塘萤火村叶屋组土地分配方案

单位：亩

| 单位：萤火村委叶屋村民小组 | | | | | 时间：2010年2月 | | | |
|---|---|---|---|---|---|---|---|---|
| 姓名 | 人口 | 原挖鱼塘面积 | 自报保留鱼塘面积 | 按分配多出面积 | 集体应分配水田面积 | 集体应分配旱地面积 | 农户应交资给集体 | 由兄弟刘补地面积 |
| 叶时通 | 8 | 11 | 11 | 3 | | | | 6 |
| 叶昌生 | 10 | 9 | 9 | | | 2 | | |
| 叶仁方 | 2 | 10 | 10 | 8 | | | 8 | |
| 叶昌育 | 4 | | | | 4 | | | |
| 叶昌新 | 5 | 12 | 12 | 7 | | | 7 | |
| 叶昌劲 | 5 | 3 | | | 2 | | | |
| 叶昌展 | 4 | | | | | 8 | | |
| 叶昌故 | 3 | | | | | 6 | | |
| 叶昌摇 | 4 | | | | | 8 | | |
| 叶昌成 | 3 | 3 | 3 | | | | | |
| 叶昌记 | 4 | | | | | 8 | | |
| 叶昌裕 | 5 | 5 | 5 | | | | | |
| 叶仁灯 | 5 | | | | 5 | | | |
| 叶邦启 | 6 | | | | 6 | | | |
| 叶昌前 | 6 | | | | | 12 | | |
| 叶时齐 | 3 | | | | | 6 | | |
| 叶时军 | 4 | | | | | 8 | | |
| 叶时国 | 9 | | | | 9 | | | |
| 叶时习 | 4 | | | | | 8 | | |
| 叶时省 | 5 | | | | | 10 | | |
| 叶时兵 | 5 | | | | 5 | | | |
| 叶时日 | 5 | | | | 2 | | | 留给时通兄弟6亩 |
| 叶昌云 | 4 | | | | | 8 | | |
| 叶时旺 | 5 | | | | 5 | | | |
| 叶时发 | 5 | | | | 5 | | | |

续表

| 单位：萤火村委叶屋村民小组 | | | | | 时间：2010年2月 | | | |
|---|---|---|---|---|---|---|---|---|
| 姓名 | 人口 | 原挖鱼塘面积 | 自报保留鱼塘面积 | 按分配多出面积 | 集体应分配水田面积 | 集体应分配旱地面积 | 农户应交资给集体 | 由兄弟刘补地面积 |
| 叶时常 | 7 | | | | 7 | | | |
| 叶时勇 | 8 | | | | | 16 | | |
| 叶时款 | 4 | | | | | 8 | | |
| 叶仁财 | 6 | | | | 6 | | | |
| 叶时清 | 4 | | | | | 8 | | |
| 叶仁广 | 6 | | | | | 12 | | |
| 叶时兴 | 6 | | | | 6 | | | |

**2. 明确土地分配原则**

完成土地丈量工作后，理事会综合全村各类土地数量、村民人口数及村民种养殖业发展状况，经协商，拟定了土地重新分配方案草案，明确了土地重新分配的目的、原则及具体的分配方法，并提交村民代表大会进行讨论及修改完善。

①村民自愿原则。土地改革是村民自己的事，必须依靠村民，并充分尊重村民意愿，走出一条发展道路。为推进土地重新调整分配，村民理事会用了近一年时间召开了不少于30次的家长会，统一了全村代表的思想，制定并多次修改完善了土地调整方案。

②连片分配原则。土地改革的初衷是改变传统分散经营模式，实现规模发展、连片经营，要求重新分配土地要实现连片。

③规模经营优先原则。针对改革前少部分村民种养殖业呈现出一定规模，并有扩大发展意愿的情况，为保障村民利益、减少矛盾，由村民自愿申报是否保留原种养殖基地，优先处理好原有一定规模的农户的土地重新分配问题。

④在家务农优先原则。在家务农人员对水田和旱地均参与分配；外出人员不分配水田，只参与旱地类分配。

⑤有争议土地采取抽签解决原则。对土地分配中存在的同一块土地有

两方以上农户争议的，为保证每一个农户都能公平公正获得土地使用经营的权利，采取随机抽签方式进行处置。

⑥按比例分配原则。结合土质等因素，叶屋村因地制宜，以家庭为单位，按家庭人口数，将水田与旱地按固定比例进行重新分配。在家务农村民可自主选择经营水田（含鱼塘）、旱地（含山坡地），每人可分到水田1亩或旱地2亩，村水田与旱地按照1∶2的比例分配和置换。承包后剩余的310亩旱地和20多亩鱼塘经村民代表同意后连片出租用于增加村集体经济收入。

⑦同宗族家族土地割补或交租原则。村民在原分配土地基础上合理要求增加土地面积，以及超出本户所分土地数量的部分，可通过两种方法解决，一是经其同宗同房其他家庭同意，可从其同宗同房家庭所分田地中予以抵扣。二是以向集体交租方式解决。经过分配，户户均按照自己的意愿得到了土地。

耕地调整程序详见表3。

表3　耕地调整程序

| 丈量耕地 | → | 集中耕地 | ← | 规划建设机耕路、灌溉渠等农田设施 |
|---|---|---|---|---|
| | | ↓ | | |
| 将耕地分为水田、旱地两类，其中把鱼塘纳入水田类 | → | 分配耕地 | ← | 在家务农人员平均分配水田类耕地，在家务农人员和外出人员平均分配旱地类耕地 |
| 开荒得来的耕地不分配，由开荒者经营，但不具有承包权，只有经营权，开荒者要向村集体缴纳租金 | → | | ← | 耕地承包二十年 |
| | | ↓ | | |
| 耕者优先原则 | → | 置换耕地 | ← | 鼓励连片经营原则 |
| 大者优先原则 | → | | ← | 顺延扩充原则 |
| 同等条件抽签原则 | → | | ← | 水田类与旱地类耕地置换原则 |

3. 做好农田基础设施建设

土地重新流转，为了能形成连片规模经营，自然要改变之前土地分散的状况。土地状况的改变必然要求形成适应连片规模经营的配套农田机耕路及排水渠设施。理事会为了着力做好土地连片经营配套农田机耕路、排水渠设施建设等工作，与村民商议，以集体出资投入16万元，修建了4公里机耕路，投入13万元，修建了2公里长的农田排水渠道，解决了农业发展的水利交通问题。

4. 发挥理事会的带头作用

土地流转自然会使以往受益者的部分利益受损，村里也有不少人对理事会的成员怀恨在心，理事会成员对这些也是心知肚明。但为了村里长远发展，他们不得不忍受村民对他们的非议。土地流转成功其中也不乏理事会成员发挥带头作用让出自己的利益。理事长叶时通在20世纪90年代初建设了一口3亩的鱼塘，经营已20年，本想利用此次土地改革机会，扩大生产。但在土地重新分配过程中，相邻村民一口6亩的鱼塘也欲扩大经营，得知此消息后，叶时通自愿无偿地将自己的鱼塘出让给该村民合并经营，并免去建设鱼塘所需的2.5万元费用。叶时通让出自己的鱼塘时，自己的父亲极力反对，认为叶时通这样做会断了自己子孙的后路。但叶时通不为所动，毅然让出了自己家的鱼塘。同样，村组理事叶昌生在2010年春重新分配土地时，其3亩砂糖橘已种植3年，邻近村民有4亩鱼塘，并在土地改革中提出想扩大养殖范围，叶昌生也主动将其即将挂果的果木土地无偿出让。理事会带头舍小家为大家的集体主义精神和实际行动，感化着每一位村民，使他们对土地调整的认同感和支持度显著提高。

叶屋村组土地流转详情见表4。

表 4　石牯塘镇萤火村叶屋组土地流转到户情况

单位：亩

| 户主姓名 | 承包水田 | 承包鱼塘 | 承包旱地 | 合计 | 备　注 |
|---|---|---|---|---|---|
| 叶时通 | | 11 | 25.6 | 36.6 | |
| 叶昌重 | | 9 | 40.6 | 49.6 | |
| 叶昌记 | 3.92 | | 12.8 | 16.72 | |

续表

| 户主姓名 | 承包水田 | 承包鱼塘 | 承包旱地 | 合计 | 备 注 |
|---|---|---|---|---|---|
| 叶昌裕 | | 7 | 16 | 23 | |
| 叶昌新 | 4.9 | | 16 | 20.9 | |
| 叶昌展 | 10.78 | 5.17 | 12.8 | 28.75 | |
| 叶昌育 | 2.94 | | 9.6 | 12.54 | |
| 叶昌生 | 9.8 | 11 | 32 | 52.8 | |
| 叶昌劲 | 3.92 | 4.6 | 12.8 | 21.32 | |
| 叶昌常 | 6.86 | 3.37 | 19.2 | 29.43 | |
| 叶昌成 | 4.02 | 1.35 | 9.6 | 14.97 | |
| 文来娣 | 4.9 | 1.3 | 16 | 22.2 | |
| 叶时财 | 7.21 | 3.8 | 16 | 27.01 | |
| 叶时兵 | 7.64 | | 16 | 23.64 | |
| 叶时兴 | 5.88 | 1.1 | 19.2 | 26.18 | |
| 叶时日 | 4.9 | 3.2 | 16 | 24.1 | |
| 叶时国 | 9.82 | | 28.8 | 38.62 | |
| 叶时前 | 12.7 | 1.78 | 41.6 | 56.08 | |
| 叶时发 | 4.9 | | 16 | 20.9 | |
| 叶仁灯 | 2.94 | 1.32 | 9.6 | 13.86 | |
| 叶时省 | | | 16 | 16 | |
| 叶时习 | | | 12.8 | 12.8 | |
| 叶昌云 | | | 12.8 | 12.8 | |
| 叶仁广 | | | 19.2 | 19.2 | |
| 叶时勇 | 7.84 | | 38.4 | 46.24 | |
| 叶仁方 | | 7.38 | 9.6 | 16.98 | |
| 叶振清 | | | 12.8 | 12.8 | |
| 叶时旺 | 5 | | 19.2 | 24.2 | 群众：720.24亩 |
| 锦源农牧 | | | | 350 | 电站库区 |
| 广海柠檬 | | | | 310 | 山坡地 |
| 叶时强 | | | | 150 | 山坡地 |
| 叶时通 | | | | 220 | 山坡地 |
| 合计 | 120.87 | 72.37 | 527 | 1750.24 | |

### 五 村民自治落地的成效

在理事会的带领之下，叶屋村成功实现了土地流转，使村民自治得到真正落地。叶屋组村民自发探索的土地成功改革，彻底改变了村民过去零散的土地经营方式，各户村民在集中、连片的土地上开展农业生产，提高了生产效率，使农业呈现集约化发展态势。村庄经济得到明显提升，村民收入大幅度提高，村庄集体经济收入不断增加，外出人口开始减少，原外出务工人员开始回村庄务农，村民对村庄的认同感逐步增强。村庄公共精神得到提升，村庄环境得到大大改善。

1. 农业呈现集约化发展态势

土地改革后，叶屋村民有了基地，开始放开手脚，大胆发展。村民充分利用土地（鱼塘）连片经营的有利条件，积极发展经济价值高的砂糖橘种植和四大家鱼养殖等产业。35 户村民的种养殖业均由原来二三亩的分散经营扩大为八亩以上的规模经营。其中鱼塘养殖、蚕桑种植小至十余亩，大至三十余亩。猪类养殖少到六七十头，多到近 400 头。同时村民与温氏养猪公司合作，由温氏公司提供猪苗，4 个月左右由温氏公司进行收购，形成了产业一条龙。这种企业加农户的合作模式，形成了特色的现代农业，解决了村民所担心的收购难问题，提高了村民养殖的积极性。村中砂糖橘种植面积达 20 亩的有 4 户，鱼塘养殖面积 15 亩左右的有 10 户，猪类养殖 100 头以上的有 10 户，蚕桑种植面积 10 亩以上的有 5 户。35 户人家的种养殖全部上了一定规模，真正形成了现代新型农村经济组织——以家庭为单位的种养殖专业户。

同时这种集约化的发展也在一定程度上解放了生产力。以往需要跑六七处才能搞定的农活，现在只要跑一处就可以完成，土地的连片极大地提高了效率，节约了劳力。机耕路等农田水利设施的完善，方便了村民进出农田，改善了以往土地因灌溉不到位减产的状况。如今的外出务工人员已不再是过去意义上单纯为谋生而外出寻找生计了，仅是规模生产中解放出来的劳动力。

2. 村庄经济明显增长

农业开始实现集约化发展，村民收入得到显著增加，村庄集体收入也大幅度增加。农业的规模经营彻底解决了以往只是饿不死，但发展不起来的问题。农业的规模发展提高了村民的收益，以一家农户为例，改革后的第一年收入 5 万元，第二年收入 7 万元，第三年收入 20 万元，土地流转之后村民的收入成倍增长。现在村民人均收入由 2010 年改革前的 2000 元左右上升到 1 万余元，村中 4 户贫困户彻底脱贫并盖上了新房。两年多来，有 13 户村民发家致富后购买了小汽车或农用车（拖拉机），村民生活水平有了较大提高。

土地重新分配后，村中剩余的 310 亩左右连片山地和近 30 亩连片鱼塘被重新盘活，所获租金比原来增加了近 5 万元，叶屋村集体收入每年达到 15 万元。集体收入增加，但钱不能乱花，每次村中要花集体的钱，都得召开家长会告知村民。年初的时候就召开家长会进行预算，每年年末都会对集体收入进行结算，使村里每笔集体收入的来龙去脉都让村民清楚。现村里的集体收入主要用于村里的公益事业建设，着力改善村庄环境。

3. 村庄认同感不断增强

2009 年以前，村庄没有任何吸引力，村里人不断逃离村庄，直至 2009 年村庄外出务工人员高达 60 人，一度使村庄成为"空村"。而如今这一局势得到了转变，外出务工的人员开始回村。土地的规模经营，使留在村里的动力开始大于外出务工的吸引力，吸引了大量外出务工人员返乡。叶时文就是返乡者中的一员。作为 90 后的叶时文说，自己曾在广州海关当厨师，在外打工工资不高，除了每个月房租和基本花销之外所剩无几。村里土地流转之后，他也看到了机会，果断放弃广州的工作，回到村里专心养猪和管理鱼塘，现在家里每年都有 20 多万元的收入。而村民更为津津乐道的是叶时文的媳妇，一位清远市区的姑娘愿意跟着叶时文回村里养猪养鱼。土地流转之后，外出务工人员由改革前的 60 人骤减为 15 人左右。村民在自家门前便实现了发家致富。

不仅外出务工的人回来，就连之前搬到英德市区住的居民也开始回到村里。村庄一位常年居住在英德市区的老师，暑假特意带着在城里长大的孩子回到村里。看到村庄的大变化，这位老师内心不胜欢喜，并表示第二年要在村里建造自己的房屋，希望能回到村里居住。村庄的经济发展了，村民对村庄的认同感也不断在增强，越来越热爱自己的村庄，关心村庄的事务。

### 4. 村庄公共精神得到提升

村集体收入增加后，理事会着力做好村中的公益事业，村庄公益事业快速发展。每年重阳敬老节理事会都会为村中 22 位 60 岁以上老人每人发放 200 元节日慰问金，三年共发放慰问金达 13200 元。为鼓励形成良好学风，理事会对每年考上大学的学生资助一万元，到目前为止村中共有两名大学生受到资助。为完善村组公路建设，理事会投入 184000 元，实现了公路硬底化。理事会成员更是表示下一步就要引入自来水，解决村里饮水难的问题，并在村庄的主干道上安装路灯，以方便村民出入。

过去由土地界限、田水争夺等引发的村民纠纷再也见不到了，村中矛盾骤减，村民常为农业发展问题走在一起讨论研究。晚上不少村民都会自觉地来到文化室相聚聊天，探讨村里的发展或就养猪养鱼方面彼此交换意见，交流经验。村庄处处吹拂着和谐之风，乡风文明，村民和谐团结。

### 5. 村庄环境大改善

集体收入增加后，理事会决定充分利用集体资金对村庄环境进行改造。现村里建起了属于自己的小公园，农闲时，不少村民到小公园里休息聊天。村里也建起了两层楼的文化室，现在开会不用到理事会成员家里，只要一召集开会，大家都会自觉来到村里的文化室。现在村里每年的聚会也都在文化室搞，文化室大大方便了村民的沟通交流。村里也修建了属于自己的篮球场和乒乓球桌，为村里的孩子提供了娱乐场所。

## 六　总结与思考

我国的村民自治走过了 30 多年，从当初的"意气风发"到如今的"老当益壮"，可以说，随着时间的推移，社会的发展，近年来以行政村为主要载体的村民自治遇到了一些瓶颈。如何克服村民自治的瓶颈，顺应时代发展？在探索村民自治有效形式的道路上，叶屋村给我们提供了有效的启示。叶屋村村民自治得以有效落地，完全依赖于叶屋村理事会这一组织载体。

### （一）村民自治落地的基础

叶屋村成功实现土地流转，促使自治得以落地，理事会在其中发挥着重要作用，虽叶屋的成功离不开理事会在其中的组织和带领，但理事会能够发挥其功能也是建立在一定基础之上的，这其中就包括产权基础、文化基础和地域基础。

1. 产权一致

利益与治理有着不可分割的关系，很多治理活动都是以利益作为导向的。与自身利益越是紧密相关的治理活动，人们越关心其治理成效。在农村，与农民利益直接相关的就是土地，土地就是农民的命根子，没有土地农民就失去了财富之源。而与土地最为相关的就是土地产权，没有土地产权，农民就无法获得土地所带来的利益。20 世纪 80 年代初，随着家庭承包责任制的推行，萤火村委顺应政策之势，对该村土地进行划分。最初土地划分时，集体土地所有权归自然村所有，换言之，叶屋村土地所有权归村组所有，这也使叶屋村土地产权一致。

产权一致必然促使村民利益相连，因产权一致使村民形成利益共同体，土地归村组所有，叶屋村土地变动必然牵一发而动全身。叶屋村的土地流转关系到全村的利益变动，促使村民积极参与到土地流转当中。经过一年多不断开会讨论、争吵甚至打架，村民之间的利益不断磨合，最终形成了最大程度减少彼此利益损失、使彼此利益能够最大化的方案，促进了土地流转的实现。

2. 文化相近

文化是由一定区域内的人的活动产生的，是具有一定历史沉淀的产物。在特定的区域内，文化又影响着这一区域内的人。在叶屋村感受最明显的就是客家文化，以祠堂为例，村庄祠堂前面必定会有一个类似金元宝的月牙形水塘，据说可起到聚宝盆的作用，而这在客家文化中是最为常见的。村里大部分人都讲客家话，只有少部分人会讲粤语，可见，叶屋村深受客家文化影响。客家人的迁徙大多是由人口稠密、文化经济比较发达的中原地区向人烟稀少、经济落后的偏远地区转移的。这些来自中原汉族的客家先民们，在辛勤耕耘创立新的家园的过程中，不断与南方的百越族融合，不仅形成了一个稳定的社会群体，也创造出了独具特色的客家文化。在客家文化中"义"是相当重要的，客家人讲究一个"义"字，即有福同享，有难同当。他们认为，要想在新的客居地立足，必须面对重重困难，团结互助显得尤为重要。所以叶屋村中虽有不少矛盾，但极少出现不和，他们追求的是一种"和而不同"。每年大年初一和清明时节的大型祭拜活动都是集体进行的，可以说这种"和而不同"使叶屋村内形成了向心力。

文化影响人的行为习惯、思维方式和生活方式等，深受客家文化影响的叶屋村民，在同一文化的熏陶之下，形成了大致相似的行为习惯、思维方式和生活方式。所以以文化作为基础，无须借助外力，村民就比较容易产生同一个目标，并为同一目标共同努力。在叶屋村当问及村民"为何同意放弃自己的原有土地，实施土地流转"时，得到最多的答案都是："为了村里好。"正是"为了村里好"这一共同目标，使理事会的领导更为得力，也使村民更积极参与到村庄的公共事务当中，村民自治终得以落地。

3. 地域相连

中国人自古以来就有追"根"寻"源"的意识，有落叶归根的情怀，无论人在何处，迟早有一天总要回到自己的根源所在地。对于从中原地区搬迁过来的客家人，"根"对他们来说早已模糊，后搬迁之地成了他们的根之所在。正如叶屋村，要追溯叶屋村的来源，村里人大都不知情，村庄的老人早已记不清了，加上村里关于村庄的历史记载少之又少，提起溯源，村里人只知道他们是从福建一带搬迁过来的，为同一太公所衍生，之后就世世代代生活于此。

叶屋村并不大，村民大都集中居住，村民发生任何事，任何人都可以轻易知道，彼此之间可以说知根知底。世代生活于此，村民的根早已深埋于此。叶屋村顾名思义就是叶家人居住的地方，在村里生活的人都姓"叶"，叶屋村就是一个典型的家族共同体。在同一区域内的家族共同体中，村民相互之间的社会交往相对方便，日常联系的紧密度较强，与行政村地域过大、村民之间老死不相往来的局面不同，利于集体行动和自治活动的开展，同时在这一区域内无须过多外力的驱使，其自然而然形成了自己的内生秩序。这样的内生秩序为解决村庄问题排除了不少的阻力，更有利于产生自治活动。

（二）理事会功能的分析

在理事会成立之前，叶屋村和其他村庄并无多大区别，同样是在村委会带领之下进行自治，但是村委会面临着行政权和自治权难以平衡以及村委会下辖村庄面积过大的困境，使其无法顾及叶屋村的具体发展。叶屋村的落后状况刺激着叶屋村民，他们意识到只能依赖自身，寻找发展之道。在叶屋村村民小组的带领之下叶屋村得到改善。但叶屋村之前在处理村务时，都要召集家长会统一讨论，这样做既费周章，又难形成统一的意见，效率非常低下。为了改变这种状况，叶屋村实现了从村民小组到理事会的转型。理事会的成立，促使自治功能独立出来，使理事会在村民自治中发挥了重要作用。

1. 理事会使自治单位下沉

叶屋村的理事会是一个完全没有行政任务的组织，理事会处理的主要是叶屋村村内的"家务事"，因此不会受到来自政府或外界力量的干预，理事会的自治功能得到充分发挥，这也使自治单位自然而然下沉到自然村一级。自治单位下沉到自然村一级，相较之前管辖范围变小。对于以自然村作为自治单位的自治规模是否适度这一问题有待继续探索和研究，但目前叶屋村所产生的自治效果是值得肯定的。以叶屋村为例，在自然村这样较小的自治单位中，村民之间关系密切，人际互动频繁，有着共同的文化认同，在处理村庄的事务时缓解了不少矛盾，减少了管理成本，更加有利于自治落地。

叶屋村理事会使自治落地，取得了重大成就，也引起了外界的关注。清远市在总结叶屋村经验的基础上，开始探索村民自治的有效实现形式，使村民自治下沉到自然村一级，在自然村一级设立村委会，将之前"乡镇—村—村民小组"调整为"乡镇—片区—村（原村民小组或自然村）"的基层治理模式。设立党总服务站，作为政府派出机构，承担下辖村庄的行政事务，而自然村一级设立村委会，使村委会摆脱行政事务，使其自治功能独立出来，充分发挥其自治功能，可以说叶屋村的成功也撬动了清远市的农村基层治理改革。

2. 理事会使自治行之有效

理事会的出现使其自治功能得以充分发挥，使"悬空"或"虚置"的自治有效落地。理事会摆脱了行政事务，处理的主要是村庄内的事情，村民能自己管理自己，自己选举村庄理事会成员。对村庄的公共事务，理事会组织大家开会讨论决定，对于村庄集体收入的管理，每年都开例会，公布村庄集体收入的状况，让村民知情。同时这一村庄也是一个小型的熟人社会，在熟人社会基础上的自治开展，可以更好地达成公共契约的共识，建立有效的议事规则，有效地保障治理单元中社会成员的权利，并实现个体利益与群体利益的良好结合。因此，自治的开展需要立足于熟人社会的土壤中，熟人社会的人脉关联又会进一步推动自治的开展，使自治行之有效。

3. 理事会使自治事务利益相关

以往的村民小组相当于自然村与行政村之间联系的桥梁，行政村有相关政策通知下达，常借助村民小组帮忙向村民进行宣传和解释，行政村与村民之间除了选举村干部时有所联系，基本没有联系的基础。但是，理事会成立后，村民通过理事会直接参与的事务和共同协商的相关事宜都是与自身利益密切相关的，大家共同解决的问题就发生在自己身边，对自己的日常生活有着直接的影响，问题的最终解决村民看得见摸得着，最后获得的好处和利益村民可以真实地享受到。基于这种利益相关，村民的民主参与显得更有活力，对公共事务的关心显得更加积极。

村庄的发展一直都是村民的心愿，目标在于改善村庄环境以及提高村民的经济收入，但一直都没有好的带头组织，又无法依赖村委会的帮助。理事会的成立使村民有了组织上的依靠。修整村庄主干道、修整村庄机耕路、重建村庄祠堂以及土地流转后，最终受惠的还是生活在叶屋村的每一位村民，村民可以共同享受干净的道路、出入方便的机耕路、能多人聚餐的祠堂和收入的提高。可见，理事会有效解决了村庄发展的困境，基于利益相关性，更好地提高了村民的参与意识和参与能力。

**（三）叶屋模式的思考**

叶屋村的成功也使外界给予了其"叶屋模式"的称谓，模式就相当于一个样板，但对这一模式是否可以当成一个样板进行推广，把叶屋这套用于另外一个村庄，这是值得思考的问题。

叶屋的成功撬动了清远市的农村基层治理改革，清远已开始进行试点，将自治单位下沉到自然村一级。以叶屋村为例，叶屋村目前除自己村庄理事会之外，还联合朱屋村和赖屋村成立了联合理事会，由叶时通担任理事长。朱屋村和赖屋村目前以叶屋村作为学习的榜样，打算进行土地流转，但难以实施。在向村民了解情况时，当地的理事会成员告知：主要是缺乏敢于带头的人，领导人不行。相较于其他村，叶屋村的成功除了有自身的基础之外，同样离不开理事会这一组织，更离不开理事会的理事长叶时通。叶时通就是叶屋村的精英。叶时通之前担任村民小组组长二十多年，后担任理事长，在村内有着极高的威信，很多村庄建设的想法都是叶时通提出的，包括村庄的土地流转。可以说叶时通就相当于伯乐，识得叶屋村这匹千里马。但是千里马常有，而伯乐不常有，一个村庄很难得出现一个带领村庄发展的精英。

同时，中国乡村千差万别，每个村庄都有自身特色存在。凡有过田野经历的人都知道，即便同一地域的村庄，习俗、风尚乃至语言都可能大相径庭，这种复杂性是长期历史积淀的产物，非单由某一种因素所促成。即使是地域大小、习俗风尚及语言都有着极大相似性的朱屋村、赖屋村和叶屋村，同样的模式在叶屋能成功，运用于朱屋村和赖屋村却难以实现。村庄的复杂性可见一斑。也正是复杂性促生了村庄的独特性，这种独特性使模式难以复制，只能借助模式进行参考学习。

# 第三章

## 产业发展，直面乡村振兴核心

执笔人：范　玲

新农村建设是一个从旧到新，不断累积、不断进步的过程，不仅关乎政治问题，更是一个涉及经济、文化等的全方位的社会问题。广东省清远市佛冈县大田村作为广东省新农村建设试点村，近两年来，村庄"发展的烦恼"悄然诞生：走一三产业融合道路的大田村面临"门可罗雀"的产业发展困境，同时，村民自主发展产业的意识较为薄弱，"找政府、找老板"（即"两找"）成为大部分村民对村庄发展的第一反应。在纯农业村庄发展产业的过程中，为何村民发展产业的自主意识较弱，对外部力量有较强依赖？这种依赖如何产生？又如何打破？在渴望快速超越的社会心理下，如何避免在"两找"中陷入对外部依赖的"泥潭"，成为新时期真正激发农业农村内动力和激活新动能的关键，也是纯农业地区有效实现新农村建设必须探讨的途径。

## 一　研究对象与问题

### （一）研究对象

1. 研究背景

大田村所在的佛冈县地处粤北山区，属于纯农业地区，2010 年全县人

口 32.85 万人，其中农业人口高达 26.45 万人。进入 21 世纪以来，佛冈县
农业的支柱产业砂糖橘日趋式微，农民收入出现滑坡，佛冈县在农业增
效、农民增收、农村发展方面面临着前所未有的压力。因此，广东省社会
主义新农村建设试验区（以下简称"新农村建设试验区"）于 2011 年 12
月正式设立，着力在纯农业地区主要以农业产业升级为重心，探索新农村
建设的有效路径，为粤东西北乃至全国的新农村建设提供可借鉴、可复制
的先进经验。

2. 基本情况

大田村是佛冈县石角镇龙南片区的一个自然村。全村总面积 0.56 平方
公里，耕地面积 230 亩（其中水田 180 亩，旱地 50 亩）、山地 550 亩（其
中生态补偿林 78 亩）、鱼塘 3 亩、生活区用地 50 亩，农业生产一度以砂糖
橘和水稻种植为主。大田村对外交通较便利，南有通往县城的 252 省道，
北有 828 县道，距佛冈县城约 10 公里，离原龙南镇区约 3 公里，区位优势
明显。2011 年底，大田村所在的龙南片区设立广东省首个社会主义新农村
建设试验区；2013 年，清远市自治重心下移改革正式启动，佛冈县石角镇
作为试点改革镇之一，开始全面推进村民自治下移改革试验。大田村是石
角镇的一个自然村、村民小组，在 2013 年 4 月份被确定为新农村建设试验
区的新农村建设试验点。由此，两场改革在大田村交会，推动了大田村快
速变迁。

3. 经济转型

大田村从第一产业向第一与第三产业融合的产业道路转型是从土地的
集中流转起步的。一是于 2014 年 1 月，全村 213 亩耕地被流转给广州华琪
生物科技有限公司，华琪公司依照"华琪生态村"项目的产业规划，山的
上半部分，在树林下培育灵芝、红菇等，形成林·菌模式；山的中间或小
山顶养猪，下半部分种辣木等豆科植物，形成种养模式；环绕生态河，河
与水稻田相通，河内种睡莲、养青蛙和水鱼，形成蛙·稻模式。二是于
2016 年 1 月，大田经济合作社和新农村投资建设有限公司合股成立佛冈华
麒专业合作社，再由专业合作社注资成立漫客公司，由漫客公司来经营村
庄的民宿，进一步打造全方位乡村旅游。民宿由漫客公司租用农户的房
子，统一经营管理，租金为每月 100 元/间，由漫客公司通过经济合作社将

租金发给农户。第一产业与第三产业的协调发展、新农村与城镇化的齐头并进、稻菜轮作、花卉苗木种植及乡村旅游业的发展，旨在转变以往埋头种地的传统农业经营模式。

**（二）研究问题**

2017 年 4~5 月，笔者在佛冈县大田村进行了为期一个月的驻村调查。作为新农村建设试验区中的试验点，在短短 3 年时间中，大田村从一个普普通通的山区农村变成了远近闻名的特色村，但是村庄的产业发展却不尽如人意。一是华琪公司生态种养模式连年亏损，现地上只种番石榴，虽然村民在合作之初就选择了固定租金模式，村民的实际收入并未因公司的亏损而降低，但是由龙头企业带来的潜在效益却已损失，如华琪公司现已很少雇本地人从事劳动。二是村庄旅游几乎陷入停滞状态，既没有跟进旅游配套设施，也没有吸引人气。总体上看，大田村凭借新农村建设试验区的势头，在村庄基建、村民自治上进步较大，但是村民收入并没有相应增加。当笔者问到村民关于村庄现阶段的问题和未来的发展方向时，大多数农民回答"找政府、找老板"。此外，如表 1 和图 1 所示，在 2013 年到 2014 年末，村庄产业发展起步良好，村集体经济收入实现了数十倍的增长，而在之后两年，增长却停滞不前甚至倒退。

因此，本章的问题主要有两个，一是为什么大田村通过一三产业融合，从传统农业转型后，迈入了良好的起步阶段，村集体收入也相应增加，但近两年面临着"村庄旅游无人来、农民收入没增加"的尴尬局面，而且村民对于产业发展存在对政府、市场的严重依赖？二是纯农业地区发展产业时更应当注意哪些方面才能突破"两三年倒一片"的困境？

村民在与政府、村庄互动时，既是参与者，也是旁观者，既从参与中获得主人感和自主能力的提升，又在旁观中看到村庄的发展全靠政府的带动支持，产生客人感，依赖意识无形强化。普普通通的村民更应该是村庄发展中的主体，而自主与依赖意识是一个"此消彼长"的动态过程，会不断影响农民关于村庄发展路径的选择。因此，本章通过探讨大田村自主和依赖意识的形成与变迁过程来尝试分析大田村目前发展的现状和困境，并进一步探究外动能如何"授人以渔"，真正激发村庄的内动力，落后的纯农业村庄如何摆脱依赖，实现自主长效发展。

表 1 大田村 2013 年以来集体经济净现金总额情况

| 时间 | 集体经济结余（元） |
| --- | --- |
| 2013 年 5 月 | 3500 |
| 2013 年 12 月 | 40137.1 |
| 2014 年 12 月 | 63242.6 |
| 2015 年 12 月 | 42337.8 |
| 2016 年 12 月 | 57849.2 |

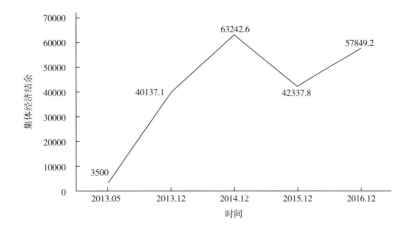

图 1 大田集体经济变化情况

## 二 大田村产业发展态势分析

真正的调查是从认识对象开始的。笔者通过 SWOT 方法系统分析现阶段大田村发展产业所处的内外部竞争环境，理清主要的内部优势和劣势，及外部的机会和威胁等，以了解大田村产业发展的机遇和困境，及村民做出选择的背景。

### （一）内部优势

1. 地理位置

2013 年在新农村试验区乡村风情长廊选点过程中，大田村之所以能够脱颖而出，与地理位置有一定关系。大田村紧邻 252 省道，并有两条水泥铺成的乡村公路与 252 省道相连，交通十分便利。更为重要的是，大田村距离佛冈县仅十余公里，而佛冈县是清远联络珠三角的桥头堡，对于整个清远的发展有着重要的桥梁作用。此外，佛冈又处于珠三角的边缘地带，发展后劲不容小觑。

2. 基建较好

在理事会的带动下，大田村借助"美丽大田"的发展机遇，开展村庄建设，实现了旧杂物房等财产的无偿共捐、土地的高效率集中流转、各项工程项目的共谋共建。现在村庄居住区整齐划一，并在实施雨污分流、人畜分离等村庄环境卫生工程建设；环村公路、中心花园、文化室、篮球场和民宿等设施也已投入使用，而且大田村在美丽乡村建设五个梯度中已经达到"特色村"建设水平。

3. 中年劳力留守

如表2所示，大田村60岁以上老年人占比已经超过10%，按照国际通行标准，大田村也已经迈入了老年人社会。但大田村又与一般空心村不同，大田村大部分家庭都有劳动力在家留守，尤其是40～60岁的村民大量留守村中，男人大多在家，女人外出务工。这有两方面的原因：一方面是中年男性劳力年纪较大，再出去务工，不好找工作，但是珠三角对中年女性需求较多，如保姆、护理人员等；另一方面则是大田村作为戈氏宗族聚居之地，尊重传统孝道，村民也愿意留村照顾老人，再在村庄或周围另找些生计。中年劳力的留守对维护每一个家庭的正常运转起到了重要作用，对保障老年人生活状况和照顾未成年人学习生活十分重要；另外也对维护村庄的运转起到了重要作用。村民一般把有能力、有公益心的人选进领导班子，带领村庄发展。

表2　2015年6月底大田村村民年龄结构情况

| 年龄段 | 人数 | 占比（%） |
| --- | --- | --- |
| 18岁以下 | 77 | 26.55 |
| 18～40岁 | 98 | 33.79 |
| 41～60岁 | 79 | 27.24 |
| 60岁以上 | 36 | 12.41 |
| 合计 | 290 | 100 |

4. 小有名气

借助新农村建设的东风，大田村在村民自治上取得的成就经过政府的宣传介绍后，得到了广泛的关注。"前两年来我们大田参观的人可多了，你看我现在讲普通话这么溜，其实我第一次接受记者访问时，紧张地不得了，说话都打抖，现在说多了，就一点也不了。"而且，乡村旅游也崭露头角，凭借村容新貌吸引佛冈县旅游客源。

（二）内部劣势

对于旅游产业来说，有特色的自然环境是成功的一半。大田村虽然有山有水，对于城市人群来讲是休闲旅游的好地方，但是处在粤西山区的绝大多数村庄都有好山好水，大田村的旅游资源并不具有稀缺性。也正因为大田村旅游资源不具有稀缺性，因此更需要后天打造，而这是一项高投资的事业。前两年，大田村种了不少油菜花，吸引了很多游客前来拍照观光，但是村民发现，游客拍了照就走了，自己并没得到想象中的收益。村里的理事长说："不仅要能吸引人来，还要能留住人，所以我们现在正在打造民宿，还有开发后山，最重要的是要能吸引儿童来玩，这样游客才会在我们这里住宿吃饭娱乐。"但是由于乡村旅游的整体打造是一项需要较多投资、连片打造的整体项目，而大田村是纯农业地区，村集体经济较弱，农民经济底子较薄，对于自发投资建设较为保守，只能依靠外部资本进行投资。

（三）外部机遇

一方面，广东省自2011年启动社会主义新农村建设以来，对农村改革发展提供了各项政策资金支持。而且2013年清远在推进自治重心下移改革后，对村庄的政治建设愈加重视，以激发村庄的内生动力。两项改革不断为农村发展创造自我发展空间、培育自我发展能力，也不断引导发展方向，更是对改革中出现的问题协助解决，创造了良好的制度环境。另一方面，随着城市人群消费能力的提高和消费方向的转变，城市人对自然环境和人文景色更加青睐，乡村旅游也愈来愈火，地处珠三角边缘的大田村，有大量潜在的客户。

### （四）外部威胁

旅游是需要"人气"的产业，佛冈县本地人口32万人，其中县城人口有12万人。而打造全域旅游的佛冈光靠内部的人口和经济是无法支撑的，要想发展需要吸引珠三角的旅游资源，这就对产业的特色化和质量有更高的要求。而大田村的经济实力无法承担高标准、高质量的旅游建设工作。事实也确实如此，佛冈县打造全域旅游意在整体规划打造，但是调查发现，佛冈县政府也不是全能的，整体连片打造投入大、见效慢，近两年建设打造的势头也渐熄，村民评价为"雷声大、雨点小"。此外，凭借试验村取得先发优势的大田，在其他村庄也开始搞美丽乡村建设后，其在村庄环境等方面的先发优势逐渐失去。

大田村 SWOT 分析结果详见表3。

**表3　大田村 SWOT 分析**

| 优势（S） | 劣势（W） | 机会（O） | 威胁（T） |
| --- | --- | --- | --- |
| 地理位置 | 环境无特色 | 广东省新农村建设 | 同质化，易模仿 |
| 自治发育 | 经济底子薄 | 乡村旅游 | "先发"优势消退 |
| 基建较好 | | | 整体打造弱 |
| 中年劳力留守 | | | 佛冈人气较少 |
| 小有名气 | | | |

当笔者问到村民关于今后个人及村庄发展方向时，村民的回答代表了其根据现状采取行动的方式。一是观望型，这类村民占据数量最多，在未来仍将外出打工作为主要收入来源，以地租为辅，对村庄发展采取观望态度，这类村民一般是普通村民，行为谨慎，较为传统。"我们这些普通老百姓肯定还是只有打工啊，你看搞乡村旅游搞了这么久，人还越来越少了，那我们也没办法。"二是跟随型，数量一般，这类村民寄希望于村庄旅游产业发展，其思想较为开放，多为村庄领导班子成员或者有一定能力和见识的人，并与政府接触较多，接受政府对于旅游产业的规划和指引，但因其经济能力限制，自身不能也不愿投入较多到旅游发展中去，更希望由政府和市场来带动发展，因此其不是主动进取，而是跟随发展。三是回

避型，有两种村民，整体数量较少。一种是回避村庄发展的旅游产业，认为其发展前景不大，需要自己去发展产业。"今年不转型就不行了，人家跟上就不行了，我们要突破，要早一点，要早走一步。绿化基本差不多的情况下，你就不要再搞这个了，搞这个没意义。"其有着稍强的人脉资源和资金能力，愿意进行创业活动并承担风险。另一种则是希望政府在村庄建设第二产业，认为其见效快，收益高，比传统的第一产业和见效慢的第三产业好。"我觉得政府要带动我们这个地方发展的话，最好的就是在我们这里搞个大的自来水厂，你看我们这里的山泉水多好，但是政府说不行，怕厂建好了，我们的地下水没了。"

通过 SWOT 分析发现，乡村旅游既是发展的希望所在，但是又面临重重困难。从农民的行为选择来看，倾向于观望型和回避型的村民因为看到产业发展面临的困难，而弱化了自身对产业发展的参与，而倾向于跟随型的村民，相信乡村旅游的前景，又因为自身能力限制而无法放手去干，但是他们仍然是村庄中对乡村旅游、产业发展最为尽心尽力的一批人。综上，从对大田村的环境分析和对农民行为选择的预期来看，大田村现阶段的产业发展处于弱势地位，从两方面影响到农民行为，一是降低农民参与的意愿，二是增大农民参与的难度。这也导致农民在产业发展中对于自主和依赖的行为考量，自主成本太大，依赖顺势而为。但是仅仅从横截面，即产业现阶段发展的问题和农民的行为选择，是不能完全了解大田村村民在自主和依赖的拉锯中，因何向依赖倾斜的，要从过程发展中来探究依赖形成的根源。

### 三　产业发展中的问题与制约因素

大田村如同全国大部分欠发达地区的农村一样，存在基础经济薄弱、内生资源不足的限制性问题。而大田村也是凭借"试验区中的试验点"这一契机，得到了外部资源的注入——来自政府的资金、政策支持及对合作社理事会的培育，来自企业的捐资和现代农业经营体系的建立。没有政府和企业的推动，大田的内生动力是无法激发的。但是伴随着一系列改革，大田村在产业发展中出现了矛盾与问题，而对于这种矛盾的处理方式，又进一步影响了其发展。

### （一）分配方式制约，产业"动力擎"低效

2012 年 11 月的一天，晚上 7 点全村召开村民大会讨论成立经济合作社的事宜，会议宣布 283 位村民为大田村经济合作社的社员，之后对集体经济组织社员资格进行了为期 15 天的公示。

大田村分红人员确定办法：①嫁入大田村的媳妇，属农村户口的，今年嫁入大田，第二年就参与分红；嫁出大田的妇女，今年嫁出，第二年就停止分红。②嫁入大田的媳妇，非农村户口的，不能参加分红。但如果转为农村户口，第二年可以参与分红。③属于农村户口，是戈氏的儿童，不论超生与否，都可以参与分红。

实施家庭联产承包责任制后，在"增人不增地、减人不减地"的土地政策之下，经过 30 多年的变迁，农村家户的土地和人口已经不均衡，人多地少和人少地多成为两种普遍情况。在农村集体产权改革之际，全国大部分村庄采用了土地量化入股的方式，即根据各家所拥有的土地来确定股份，并进行分红等。然而大田村采取了最简单的一种办法，"只要你是我们村的人，你就能分得属于你的一份财产"。问及原因，主要回答如下。

村民甲：我们大田村在开始弄村庄建设时，有很多事就是靠人多地少的家庭支持我们，因为办什么事都要投票啊，如果不是他们支持的话，我们的工作也不能这么顺利地开展，大田村的发展就是靠大家，那现在自然要照顾他们的收益咯。

村民乙：大家都是一个宗族的，看到谁家日子过得太不好了，心里也过意不去啊，按照人分公平些嘛，老人小孩都可以分一份。像我家有 8 口人，但地只有两亩多，现在一年我们可以分七八千块钱，要按地分，就只有两千多块钱，那我们这么一大家子吃饭的钱都不够。

大田村产权改革讲究人的贡献和公平，不论新媳妇、老人小孩都可以分得一份收入。大田理事们认为大田产业发展的基础——土地整合——之所以如此顺利，最关键的在于人多地少的家庭支持他们，帮助他们在舆论上压制了不同意者的声音。由此也可以看出，在村里，"按人所有"的制度占据了道德的制高点，是天经地义的；而"按份所有"的制度往往被认为是不道义的对私利的维护，虽有人支持，但很难形成共同的利益诉求。从这个方面来讲，"以人为本"的分配模式能够团结村民，使他们增强归

属感，减少矛盾纠纷，更易合作，而这也确实有益于大田村的发展。"当初我们管委会选取示范村的时候，考察了很多村，最开始考虑的还不是大田村，但是考察发现，就属大田村的村民最为团结，也最配合我们的工作。"县农办朱主任解释道。但另一方面，简单地按人口分配收益，不考虑任何要素贡献，只要是村里人，不论是在外地还是在村里，不论是致富能手还是普通村民，都取得一样的收益，外出的人可以安心在外挣钱，也照样取得同等集体收入，在村里忙东忙西的人没有额外奖励，久而久之也失去了动力。经常听到的一句话就是这样，"开始一年多，我们忙村里的事，是做义务贡献，但是连电话费都没有补贴，长时间下来我们也受不了"。

**（二）农民主体外流，发展"主心骨"缺失**

1. 砂糖橘衰败后：被迫外流

20 世纪 90 年代末，佛冈县政府开始推广砂糖橘的种植。2000 年以后大田村掀起了种植砂糖橘的热潮，全村水稻种植面积锐减到 20 亩。当时在外务工的男丁也都纷纷返乡，上演了大田村农业种植结构的"第一次转型"。砂糖橘种植三年开始挂果，每亩的收益则可以达到 10000 元。农户的生活借此开始好转，一批新的楼房在村内拔地而起。但是砂糖橘创造的奇迹并没有使好景持续。

"原来种砂糖橘效益很好，现在不行了，大概是 2011 年前后吧，果树染上了黄龙病，结出来的果子不甜没法卖，大部分也都长不出果子了。这个病没法治，砍了之后重新种也不行。"

"当初为了种砂糖橘，在外面务工的男人都回来了。现在年纪大了，出去找活儿都不好找。除了年轻人，年纪大一点的都是女的出去挣钱，她们到三角洲做保姆之类的，还是很好找工作的。男的就不行了，只能留在家里。"

十年之中，大田村农业受限于种植结构的变化而没有生产方式的突破，第一次农业转型由兴而衰之后，村庄也缺乏后续的动力重新激活生产力。因此，大多数劳动力外流，开始重新打工为一家人谋生计。对尝过了砂糖橘甜头的农民来说，打工是被迫的选择，但又没有更好的作物能够像砂糖橘那般带来高收益，且长在地上的砂糖橘树根也迫使农民离开土地。

"那为什么后来还让树长在地里，砍掉种上水稻不比荒着强吗？"

"果树都长得好高好粗了，树根很大，还长了很多很高的杂草。像我这样的（三四十岁男劳动力）一上午最多挖三四棵。还要除草、平地，弄起来太费劲。杂草还招来好多老鼠吃谷子。现在一亩水稻只能产四五百斤，肥料 200 块，农药、种子、打田、收割各 100 块，还要出人力，算一算还赔钱，还不如不种。"

2. 以"固定租金"合作：安心外流

砂糖橘害病之后，大田村的土地开始被抛荒。在管委会的指导下，"美丽大田"示范村项目启动之后，大田村的土地流转事宜便提上日程。理事会会议经过商讨，也决定同意将农户的水田承包地进行集中流转。

经济合作社首先将集体经济经营的土地进行集中。2013 年 6 月 30 日，村民大会有九成以上农户都赞成将土地进行流转，不愿意的十几户是因为种了绿化树还能卖钱，后来村里共出 1 万余元做补偿，他们也便同意将土地集中起来。2013 年 11 月，管委会引进广州市华琪生物科技有限公司，双方开始接洽。11 月 22 日，村民大会就合作方式、流转时间、租金额度、发放途径等达成共识，流转时间从 30 年减为 15 年，地上果树由企业挖掘处理，租金为每年每亩 800 斤稻谷，但若管委会在里水片区引进的其他企业租金有高于这一标准的，租金需随之涨平。12 月 20 日，村民大会通过了修订的合同内容。2014 年 1 月，双方签订了土地流转合同。自 2014 年 1 月 1 日起，原属集体用地，村民自行开发的荒地、旱地及水田等，陆续全部被收归合作社集中经营。同时，理事们也开始挨家挨户核定第二轮土地承包以来的土地亩数，协助试验区完成农户土地承包经营权确权，每户农户就是否愿意集中流转土地签订了承诺书。历经 7 个月的时间，大田村 213 亩土地实现了集中流转。当问及农民对于土地流转和收取固定租金的看法时，大多数村民表示了对固定租金的赞同。

村民甲：当时我们想的是保价，不能你公司亏了我们也没有收入，我们想的就是保定我们的租金，无论你亏损还是怎么的，基本的租金你得给我，农村人要吃饭啊。如果你公司收益好，在保价的基础上再分红。现在来看我们的措施还是正确的，现在公司的效益不好，分红我们就不要了。

村民乙：这几年总的来说还是好的，但是比种砂糖橘那时候要差，种砂糖橘那时候我们这边是红红火火的，每一个村子每年都有几百万元的收入。但是在那以后呢，一开始说跟公司合作，我们都不愿意的，但是看着水田全都丢荒了，放在那养老鼠，你不种田，我种了，你田里的老鼠都过来吃我的，也不行，种粮的效果也不好了。所以我们看到这种情况以后就把土地集中起来，转包给人家，可以收到一定的租金。还有每家每户的劳动力，年轻的就可以放心去城市打工，年纪大一点的在村里可以做一点零工，情况又稍微好一点了。

2016年底，村里285人平分固定租金253346元，平均每人分得888.9元，村民戈庙基一家七口人共分得租金6167元。可见，农户分到的租金能保障一家人基本的吃饭开支，留守的人能够全心照顾老人小孩，外出打工的农民也不用担心家里田地抛荒，而且固定租金没有风险，更使农民能够按照自己的意愿随性生活。

而这种没有责任、没有激励的合作方式虽然解决了土地撂荒问题，也保证了农户的基本口粮，但也减少了农民参与经营的动力，他们简单地成为"拿地租者"。漫客公司曾想出"农户承包种植水稻、递增式收益分配"的办法，但是农民更愿意拿无压力的"80块固定工资"。

"我们当时的想法是这样，底薪给你一千块钱一个月，稻谷给你一斤提成多少，递增式的。亩产六百斤的就打平，给你1毛一斤提成；六百斤到八百斤的就给一毛五；八百斤以上的就给一毛八。但是他们都不愿意。稻谷一般是105天，就算三个半月，这段时间就给你3500块钱，而且我们有提成，亩产600斤，你一个月就有2400块钱以上。我们为什么要这样，因为是想让你觉得这个作物是你自己的，多劳多得，产量上去了，收益也高了，我们这边也有收益，就是共赢的。但是他们不愿意，我干一天你给我80块钱，干活也可以偷懒，你来了我就干一下，不来就不干。六点钟下班，他可能五点半就在洗脚了，之后再有什么问题他都不会给你看。比如昨晚下大雨了，他也不会去看，但如果这块地是自己的，下大雨可能他晚上两点也会去看。"

同时，也有少数人不满意固定租金，一位30多岁的年轻人说："一年也就那么点钱，吃了就没了，能干啥？"但是大田村的老龄化人口结构导致村庄整体性格偏保守，即使有少数不满意的声音，在大田这样一个具有较浓厚的传统宗族色彩的村子，年轻人在村庄公共事务中本身也缺乏发言权。也正因为如此，在流转之初，虽然有少数人支持土地入股分红，但是寡不敌众，保守的思想占据主位，村庄还是选择了固定租金模式。可以说，村民从宗族中汲取力量，也因此习得了惰性。一开始大田村是在一批中老年领导班子的带领下开展村民自治的，借鉴了传统的"队委"自治经验，而当自治进入全面推开阶段时，中老年人总体上不如年轻人思想活跃，敢于尝试。若能有效地将经验丰富的中老年人和思想活跃的年轻人都纳入村庄自治发展的班子中来，将从"人"的角度上影响村庄发展。

3. "公司+农户"打造旅游：难以回流

2016年1月，大田经济合作社和新农村投资建设公司合股成立佛冈华麒专业合作社，再由专业合作社注资成立漫客公司，由漫客公司负责打造大田村乡村旅游。如果村里旅游发展较好，那村民也可以做相应的生意，如做农家乐、开小卖部等。但是一方面，现阶段村庄旅游发展遭遇瓶颈，漫客公司还没有找到合作伙伴来一起开发打造大田村旅游，看不到前景的村民自然不会放弃手头的工作回乡；另一方面，即使找到资本前来投资，乡村旅游也是公司之间的强强联合，农民的原住民优势或许只能为其带来小蛋糕，而这小蛋糕是否能容纳外出回流人群分享，还有待观察。当然如果在特别著名、人气旺的景区，农民吃租金都够发家致富，但是在普通景区，农民回乡的机会成本较大，限制了他们的回流。

综上，采用"固定租金"的合作模式，一般被认为难以激发农民的内生动力，也限制农民收入的增长。但为何这种模式在农民中能得到较多认同呢？现阶段，由于科学技术水平的限制，农业一直是高风险行业，"种了不知能不能收，收了又不知能不能卖，卖又不知会不会卖个好价钱"。因此在遭遇砂糖橘失败后，大田村农民对土地的信心又一次消退，在砂糖橘复种希望破灭，且没找到一种像砂糖橘那般效益高的作物后，他们外出打工义无反顾，土地抛荒也成为农民的心病，"食之无味，弃之可惜"。而当他们得知土地可以通过流转给公司，公司给固定租金时，感觉松了口气，土地既不会抛荒，还能有收入，即使少数人不满意固定租金，大部分人还是觉得安心。而到村里搞乡村旅游时，因为是政府牵头，积极引进外来资本，农民不论项目成败，都可以领到土地的固定租金和民宿租金，集体也能获得固定公益金和固定股金，因此村民一方面希望村庄乡村旅游发展成功，他们可以分享发展红利，但另一方面，他们对项目能否成功也不太担心，因为他们有政府兜底，有固定收益。如此，村民投身到村庄发展中来的积极性较小，更理智的选择是务工获得主要收入。

费孝通先生曾说："种地的人却搬不动地，长在土里的庄稼行动不得，侍候庄稼的老农也因之像是半身插入了土里，土气是不流动而发生的。"解放后，农民也因城乡二元体制被限制了流动，改革开放后，农民逐步开始流动，但大多数农民还是在农村。到了2000年后，国家重新制定土地政策，开展了"三权分置"，农民可以选择将土地经营权流转出去，既获得收入，又不丧失对土地的权利。大田村民在2014年1月1日将全村水田流转出去后，能安心在外打工，不担心家里的土地，从这层意义上这是"解放农民"。但是对于农村的发展来说，实践证明，农民是不可替代的主心骨，凡是将农民置于一边甚至抛弃的农村发展模式，都不是对农民真正有益的，农民无法分享大部分收益，无法正常行使对土地的权利，发展也难以成功。而发展成功的农村，不可或缺的就是农民的内生动力，而内生动力的基础则在农民自身。大田村虽然通过"固定租金"在一定程度上解放了农民，但是农民仍然不得不外出打工，"靠看别人脸色吃饭"，这只是将农民从土地上推向了另一种束缚，而没有使农民真正解放。此外，大田村也没能吸纳农民，大多有能力、有思想的农民仍然在外，不能为村庄发展出谋划策。总的来说，解放农民使农民外流，不能吸纳农民又使其不能回流，推力强而引力不足使村庄发展的主体基础不稳，更加依赖外部力量，以致内生动力远远不足。

**（三）项目能力脱轨，发展"智囊团"显弱**

能力，是完成一项目标或者任务所体现出来的素质，是顺利完成某一活动所必需的主观条件。能力是直接影响活动效率，并影响活动顺利完成的个性心理特征。

通过访谈考察大田农民在实施新农村建设以来的心理变迁发现，其能力在各个阶段展现不同。

1. 项目容易，能力较强

2013年6月中旬，经理事会和村民大会讨论，大田村内部大致确定了规划框架下的基础性工作。一是"捐"。在政府出资的基础上，为了充实"美丽大田"建设资金，理事会讨论决定不限户口是否在本村，以每人100元的标准向村民募集建设经费。随即，村民大会对该项决议表决通过。各理事分头入户募捐，各户的捐资额度统一向村民公示。通过筹资捐款，村民合计共捐29700元作为新农村建设款。二是"换"。环村公路的建设要经过旁边村子的一块耕地和本村戈月明三兄弟的菜地。经村民大会同意，邻村的土地决定用集体另外的一块地换给他们。本村三兄弟的菜地经理事会与之协商，他们很快同意将菜地无偿换到本村南边新菜地处。三是"拆"。大田村民每家原都有一至两间杂物房，村内还有一些晒谷场、猪棚、牛栏等。由于年代久远，这些设施不仅位置散乱，而且已经很破旧。这些也都是当时农户在集体用地上自由建设的，所以理事商议将所有旧设施全部拆除，倡议村民捐出这些财产，建成新的杂物房再平均分配给每户一间。7月底，拆旧的工作顺利完成。

"美丽大田"建设之初涉及每家的房屋和土地，在初始阶段最重要的就是发动农民参与到建设中来，通过协商妥协来达成集体行动的一致。而这时也最需要有效的村民自治助其达成集体行动。同时也因为村民自治涉及的事务即"捐、换、拆"等就是农民身边的事情，农民展开行动的压力较小（捐款每人100元等），要求较低（如果说高，则更多的是心理上的要求），动力较足（美丽大田的前景，拆旧建新），通过项目展现的能力较强。在这一阶段，农民的兴趣是高的，领导班子的干劲是足的，村庄建设可谓热火朝天。

2. 项目较难，能力一般

美丽乡村建设是伴随广东省清远市农村综合改革中的一个项目，按照新农村、产业、土地、公共服务和生态规划"五规合一"的要求，将不同政府部门的资金、项目进行整合，形成一个指标体系。为充分调动村民的积极性和创造性，清远市财政每年安排1.5亿~2亿元美丽乡村建设的专项资金，通过村庄自建自报、政府以奖代补的方式，激励各村积极主动建设美丽乡村。美丽乡村建设分为五个梯度，分别为"整洁村、示范村、特色村、生态村、美丽小镇"，随着梯度上升，标准更严，难度更大，奖励也更多。

从政策要求来看，村庄自建自报、政府以奖代补的方法改变了以往政府大包大办的工作方法，自下而上激发了村民的自主性。但从实践中看，大多数村庄随着梯度升高，建设的自主性在降低。在大田村，在"整洁村"建设初期，如前述，村民的自主积极性较高，在"捐、换、拆"方面发挥了较大作用，但到了"示范村"和现阶段正在进行的"特色村"建设中，建设模式发生了转变，由"村民自建"变成了"老板带资修建"。向村民询问为何要采用这种形式时，一位理事会员的回答很典型："自己建不了，你看这些项目这么大，这些机械设备我们也没有，况且要让我们垫资，风险大，到时审核没通过咋办？而且农民也拿不出来这么多钱先垫资，都是有老有小的。"可以看出，虽然随着梯度上升，建成审核通过后的奖励更多，但是前期的投入更多，风险更大。而大田村作为一个纯农业地区，农民经济实力和村集体经济实力均较弱，也无法自己承担建设成本和风险，因此"老板带资修建"成为美丽乡村建设的一个模式化手段：村庄与老板就合作事宜签订合同，老板带资承包建设，建设期间，村庄有权对项目进行监管，项目审核通过后，村庄将政府奖补资金直接转给第三方。在这种模式中，大部分农民不直接参与村庄建设，由村领导班子接洽，当然在村庄具体建设事宜中村民也会参与讨论。对于这种建设模式，大多人说好，也有人不甚满意。

笔者：您觉得把美丽乡村建设承包给老板建，好不好啊？

村民甲：好啊，我们自己又不出钱，要出力的话老板还要发工资，而且建成通过了政府给钱给老板，通不过，那就老板担着，我们又不管。

村民乙：我觉得还是自己建的好，因为这样我们建成了的话，政府的钱就是给我们的，我们自己出工出力，肯定能省一些钱，这就可以作为我们村集体的第一桶资金了啊。

美丽乡村建设的本意是激发村民的自主性，可是随着建设梯度的提高，建设难度的加大，形成了"老板带资修建"模式，政府也默认了这种形式。自建似乎只是在思想层面存在，甚至大多刚开始搞美丽乡村建设的村庄也直接采用这种方法，村庄自筹自建似乎已经成为历史。由此可见，随着项目难度的加大，村民开始借助外部力量实现目标，自身能力的发挥与锻炼也在这个过程中逐渐弱化。

### 3. 项目较难，能力较弱

在产业发展方面，佛冈县政府正在统筹发展农业旅游，将规划安排与制度配套相结合，全力发挥全域旅游对农村农业的带动改造作用。大田村作为新农村建设"试验区中的试验点"，正步入乡村旅游、一三结合的道路。在 2014 年和 2015 年，沉寂的小山村变得热闹起来，有的来看田野边成片的油菜花，有的体验农家乐，还有更多的来村里参观学习等。可是，盛况难再。从 2016 年开始，来村里的人就逐渐减少了。2016 年 5 月，佛冈县农办帮助大田村引进一位老板，由他对村庄旅游进行规划打造，由县委农办、老板、村民三方协商同意的蓝图至今都还挂在村里，而了解这段曲折的人都会对规划图表示叹息。2016 年年底，原本已进展到一半的建设工作，因为老板资金链断裂，而无力继续。也有人说老板资金本来就不够，是想套政府资金运行项目。不管原委如何，留给大田村的是一些半成品，既不好拆毁，也无力再建，而老板已不知所踪。

旅游产业是个全方位、高要求的产业，就如村民所说："光种油菜花不行啊，别人来了拍了照就走了，留不住人没用啊。"而要留住人，就要搞好生活配套、娱乐配套等。而且，最重要的是还要能吸引人，旅游讲究特色，千篇一律的旅游产品也无法满足游客的需要。因此，全域旅游重要的是整体规划打造，如果村庄没有不可替代的优势，单靠自己打造，则既无法保证产品质量，又会面临周边村庄的同质化竞争。大田村作为试验村，前期凭借先发优势吸引了一批又一批的游客，到后期，则由于旅游项目没有顺利跟进，其他方面也没取得突破，而面临着门可罗雀的局面。综上，旅游产业高度依赖得天独厚的自然环境和雄厚资本的力量，使经济实力薄弱的大田村民难以单打独斗来发展乡村旅游，而当政府为其引进外部资本时，这一项目又因外部资本的脆弱而遭遇瓶颈。因此，农民做出"找政府、找老板"的选择也是应然之举，因为他们的经济实力、规划打造运营能力等确实难以支起乡村旅游这块大牌，也因为他们的土地早已流转出去，自己不能经营管理。可见，一三产业融合，既要求第一产业稳固，也要求第三产业全面，当脱离了外部力量支持的村庄自行发展时，则对村庄的综合能力要求较高。在大田村表现出来的是，旅游项目投入太高，成功运行较难，村民无力承担时，则做出了主动或被动的让步妥协。

　　综上所述，如表4和图2所示，大田村的项目发展逐步升级，对村民的综合能力，即领导能力、经济实力、眼光等多元要素，有了更高的要求。而大田村是纯农业地区，大多数村民靠外出打工维持生计，留在家乡的人或是要照顾老人小孩，或是不能出去，其综合能力较弱，而且大田村也没有一位经济实力很雄厚的能人，能够带领大家行动。因此，项目越来越难，而村民能力却越来越不能满足需要，项目与能力的脱节，致使村民的自主积极性减弱，从而在发展中也就更依赖外部力量。

表4　大田村项目与村民能力情况

| 时间节点 | 村庄事件 | 项目强度 | 能力展现 |
| --- | --- | --- | --- |
| 2013 年 | 村庄自建 | 容易 | 较强 |
| 2014 年 | 美丽乡村建设 | 较难 | 一般 |
| 2016 年 | 乡村旅游打造 | 困难 | 较弱 |

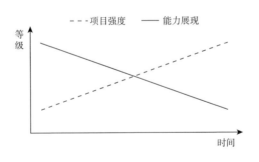

图2　大田村项目与村民能力情况

## 四　总结和思考

　　长期以来，新农村建设面临"易兴难久"的窘境，根本原因在于内生动力激发不足、缺乏体制机制维护。本章以广东佛冈大田村为考察对象，一方面，从横截面分析其现阶段产业发展态势，并与农民行为结合起来预期其未来发展走向；另一方面，通过梳理历史脉络，观察大田村在产业发展中的自主与依赖的动态变迁过程，以将其作为个案，深入分析纯农业地区的普通农村在产业发展中可能遇到的难题，以期总结出有益启示。

### （一）培育农民发展能力是激发农村内生动力的基础

中共十八届三中全会提出将"推进国家治理体系和治理能力现代化"作为全面深化改革的总目标。而有着乡土中国底色的国家治理能力现代化目标的实现关键在于提升农村的治理能力。农民是农村的主体，培育农民的发展能力则成为激发农民内生动力、提升农村治理能力的必由之路。

农民的发展能力是指农民能够积极发挥自身能动性，寻找发展机遇，通过各种渠道不断提升发展速度，达到身心全面协调发展的基本素质。调查显示，佛冈大田村在政策优势倾斜下仍未把握机会、实现自我发展的一大原因在于农民缺乏自我发展能力，既体现在对发展项目、前景预期等的眼界限制方面，又体现在他们的组织合作能力有限，难以通过抱团发展弥补个人力量有限等方面。因此，建设社会主义新农村，就是要通过培育农民的发展能力，为农民创造机会和条件，最终实现农民的自我发展。笔者认为培育农民能力主要有以下方面。

一是加强农村基础设施建设。通过对村庄村容村貌、道路、电网等乡村生产生活基础设施的建设，既能改善农民的生活环境，也能增加农民的发展机会和发展能力。广东省清远市开展的美丽乡村建设既使村民生活环境得到了改善，更可为村庄发展铺路。"美丽乡村建设做完之后再由我们旅游开发公司重新规划整合运营。所以这也叫减低了我们投资人的资金投入，因为现在这个整洁村示范村是有政府财政资金的专项投入的，政府做了那个框架，把那个基础做出来之后，我们企业再跟着这个态势发展。不然像我们这样的小企业，你说花大笔资金投入到村里去，风险也是很大的。"

二是统筹整合农村要素资源。农民作为农村的主体，其能力发展依赖于对农村资源的掌握程度。其中，就农业农村人力资源而言，当前时期中国农业农村发展面临的约束主要表现为农业劳动力大量结构性转移、广大农村实用人才缺失、人力资本积累水平低下。要突破这种约束，需要进一步统筹城乡社会保障资源，推动农村人力资源在农业农村的合理配置；统筹城乡教育资源，提高农村人力资源的综合素质和能力；统筹城乡就业资源，促进人力资源在城乡之间的良性互动。就农业农村土地要素而言，当前中国农业农村发展面临的困境和约束主要表现为耕地面积减少、土地闲置严重、土地流转低效、土地征用失范。相应的激活途径包括：推动土地流转，强化土地集约利用；加快推进工业化和城镇化，提高土地利用效率；深化征地制度改革。

三是深化体制改革。关于"'三农'问题，必须跳出'三农'看'三农'，'三农'问题的解决方案在'三农'之外"。在农业农村发展中，破除城乡二元结构，改革体制机制，实现"解制""放活"，对农民主体进行"赋能"成为培育农民发展能力的制度基础。首先，要打破城乡分割的二元管理体制和政策，彻底改变城乡分治的局面，废除对农民的不公平政策。其次，应逐步建立统筹城乡的管理体制，尽快把农民就业纳入国民经济和社会发展总体规划。要以户籍制度改革为契机，清除一系列阻碍农民进城务工的歧视性政策和法规，取消专门针对农民的收费项目，制定统一的劳动就业资格准入制度，逐步建立城乡统一的劳动力市场。最后，要强化对农民的法律保护。特别是当前拖欠农民工工资、损害农民合法利益的现象时有发生，要注意对农民的法律援助，维护农民的合法权益。

**（二）吸纳精英农民回流成为农村自主发展的关键**

农民是村庄发展的主体，坚持农民主体地位是农村改革的根本要求，农民主体地位的缺失会使农民利益受损。一方面，允许农民自由流动是实现减贫的关键，在20世纪80年代中期到1993年前后这段时间，贫困发生率大幅下降主要是靠乡镇企业劳动力的转移和流动。进入21世纪以来，我国进一步减贫的推动力，就来自城市化。另一方面，随着我国国际国内政治经济形势的变迁，和我国经济结构的转型，近两年来，在农民基数仍然较大的背景下，能够通过流动实现减贫致富的比例减小，农村更成为国家、城市和农民不能忘却不能回避的地方。这说明"三农"问题的解决不仅需要跳出农村来寻求解决之道，新形势也要求在农村内部寻求解决方法。因此，解放农民和吸纳农民不是一组具有矛盾关系的词语，而是顺应形势发展的客观要求，两者有机统一有助于内外合力解决"三农"问题。

大田村在与龙头企业合作时，采取"低风险-低收益"的固定租金模式，虽然在一定程度上解放了农民，方便了其外流，但在吸纳农民发展方面却缺乏引力，导致村庄发展主体性不强，难以实现自主发展。因此，在农民外流的大趋势下，如何吸纳部分精英农民回流带头进行家乡建设发展成为我们关注的焦点。

其一，可推进农村集体产权制度改革。应积极按照农村集体产权制度改革的方向，以促进各类资源确权整合等为工作重点，推动解决农村产权权属不清、面积不准、四至不明、登记不全等历史遗留问题，进一步将农村沉睡资源盘活，以赋予产权主体更多权能，推动农业生产方式由分散式向集中规模化转变，通过量化资产"赋权能"来吸纳农民。

其二，可引导新型农业经营主体之间的联合。近年来，新型农业经营主体的发展已成雨后春笋之势。但"政府单向发力，大户单干乏力"，造成"农民主体缺位"，导致新型农业经营主体面临"人才引力不强、组织模式单一、持续发展弱势"等困境。通过能人引领开路，以利益联结伙，以农业拓能为基，联合主体共育，既能减少农村同质化竞争，又能整合资源要素，有效提升新型农业经营主体的组织能力和经营实力。

其三，应注重培养农民的风险防范意识。利益联结不只是联结利益，更联结双方的权利责任，政府应引导农民在合作中的"话语权"，防止垄断资本凭借资本优势和市场强势将农民推向权益分配的边缘地位，形成类似"企业垄断"的现象。

**（三）内动力外动能的适度结合成为农村自主发展的重点**

2017 年中央一号文件明确提出要"激活农业农村内生发展动力"，"加快培育农业农村发展新动能"。这说明农村发展不仅要依托"内生动力"，还要吸纳"外部动能"。但在现实中，一方面，外动能的过度渗透可能造成村庄自主性的丧失，偏离内生动力的运行机制；另一方面，外动能的投入需要有效性和可信度，不能善始善终的外援对村庄内生力的挖掘会是零或负的效应，对已投入的资源也是一种浪费。

如前所述，大田村内生动力的挖掘受益于外部资源的注入——来自政府的资金、政策支持等。没有政府和企业的推动，大田村的内生动力是无法激发的。但是由于政府未能在推动过程中成功找到能够替代自身作用的村庄力量或者市场力量，以致其难以丢手；而且引入的市场资本在大田村开发的产业项目进行到一半时退出，导致村民对村庄发展前景不甚明朗，而进行到一半的项目也作为沉没成本在一定程度上阻碍着村庄进一步发展。一位村民解释说："项目进行到一半，这些架子都搭起来了，地该平的也平了，但是新的老板不一定认可这个方案啊，别人要出钱的话肯定就要照他的方案，但是漫客这边又不愿意，还是想用这个方案，所以老板也不好找啊。"因此对于欠发达地区的农村来讲，处理好内生动力和外部动能的关系更为重要，要实现既能促进，又不至于依赖。

　　综上，培育农民发展能力和吸纳精英农民回流主要在于激发内生动力，以内动力承接外动能，双轮驱动农村发展，缺失内动力的外动能输入会因主体基础薄弱而运转不良。因此笔者建议，应以推进农村集体产权改革为起点，以"三权分置"策动内部资源为重点，以引纳外部动能为关键，以内外联动共谋为核心，构筑"农民组织化、农业现代化、农村多元化"的新农村建设格局。

# 第四章

# 信用合作，植入内生金融种子

执笔人：杨冬冬

  大力发展农村资金信用互助合作是农村发展建设的需要，也符合中央的政策精神。最近几年，中央一号文件连续提出加大对"三农"的金融支持力度：2006年中央一号文件规定"引导农户发展资金互助组织"；2008年党的十七届三中全会通过《中共中央关于推进农村改革发展若干重大问题的决定》，规定"允许有条件的农民专业合作社开展信用合作"；2010年中央一号文件规定"支持有条件的合作社兴办农村资金互助社"；此后，自2012年起，每年的中央一号文件都对农民合作社开展资金互助或信用合作进行了明确规定和要求。2017年的中央一号文件更是强调"开展农民合作社内部信用合作试点"。这指明了农村金融发展创新的方向和趋势。如何使农村金融发展焕发活力，值得我们关注与探讨。

  龙塘村位于石角镇西部偏北，坐拥龙南街，距离佛冈县城10公里，全村辖区面积28平方公里，其中山地面积25420亩，耕地面积4350亩。全村人口5380人，1270户，其中党员106人，设立龙塘村党总支1个，党支部3个，党政公共服务站1个，便民服务中心1个，经济联合社1个。龙塘村下辖22个自然村，38个村民小组，成立村民理事会38个。为增加农民和农村集体经济组织的投资渠道和缓解农村融资难的问题，积极探索和构建农村金融服务新模式，广东省社会主义新农村建设试验区（佛冈）本着"先行先试"的改革原则，在 2013 年 12 月 4 日经佛冈县人民政府批复，于 2013 年 12 月 20 日在龙塘村经济联合社内设立了信用合作部，作为农村金融服务改革创新的一个试点。该试点的设立，成功地解决了农村信用体系不健全、农村财产基本没有确权、金融机构要求高，无法满足农户以"短、小、频、急"为特点的资金需求问题，从根本上缓解了农村融资难的问题。

## 一　改革背景：巧借现实机遇，化解发展难题

农村经济的发展离不开农村金融体系的建设。长期以来，我国农村金融体系建设缓慢，呈现政府主导的现象，农村金融发展没有遵循农村经济发展的内生规律和逻辑，直接导致农村金融发展制约了农村经济的发展。这一现象在经济发展水平落后的地区尤为明显。龙塘村作为广东省社会主义新农村建设试验区（佛冈）的一部分，积极探索在纯农业地区开展新农村建设的途径，试图从农村金融创新上打开局面，面临着诸多考验和困难。2011 年以后，砂糖橘染上黄龙病，农民收入"一落千丈"，面对经济发展的重重困难和农民增收的迫切需求下，龙塘村亟须利用自身发展机遇和条件，打破纯农业地区农村金融发展的桎梏，实现农村经济的发展和农民收入的增长。

### （一）发展阻力大，困难重重

1. "金土地"变"丢荒地"：农民收入锐减

自 2001 年开始，佛冈县的砂糖橘种植产业规模大、效益好，农民收入高。据龙塘村下辖的松粉自然村的理事会成员介绍，"当时家家户户都种植砂糖橘，男女老少都在家，很少有人外出打工，靠着砂糖橘种植的收入，很多人家都盖上了小楼，开上了小汽车"。但是好景不长，"砂糖橘种植的好年景儿大概也就十年"，龙塘村公共服务站站长刘文建回忆到。在 2011 年前后，由于种植面积扩大、化肥农药的不规范使用等原因，砂糖橘染上了黄龙病，很多果树结不出果。到 2013 年，近八成的砂糖橘几乎没有了收成，农民收入大大降低，该产业走向没落。原本依靠砂糖橘种植为生

的农民，都被迫纷纷背起行囊外出打工，家里只剩下些老弱病残。可见，砂糖橘产业种植的失败给当地农民的生活带来了巨大的灾难，农民手中的"摇钱树"不见了，赖以生存的"金土地"变成了荒草丛生的"丢荒地"。

土地是农民生产生活的保障，是农民的命根子。砂糖橘产业的覆灭彻底打破了当地农民收益支出平衡的稳定局面，土地产出价值大大下降，土地收益"名存实亡"。

2. "大投资"到"规模化"：产业发展缺资金

砂糖橘种植失败以后，龙塘村很大一部分青壮年农民选择了外出打工，村子里留下的都是一些劳动能力较弱的老人和小孩。看着大面积的丢荒地和一棵棵结不出果子的砂糖橘树，留守在家的闲余劳动力和创业青年思考着寻找一种新的作物代替它。龙塘村"青创茶室"培养的青年创业能人刘展伟提到，"我们很想找到一种像砂糖橘这样的种植作物，带动周围的老百姓发展规模化种植，但是一方面我们没有引进新品种的渠道，另一方面我们手里也没有资金"。谁投资？如何实现规模化的种植和经营？这是摆在龙塘村村民面前的一个难题。单纯依靠引进企业和以土地入股的形式与公司合作，显然无法满足农民增收的愿望，农民只能获得工资收入或者土地租金。

在传统农业地区，人们习惯于自给自足的农业生产方式。伴随着现代农业的发展，农业生产的集约化和规模化成为新的标准和要求。但现阶段的龙塘村，由于低山、丘陵较多，土地零散、不平整，不具备进行大规模机械化种植的条件，同时，也凑不出规模化发展要求的巨额资金。

3. "选择少"和"门槛高"：银行贷款太麻烦

农村金融业不发达。一方面，主要表现为农村地区设置的实体银行较少，涉及农村、农业发展的相关银行业务较少。龙塘村片区公共服务中心位于龙南片区（原龙南镇，后归并于石角镇），该片区只有一个广东农信（佛冈农村信用社），除此之外，再没有别的银行。大部分农民只能选择在佛冈农村信用社办理存取款、贷款的业务，或者去县城其他金融服务类机构办理。总体来说，农村地区银行选择太少。

另一方面，贷钱"门槛高"，农民贷钱难。龙塘村的刘姓村民谈到，"没有房产抵押，没有资产担保，很难从银行贷钱出来，而且银行贷款的手续十分复杂，时间比较久，一般的农民很难从银行搞到贷款"。无论是商业银行还是农业银行，对于农民群体来说，都是"遥不可及"的。农民贷款的数额少、时间短，自身偿付能力有限，不能为银行带来更多的收益，同时还存在较大的还款风险，这或许也是以追求利润为目的的金融机构"远离农民"的原因所在。所以农民急需一个能够解决自己贷款用钱难题的金融组织。

### （二）现实机遇好，基础优越

#### 1. 新农村建设的中心

2010年8月，在广东省委省政府的支持下，省委农办、省农业厅、国家开发银行广东省分行与清远市政府、佛冈县委和县政府在佛冈县龙南区域设立"佛冈县共建社会主义新农村先行试验区"，目的是探索广东省农村经济发展、社会管理的新机制、新载体，目标是把试验区建成全省名镇名村示范村建设的示范点、现代农业发展的样板区、农产品产销对接的基地、土地集约利用和优化发展一体化的农村综合改革试验区。该试验区是全国首个在纯农村地区进行新农村探索的实质性突破。在试验区总体规划里，中心区在龙塘村，约3.8平方公里。2013年试验区风情长廊也是围绕龙塘的中心区打造的，有好几个节点在龙塘村范围内，有新农村文化广场、碧桂园生水塘扶贫新村、绿道等。

2013年11月，试验区管委会拟定《试验区农村信用合作试点工作方案》，经佛冈县政府批准执行。依据该方案，管委会在试验区内选择龙塘经济联合社作为信用合作试点，接受试验区管委会、金融业主管部门等政府相关部门的监督和指导。

#### 2. 金融改革的试点

新农村建设试验区本着科学规划、试验先行的原则，对整个龙南片区的发展进行整体规划、分类指导。整个试验区覆盖了6个行政村，每个行政村的发展都依托当地的特色和资源。龙塘村作为整个试验区的中心地区，其行政村的片区公共服务站建设在原来镇（龙南镇）政府的所在地。由于龙塘村管辖的面积最大，自然村数量最多，辖区内对于产业发展和农业增收的意愿最强烈，作为一个资金互助的"熟人圈子"，其范围大小和筹集资金的能力也相对合适。在国家号召大力发展村级集体经济组织和建设农民合作社内部信用合作的前提下，龙塘村成为农村金融改革的试点村。

龙塘村成为信用合作部的改革试点并不是偶然的。一方面，之前砂糖橘的大规模种植使许多先富裕起来的农民手中有了一定的闲散资金，而他们又普遍缺乏理财渠道，处于产业投资和资金理财的迷茫期；另一方面，砂糖橘产业失败以后，部分农民为了发展新型种植业又有现实的资金需求，需要一笔新的资金发展农业种植。这样一来，搭建一个实现农民内部之间资金互助和流通的平台就显得尤为重要。生水塘村民理事会的理事长陆国基就提道："信用合作部的成立对于这些想搞产业、想搞发展的农民来说太有必要了，很多农民想引进新的品种，想扩大自己的种植规模，但是无奈没有资金来源。通过信用合作部，不但减去了银行贷款的麻烦，而且以熟人社会为基础，还降低了贷款不还的风险。"

**3. 熟人社会的圈子**

20世纪40年代费孝通在《乡土中国》中提出了"熟人社会"的概念，在熟人社会的圈子里，人们从熟悉获得信任感，靠自觉规范自身、遵守乡里规矩。龙塘村信用合作部的成立就依托了熟人社会的关系，划清熟人社会的界限，坚持不出圈子。

首先是划清组织界限。龙塘信用合作部是在龙塘村经济联合社下成立的。成立之初，新农村管委会朱建星主任提议把信用合作部建设在经济联合社下，可以利用龙塘村38个经济合作社的资源，让这些集体经济组织通过投资入股信用合作部，获得预期较高的投资收益，也可以把闲散资金存放在信用合作部，获得预期高于商业银行的投资收入，从而增加当地农民及集体经济组织的投资渠道。其次是划清关系界限。信用合作部的理事会成员林小东经理讲道："依托农村基于宗族、血缘、地缘而形成的熟人社会关系，可以在一定程度上解决信息不对称问题，对及时了解投放金使用人的真实用途以及投放金使用人的财产、经济活动状况等还款来源有了更好的保障，从而降低了投放金的投放风险。"最后是划清风险界限。一方面，信用合作部的经营范围和办公地点均在试验区内，对投放金使用人的调查和日后监管的经营成本可以进行有效控制。另一方面，通过合作部成员之间互相提供担保，可进一步控制投放金的投放风险。

## 二　改革试验：妙用他山之石，探索合作之路

任何一个新兴事物都是要经受质疑和考验的，在经济水平较低、社会关系复杂的农村地区更是如此。改革不是一蹴而就的，也不是一帆风顺的。龙塘信用合作部的筹备前前后后经历了将近半年的时间，这半年时间内，相关人员从外出考察学习到商议规章制度，进行了无数次的尝试和摸索。

### （一）试验先行，学习"他山之石"

成立信用合作部是深化农村综合改革的题中之义。龙塘片区公共服务站站长刘文建介绍："信用合作部的成立最先是由县委书记华旭初、新农村管委会朱建星主任和副县长刘恩举商议提出来的，他们一起提议通过村民自愿筹集一部分资金，借鉴北京农信之家成立过这种群众互助、有钱人拿钱出来帮助没钱人的经验，鼓励那些缺乏农业发展资金的，上学难看病难的，来这里贷款。"

#### 1. 召集专家"会诊"

2013 年 9 月，佛冈县县委进行群众路线大调研时，县委主要领导进村入户，走进群众。在参加新农村试验区与村民代表、村部代表等的座谈会时，大部分代表反映农业（砂糖橘）产业出现严重问题，由于黄龙病的影响，近八成的砂糖橘几乎没有收成，农民收入大大降低，该产业已走向没落。但是缺乏新品种的引进渠道，更重要的是资金问题严峻，导致产业转型困难，"大家只能眼睁睁地看着土地丢荒，砂糖橘的树根舍不得砍，就那样一根根黑黢黢地立在地里"。尤其是商业银行贷款难，农民没有什么可以作为抵押，贷不到钱。大部分农村未能从商业银行中获得必要的支持，缺少真正为农民服务的金融组织，"普通老百姓只能靠外出打工，或者找亲朋好友借钱，想从银行贷钱，比登天还难"。缺钱成为产业转型的"老大难"问题。产业不转型，农民可能面临返贫问题。就关于如何深化农村经济转型，如何提高农民的收入等一系列问题，县委领导邀请了北京农村经济研究中心及华南农业大学相关专家开了几次专题座谈会。会议讨论得出深化农村综合改革的关键在于牵住农村金融改革的牛鼻子。对此，新农村管委会的朱建星主任谈道："通过听取这些专家的意见，结合我们

现在试验区建设发展的情况，我们认为在农村金融改革方面的确要走出佛冈县的第一步，这是试验区建设的一小步，也是农村综合改革的一大步。"

2. 北上学习

2013 年 10 月，在中央党校经济学部徐祥临教授的引领指导下，龙塘经济联合社于 11 月 18 日晚召集 38 个成员经济社开会，并通过决议决定在经济联合社上成立信用合作部。会后向新农村试验区管委会提交了开办申请。一开始提出申请只是有一个大致的想法，具体如何实施需要借鉴其他地方的先进经验。鉴于此，11 月 27 日，县委组织龙塘村民代表到北京农信之家、河南、山东、吉林等地进行考察，主要学习了当地"资金互助"的先进典型经验。当时参与外出考察学习的龙塘村书记林荣锡反馈说："当时看到他们能够把农民闲散的资金集合起来成立互助社，在一个小的熟人圈子里解决了大家的用钱难题，我就感觉这是一个好事儿，我们也有信心办起来。"如何把别人的先进经验"嫁接"到本地，也是当时面临的现实难题。"我们肯定是借鉴别人做得好的地方，然后根据我们龙塘村当地的实际情况进行建设，在这个过程中，北京农信之家提供了很大的帮助，我们的业务办理软件也是由他们提供的。"原始股股东代表陈经理解释道。

县委组织龙塘村村民外出参观学习，新农村管委会全程跟踪指导，这也证明了政府的支持和重视，无形中给龙塘村的村民增添了几分信心。"有政府当靠山，我们就甩开手放心大胆地干。"由此可见，龙塘村村民愿意外出学习、成立一个自己的资金互助组织，离不开政府的"重点关注"。

**（二）信用为基，搭建规章制度**

外出学习回来之后，本着好人办社的原则，信用合作部的成立就正式拉开了序幕。首先是物色发起人，召开发起人会议。在宣传发动群众基础上物色发起人，由经济联合社在试验区管委会指导下审核发起人资格。发起人制定发起公约并宣誓。南田村的刘朝生作为原始股东之一，全程参加了当时的发起人会议和股东大会。"当时就是在村委会那里，就问你有没有钱，想不想搞，想搞的话一个人就是十万块钱这样子。那个时候肯定是有点怕，手里就有这点钱，刚开始搞的时候都不知道怎么去搞。"所谓的发起人，就是成立信用合作部的原始股东。这些原始股东每人认股 10 万元钱作为信用合作部的成立资本。当时寻找发起人也经历了一段时间，这也是大家慢慢接受信用合作部的一个过程。"当时我们这些发起人，都是农民。按当时来说，这个十万块钱也不是说很多，也不是说很少了，就像是我来说，当时就是多的了。有些人有钱的话就觉得不是很多。我们也想拉很多人进来入股，成立之初资金越雄厚越好，但是很多人根本不愿意加入进来。像我自己，当时同意加入就是考虑到这是政策政府支持的事情，就抱着搏一搏的心态参加了。"除了个人入股的发起人，还有两个团体股，一个是龙塘村经济联合社，投资 3 股 30 万元，另外一个是新农村建设投资有限公司，投资 5 股 50 万元。发起人确定以后，信用合作部的事情就算有了眉目。发起人签订了《龙塘信用合作部发起人协议书》。

其次是成立会员（代表）大会、理事会和监事会。管理机构的设置，使信用合作部的发展走上了正规的道路。会员（代表）大会是信用合作部的权力机构，由全体会员或由全体会员选举的代表组成，决定本部包括制定或修改章程、选举或更换理事和监事等在内的重大事项；理事会是信用合作部的执行机构，由发起人股东会员组成，主要负责执行本部会员（代表）大会的决议及其日常管理的重大事项；监事会是信用合作部的监督机构，由会员、捐赠人以及向本部提供融资的金融机构等利益相关者担任，负责监督本部的经营、管理、财务等事项。除此之外，信用合作部还设置经理 1 名，由理事会聘任，可由执行理事兼任，全面负责本部的日常经营管理工作。信用合作部的工作人员郑喜燕介绍："现在信用合作部的所有工作都由刘永红经理全权负责，平时正常工作日的时候，刘经理每天都会在这里上班，整个信用合作部也只有经理、出纳和会计三个工作人员领取工资报酬，其他的理事会监事会成员都是无偿服务的。"具体组织管理机构如图 1 所示。

最后是制定章程、规范制度。成员确定和机构设置完成以后，紧接着就要开始制定规章制度，完善方案。一是规定业务范围。龙塘信用合作部的主要业务有吸收会员股金，办理会员互助金、投放金业务，办理代理业务，办理法律法规允许的其他业务。二是设置入会门槛。参加龙塘信用合作部的会员必须是具备完全民事行为能力的人，是龙塘村、小梅村、山湖村、里水村、小潭村、石铺村等经济联合社及其所属经济合作社成员或经常居住或工

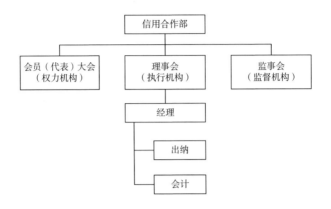

**图 1　信用合作部组织管理机构**

作地（本地有固定住所或工作，且居住或工作满 3 年）在合作部所在的行政区域内的其他成员，要求入股资金为自有资金且来源合法，会员要求诚实守信，信誉良好，并且承诺遵守本部章程的相关规定。三是确定入会程序。如图 2 所示。四是制定投放金发放程序。坚持先入股、后服务的原则，严禁向非会员吸收互助金或发放投放金；投放金申请需带股权证、身份证以及户口本原件；投放金发放标准为互助金的十倍以内，即投入互助金 500 元，最多能申请投放金 5000 元；投放金的发放要经过填写投放金申请书—业务员调查—执行理事（审查小组）审查—签订投放金使用合同—领取投放金等 5 个步骤。五是确认投放金产品及费用率。如表 1 所示。

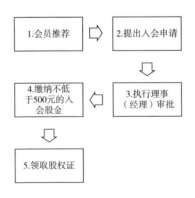

**图 2　入会程序**

表 1 投放金产品及费用率

| 投放金类别 | 用途 | 费用率（%） |
| --- | --- | --- |
| 墨子免息投放金 | 2 万元以下小额投放金 | 7 日内免息 |
| 扁鹊医疗投放金 | 医疗急需 | 7.2 |
| 孔子教育投放金 | 教育使用 | 8.7 |
| 管子生产投放金及其他类型投放金 | 生产、生活使用 | 14.4 |
| 合子投放金 | 会员兼专业合作社社员生产、生活使用 | 10 |

## 三 改革落地：紧抓好人办社，推进规范经营

龙塘村致力于打造农民自己的资金互助社，取名为"信用合作部"的用意就是为了突出"信用"两个字。信用是办社的基础，也是对会员的最基本要求。

### （一）迅速挂牌经营，正式开办业务

2013 年 12 月 20 日，经历了半年多的筹备，龙塘经济联合社信用合作部正式成立，成立同时还进行了中央党校经济学教研部调研基地揭牌仪式。信用合作部发起人有 15 个会员（其中 2 个团体会员），发起资本共 210 万元，实收资本 210 万元。2014 年 1 月 19 日，信用合作部正式开始运营。值得一提的是，2014 年 2 月 14 日，佛冈县龙塘村经济联合社信用合作部发放第一笔贷款 5 万元，贷款人是龙塘村村民、信用合作部的会员刘发河。该村民于 2014 年 1 月 22 日入会信用合作部，入会投入资金为 5000元，按照信用合作部"股一贷十"的股贷比例计算，他最高可获得 5 万元的贷款。刘发河说："在其他银行贷款因为要经过上级批准，所以至少要一个月才可以拿到钱，比较麻烦。但合作部就不存在这个问题，只要申请的手续齐全，村民就可办理贷款，这对我们村里面的村民来说还是有很大好处的。"

信用合作部的成立，标志着全国首家在经济联合社框架下成立的农民信用合作组织正式诞生，佛冈县的农村金融服务机构创新走在了全国前列。信用合作部的经理很自豪地说："我们的这个信用合作部在清远是第一家，在整个广东省也是第一家"。

### （二）面临社会质疑，初遇发展难题

1. 原始会员少，群众质疑多

龙塘信用合作部的探索，是进一步对农村地区金融改革的探索，是农村地区成立资金互助形式的合作部的探索。正是由于探索的是新鲜事物，所以群众发出的质疑较多。一方面，村子里真正有钱的人持观望态度，他们担心的是资金投入以后回收的风险，"钱放出去收不回来怎么办，原始股东得承担所有的责任，风险太大"，很多村民担心的是投入没有保障。另一方面，那些没有钱的人持冷漠态度，自己没钱投入，同时觉得这个事情不会和自己有关系，有的甚至还等着看笑话，一位林姓村民说："自己有钱就多花一点，没钱就省着花，不会去贷款，也没有钱存进去。"大多数的群众对信用合作部是不看好的，这也解释了为什么 38 个经济合作社里面只吸引了 13 个个人股东。

2. 前期投入大，资金来源少

龙塘村经济联合社信用合作部位于佛冈县石角镇龙塘村村委大院内，除了前期外出学习、成立管理机构、制定规章制度之外，信用合作部选址及装修营业厅，印制票据，购置办公设备、用品等需要很大的一笔开销。除此之外，还需要招聘及培训有关办公人员，包括顾问、会计、出纳、信贷员等。前期投入问题不解决，就无法真正实现信用合作部的成立。本身原始股东人数就少，筹集的资金数量也不雄厚，让原始股东出这笔钱显然是行不通的。因为在农民看来，没有收益就需要先"赔钱"的买卖是不划算的。为了解决这一现实问题，新农村管委会的朱主任直接找到了县委华旭初书记，眼看着新型农村金融合作社还有一步就要成功了，县委拿出来 20 万元资金，作为前期装修和购置办公用品的开销。

3. 宣传力度弱，农民不看好

信用合作部到底应该怎么走？究竟会取得什么样的成效？这 13 个发起人并不知道，虽然外出考察学习，也看到了别人的成果，但是究竟如何在本地"落地生根"，这些金融改革的先行者还不是那么有信心。管委会通过召集全村 38 个经济合作社的代表开会，吸引了很多人加入信用合作部。"单单依靠 210 万元的原始股金是不够的，只有大家都愿意把自己的钱存进来，愿意从这里贷款，信用合作部才能正常运转，才能保本，我们这些

原始股东才不会赔钱。"原始股股东之一刘文朝强调着自己的担忧。信用合作部就是在熟人社会的基础上建立起来的，所以其宣传效果需要通过熟人社会慢慢地渗透，效果好的话，这将是一个相当迅速的过程。而前期这种看不到效益的宣传，在农村社会往往是"无用功"。

**（三）逐步规范运营，加强风险防范**

针对龙塘信用合作部前期发展面临的问题，信用合作部通过章程的不断修改和完善，借助"三会共管"的力量，逐步走上了规范化运营、科学化发展的道路。具体而言，信用合作部在协商共议的前提下分别从会员管理、业务管理、风险管理和资金（收益）管理四个方面做了进一步的完善和细化。

1. 会员都是"自家人"

信用合作部的成员分为两类，一类是发起会员，也就是持有原始股的会员，另一类是普通会员，最低门槛是存入 500 元的互助金。会员加入设置的门槛较低，龙塘村的林书记特别强调"参加信用合作部最看重的一点要求就是信用，村民之间不讲信用，赖皮，什么都弄不好"。一方面，加强对入会资格的审核，尤其是针对农民信用这一块儿。信用合作部的服务范围主要是以龙塘村为核心的新农村建设试验区下辖的 6 个行政村，会员申请加入之前，合作部的经理会对申请人的情况做一个全面的了解，看信誉如何，是否符合信用合作部的入会条件。另一方面，实行封闭的会员制度和服务制度。简单讲就是"先入会、后服务"。《农村信用合作方案》规定了禁止性条款：信用合作部不得向非会员吸收互助金、发放投放金及办理其他金融业务，不得以本部资产为其他单位或个人提供担保。而且，对违反《章程》规定的会员，《方案》还规定了除名制度。

2. 从存款、贷款到互助金、投放金

2013 年 12 月，北京农信之家作为农村资金互助组织的培训机构，为龙塘信用合作部提供了一个专业的资金核算软件，并对合作部的经理、业务员、会计进行了软件使用的培训。为了保证业务上不出差错，龙塘信用合作部还聘请了一位广东农村信用合作社退休的经理作为技术顾问。一开始，会员们喜欢把信用合作部称为"农民的银行"，习惯用"存款""贷款"的说法，但是后来考虑到没有取得相关的营业执照和金融经营许可证，所以要和银行的业务区别开来，把存款称为互助金，贷款称为投放金。

眼看着信用合作部的运行走上了正轨，但是合法的经营执照等证件还批不下来。新农村管委会向县政府打报告要求县政府直接监管，县政府安排了县财政局金融办公室直接负责，合作部每个月经营的数据，包括发放金、投放金、会员数量等都要汇报给金融办。

3. 一人申请，多方担保

风险防范是所有开展资金经营业务机构的头等大事，信用合作部基本上依靠熟人的道德约束维持资金安全，存在明显缺陷。如何最大限度地保证资金安全，降低风险，成了农村信用合作的难题。为有效规避风险，龙塘信用合作部在运行的过程中，坚持了以下做法：一是不跳出熟人社会的圈子，做到对申请人知根知底。合作部负责投放金审核的理事介绍："我们一般会找一些名望高，声誉好，有一定经济基础的人。门槛不是越低越好，从入会登记到申请投放金的中间，要调查个人的情况，没工作，没偿还能力和意愿的，欠债的，不能发放。"

二是充分发挥监事会和股东大会的监管作用。申请投放金5000元以下的，直接由理事长审核、签字同意就可以；5000元以上1万元以下的，需要理事会和监事会同时审核、签字；1万元以上10万元以下的，需要全体原始股东签字；对于10万元以上的大额投放金的发放，需要召开理事会、监事会、股东大会三会共同商议。

三是实行严格的担保制度，遵循自愿担保的原则。一方面是申请人的个人担保。申请投放金的会员必须持有家庭成员（尤其是配偶）签字的申请书，同时签署承诺书和责任书，同意在规定时间内返还投放金。另一方面是担保人的担保。担保人本身必须是合作部的会员，但不是所有的会员都具备成为担保人的资格，只有那些信誉良好、有能力、有稳定收入的人才能做担保人。担保人在同意担保的前提下，仍需要签订一系列的承诺书、担保书、包放包收责任书和还款责任书。

4. 钱在部里，利在手中

信用合作部吸收互助金的利息略高于银行，以此来吸引大家把钱存进来。考虑到资金存放的安全问题，合作部与就近的广东农信银行佛冈农村信用社进行了合作，在农信银行开设了一个集体账户。合作部的会计在谈到资金管理的时候说："我们现在尽量实现非现金交易，把所有的钱都存放到农信银行里，会员的互助金和投放金我们会及时转到农信银行，留一小部分进行周转。由于合作时间较长，农信银行那边也会在规则允许的范围内给我们提供一些便利和帮助，很多专业的问题（我们）也会向他们请教。"

2015年2月6号，龙塘村经济联合社信用合作部举行了第一次年终分红发放暨扩股大会，这次大会主要是进行原始股东分红和新增股东扩股。合作部的股东代表刘文建介绍："我们当初办这个合作部的主要目的不是挣钱，如果为了挣钱的话这个就办不下去了。有分红当然大家都很高兴，但是分红不是固定的，要根据当年的业务数量和交易金额来定。"除此之外，大会还正式确定把信用合作部的服务范围扩大到整个龙南片区。小梅村村民刘达尖是这次扩股股东之一，考虑到以后的发展，他和其他股东集体向小梅村分社申请入股龙塘信用合作部，"入股以后既能够方便村民，帮助他人，自己有需要贷款的时候也很方便"。

### 四 改革发展：严守信用底线，督促复制推广

从全国来看，农村金融改革的力度和创新性还不够，还没有找到一条可以大规模复制、推广的发展道路。从2015年下半年开始，龙塘村信用合作部在取得一定经验的基础上，开始在全县其他5个乡镇全面推广。在农民之间推广"资金互助、信用合作"的经验和做法，主要目的是解决农村生产发展的资金难题，满足农村金融社会发展的需要。因此，龙塘村信用合作部的复制与推广具有重要的意义。

#### （一）前期起步低，可借鉴

龙塘村信用合作部是在龙塘村经济联合社的框架下成立的，主要依靠熟人社会的道德约束进行农村资金的整合和互助。从建立的基础来看，只要当地农民有资金的需求和互助的意愿，就可以成立起来。"三个重心下移"工作开展以来，自治单元越划越小，基层治理的效果越来越好，基层自治的良好氛围为农村资金的自供给和互助培育了良好的土壤。

信用合作部起步低，要求少，不需要特殊的基础和过多的资本投入。一方面，信用合作部的注册资本可多可少，没有最低限制，可根据经营覆

盖范围自行调整，同时，每股股金的多少也因地而异。龙塘村信用合作部的原始股股金设置为 10 万元/股，实际上从当今农村经济发展的平均水平来看并不算太高，很多家庭都能够支付起这 10 万元，但成立的关键是要从需求出发，"资金互助不能只是一个形式，要发挥真正的作用才行，主要就是看当地老百姓有没有发展这个信用合作的需求，不能强制成立，要大家主动申请才行"。另一方面，信用合作有一定的范围，不会脱离熟人社会的圈子，一般是在自然形成的村落或者有着共同生活、生产、活动范围的片区。虽然城市化进程的加快给农村社会带来了一些变化，但是农村社会保留下来的传统文化、人情世故等习俗习惯仍旧影响着农民的生活和交往，熟人社会的关系和圈子依然植根于广阔的农村大地。

**（二）中期发展好，可复制**

在访谈过程中，当问到信用部如何逐步发展壮大并得到大家认可的时候，合作部的理事成员林小东讲道："农村的问题说简单也简单，说复杂也复杂。我们成立合作部的初衷是好的，是为了解决大家用钱难的问题，可是长期以来农民自给自足的传统和谨小慎微的个性就决定了他们不愿意尝试，不愿意去冒险。与其去说服大家，去宣传，不如你做出来有目共睹的成绩，让农民看到效益，尝到甜头。自然而然就会有更多的人相信、加入进来。"事实的确如此，信用合作部成立一年以后，规模不断壮大，效益不断提高，受益的群众也越来越多。

1. 规模不断壮大

信用合作部成立以来，规模不断壮大，主要表现在两个方面：一方面会员人数不断增加，从 2014 年的 52 人增加到 2016 年的 208 人，现在仍有小幅度的增加；另一方面累积投放金的数量不断增长，由最初的 6.91 万元增加到 2016 年的 1236.5 万元。具体变化情况见图 3。

2. 效益不断提高

虽然当初成立信用合作部的主要目的不是盈利，但是根据这几年经营的情况来看，信用合作部的投放金和互助金呈良性循环状态，不但每年都有原始股分红，而且近三年的分红呈逐年递增的趋势，由 2015 年每股3000 元的分红，上涨到 2016 年的 3300 元，到 2017 年更是实现大跨步飞跃，上涨到 5000 元（见图 4）。由此可见，信用合作部整体运营状况良好。

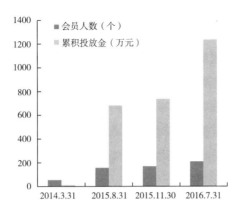

**图 3　信用合作部发展规模变化情况**

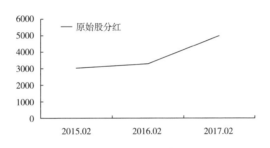

**图 4　原始股分红变化情况**

### 3. 受益群众越来越多

龙塘信用合作部吸收了越来越多的会员，其辐射范围和服务范围不断扩大，越来越多的群众获得了帮助。龙塘村委长五村的种植大户刘永红，投资 300 多万元种植了 300 余亩的澳洲坚果。他作为原始股东，在信用合作部投入 20 万元作为发起股金，根据规定，入股半年后，他便有条件地向信用合作部申请最高 200 万元的投放金。申请投放金成功解决了他扩大产业规模的资金难题。石角镇龙塘村委大一村民刘家健，需要扩建鱼塘，通过向信用合作部申请投放金 30000 元（于 2015 年 8 月 26 日办理好投放金申请手续），有效解决了他的实际困难。像这样的例子还有很多。

除此之外，很多看不起病、上不起学的家庭，也通过入会申请投放金，解决了家庭生活的难题。松粉村民小组的理事长陆国基讲到，"平常家里有个小额的资金需求，周转不开的时候，到合作部很快就能申请到互助金，而且有些利息比较低甚至免息"。

### （三）后期经验足，易推广

试验区肩负着探索可借鉴、可复制、可推广的新农村建设路径的重大责任。龙塘村经济联合社信用合作部的成立和试运营成功，探索了一种符合试验区农村金融服务特点的新模式，是农村综合改革的重大创新成果。总体来讲，信用合作部具备三大功能，即资金造血功能、财务杠杆功能、组织复制功能；具有三大地位，即农村金融体系的基础地位、农村经济组织的核心地位、农村信用文化的主导地位；产生了三大作用，即农村生产关系的载体、农业进入市场的桥梁、农民联系政府的纽带。

现阶段，全县共成立有 5 家信用合作部，具体的经营状况如表 2 所示。

**表 2　全县 5 家信用合作部经营状况**

| 村名 | 成立时间 | 原始股金（万元） | 投放金（万元） | 会员人数 | 盈亏情况 | 备注 |
| --- | --- | --- | --- | --- | --- | --- |
| 龙塘 | 2013 年 12 月 | 210 | 1300 | | 盈利 | 投放金需求大，互助金不足 |
| 龙岗 | 2016 年 4 月 | 100 | 30 | 8 | 亏损 | 投放金需求不大，慎放投放金 |
| 大陂 | 2016 年 1 月 | 106.78 | 37.8 | 20 | | 投放金需求小，暂时不接受互助金 |
| 四九 | 2015 年 9 月 | 290 | 235 | 28 | 盈利较大 | 投放金需求大，但审核严格 |
| 西田 | 2015 年 10 月 | 330 | 300 | 105 | 盈利 | 投放金需求大，互助金不足 |

在信用合作部推广复制的过程中，龙塘信用合作部作为"第一个吃螃蟹"的先行者，成为各地信用合作部学习和模仿的对象。负责合作部推广的陈经理谈到了几点实际的经验："第一，成立之初，最重要的就是考察当地是否有信用合作的基础和资金互助的需求；第二，合作部的建设要简单大方，不赞成搞华丽的装修和设施，一方面为了节省开支，另一方面也避免引起银行等金融机构的不满，之前龙塘信用合作部就因为装修风格和银行太像而进行了整改；第三，尽量实现非现金交易，刷卡交易，减少资金管理的开支和风险；第四，联合银行或者利用人民银行的网上征信系统调查会员信贷情况，避免单纯地依靠社会道德约束，通过多渠道了解会员

的信誉情况；第五，聘请专业的、熟悉资金管理交易业务的工作人员，增加对业务人员的专业培训。"总之，信用合作部的运行积累了丰富的经验，具有易于推广的优势。

## 五 关于农村信用合作的延伸讨论与思考

政府不断完善财政支农投入机制，鼓励加快农村金融创新，目的在于撬动金融和社会资本更多地投入农业和农村，同时，努力探索出农村金融自治的新方案。现阶段，农村商业银行、农村合作银行、村镇银行等农村中小型金融机构发展并不完善，这就为农村金融自治组织的发展腾出了空间。龙塘村信用合作部的成立，有效地解决了农村金融发展的问题，遵循了内生外促的逻辑，但同时也反映出农村金融自治组织的一些问题，值得我们深入探讨和思考。

### （一）联合自强：信用合作部的发展成效

1. 满足了农民"短、小、频、急"的资金需求

中国农民仍旧保留着自给自足、自担风险的生存特点，习惯"各人自扫门前雪"。但一旦遇上天灾人祸，自有财产无法实现"自给自足"的目标，就需要通过外界的帮助渡过难关。砂糖橘产业失败以后，很多农民家庭入不敷出，医疗、教育、养老、生产发展等社会压力接踵而至，农民迫切需要一个方便、自助的金融组织满足自身发展的资金需求。龙塘经济联合社信用合作部作为农民自己的"银行"，通过自筹资金，互助合作，在熟人社会范围内搭建起了资金流通的平台，在拓宽农民投资理财渠道的同时解决了农民"用钱难""贷款难"的问题，真正实现了用农民自己的钱办自己的事。

龙南片区的村民都谈道："以前有些需要用钱的地方，需要走亲访友、四处借钱，还要看人家的脸色。现在好了，有了这个信用合作部，只要投入 500 块钱，就可以申请到 5000 块。不但手续简单方便，还十分迅速，不用像银行贷款那样，三天五天也不一定能贷出来，在这里，上午办好手续，下午就能拿钱。"可见，村民的资金需求通过这种资金互助和自供给的形式能够得到很好的解决。

2. 激活了农村经济发展的内生动力

2017 年中央一号文件明确指出要注重"激活农业农村内生发展动力"。内生动力，就是指事物发展由内而外的力量。对于农村社会的发展而言，这股由内而外的力量要能够用来解决农村发展自身"造血"能力不足的问题。信用合作部的成立，在一定程度上实现了农村经济社会发展和农民发展的双赢。一方面，实现了农业产业的发展。很多合作部会员通过申请投放金引进新品种，发展种养殖业，购买农业生产设备，扩大农业生产规模，积极探索农业产业转型和升级，壮大集体经济组织的力量。比如龙塘村村民刘永红建设占地 300 余亩的澳洲坚果种植基地，就是利用资金互助扩大了农业种植规模。另一方面，带动了农民增收。会员把闲散的资金集合起来作为互助金存放在合作部，可以获得相应的利润，也可以通过申请投放金的形式扩大农业生产，发展新型农业经营项目，获得收益。总之，信用合作部的成立，盘活了农村的经济社会资源，提升了农村自身发展的造血功能，激活了农村发展的内生动力。

3. 树立了信用合作的文明新风尚

"乡风文明"是党在十六届五中全会上提出来的对新农村建设的具体要求和建设目标。信用合作部的成立，强调入会会员"诚实守信、声誉良好"，注重考查投放金申请者的"信誉"，控制"熟人社会"的范围，在促进农村经济社会发展的同时对农村社会的信用体系建设起到了促进作用。其一是提高了农民信用的组织化程度。信用合作部是在龙塘村经济联合社的框架下成立的，这也是全国第一家在经济联合社下成立的资金互助组织。其二是遏制了民间高利贷行为，信用合作部的成立成功地填补了农村金融信贷的空缺，不但方便快捷手续简易，而且正规合法利率合理，有效压缩了高利贷的生存空间。其三是提高了农民的信用意识，促进了文明社会的发展。提倡诚实守信是社会主义精神文明建设的题中之义，宣传信用在农村社会中的作用与价值，有利于良好村风民风的保持和发展。

**（二）内生外促：信用合作部的发展逻辑**

1. 内部动力：需求推动是基础

任何一个事物的产生都离不开需求推动，没有需求就没有探索和发展。正如马斯洛的需求层次理论讲的一样，某一层次的需要相对满足了，人就会向高一层次发展，追求更高一层次的需要就成为驱使行为的动力。由此可见，人们追求发展的原动力都来源于对现实情况的不满。有了需求以后，就有了目标，相应地也就有了动力。这种动力是由内而外的，是村民自发形成的。

砂糖橘产业失败以后，龙塘村经济发展陷入困境，如何找到新的种植作物、发展新的农业产业成为当务之急。伴随产业发展的困难，资金需求无法得到满足也成为农村经济发展面临的突出问题之一，农村经济亟须"输血"，尤其是一些种植户发展生产缺周转金的现象不在少数。总之，信用合作部的成立离不开龙塘村村民对于资金互助的需求，加上信用合作部的利率比银行略高，但比民间借贷低且合法合规，自然引来了众多苦贷无门的农户的加入，因此信用合作部才能成立并且逐步发展壮大。

2. 联结纽带：熟人社会的信任

我国农村社会的基本结构是"熟人社会"，农民长期生活在共同的地域中，相互熟悉，有相同的生活模式，遵循共同的道德准则。在这样的差序格局中，社会关系逐渐从一个人推到另一个人，在熟人社会范围扩大的同时，也紧密了私人关系。而根据费老的观点，"我们传统社会道德只有在私人群体中发生关系"。因此，借助"诚实守信"的传统美德能够顺利在熟人社会的基础上使私人群体发生关系，管委会在把大家组织起来的过程中，减少了不必要的摩擦，消除了不信任的情感。

龙塘村是一个典型的熟人社会圈子，村里的干部对于本村的村民相当了解。在这种相互了解并且"非亲即故"的关系中，通过在村民之间开展经济交往和资金流通的活动，可以更好地获取彼此的信任，也可以更好地控制风险。以信任为基础，在熟人社会的范围内探索农村金融创新形式，省去了烦琐的步骤，避免了多余的麻烦。可见，熟人社会的圈子和相互信任的关系是保证信用合作部成功运行的纽带。

3. 外部推力：政府倡导和专家支持

农村资金信用合作是建立在农村资金自供给基础上的一种资金互助行为，这一行为来自农村内部但又不完全是内生的。农村内生力量的激活与发挥作用，总离不开外部推力的推动和促进。要真正实现农村金融改革的创新，需要政府的指引和专家的指导，但政府和专家在这一过程中需要摆正自己的位置，弄清楚自己的角色：指引不等于包办。

一方面，信用合作部的成立离不开政府的指引。2011 年，广东省社会主义新农村建设试验区（佛冈）成立以来，划定石角镇下辖的 6 个行政村作为试验点，不但大搞产业发展，还积极探索金融创新。在新农村建设试验区管理委员会的指引下，相关部门提出了创建信用合作部的想法，并全程跟进，全面指引信用合作部的成立和建设。

另一方面，北京中央党校的专家和北京农信之家为合作部的成立和运行提供了技术保障。北京中央党校的副校长、教授黄浩涛和经济学部的教授徐祥临多次来到龙塘信用合作部进行指导，对于其发展进行规划。同时，北京农信之家凭借在全国各地建设农村资金互助组织的经验，给予了技术上的支持。

**（三）高瞻远瞩：信用合作部存在的问题与思考**

1. 信用合作部没有取得相应的法律地位

龙塘信用合作部所办理的业务属于金融业务，依法应当取得银监会颁发的金融许可证。但是龙塘信用合作部只取得了县政府和新农村建设管理委员会的一般行政许可，尽管现在合作部接受县财政局的监督和管辖，但是并没有取得金融部门的金融许可。没有获得金融部门的金融许可，导致无法办理工商营业执照。具体而言，龙塘信用合作部的成立虽然符合政策，却是无照经营。

现在大多数农村信用合作组织都存在无照经营的现象，政府鼓励农村进行金融改革的创新，提倡农民之间通过合作成立资金互助组织，但是该类组织却无法办理金融经营许可证，得不到合法地位。这不利于信用合作部的长期发展和风险把控。龙塘信用合作部现阶段得到了县财政部门的监管，效果不错。但就长远发展来看，对这种有利于解决农村发展资金问题的组织，还是要给予应有的法律地位。

2. 信用合作部仍存在风险控制问题

农村信用合作组织最核心的一项业务是会员之间提供资金互助。有资金互助就会涉及本金和费用的安全问题。为了防范投放金被拖欠或出现烂账、呆账风险，龙塘信用合作部选择采用会员担保的方式，要求投放金申请人申请投放金时必须有会员担保，而且规定在投放金申请人违约时，投放金申请人和担保人都不能以入股股金及其积累抵还投放金申请人本息，而必须用其他资产抵偿。但是在实际运行过程中，没有办法按照担保制度执行没收抵押财产或者强制还款的规定。正如原始股东刘朝生所说，"一般都是理事和经理先去催款，然后不行了各个原始股东轮流去催。要是真的碰上那些不讲信誉、耍流氓赖账的，也没有好的办法，只能要求担保人出资或者原始股东按照股份持有比例出资填补"。可见，虽然这种情况不多，但是真正发生了以后也没有有力的处理措施，如何加强这方面的风险控制，值得关注。

把风险降到最低，一方面是为了维护会员的相关权益，另一方面也是为了确保信用合作部的良性发展。建立长效的风险控制和预防机制，要从严把会员入部关、严审会员信誉卡、严惩会员死坏账这三方面入手，关键还是要建设一个风险发生后的风险转化机制，将合作部的损失降到最低。

3. 信用合作部缺乏专业的员工和专业的培训

信用合作部是农村金融机构，而金融机构对从业人员的专业性要求较高，工作人员都必须具备较高的专业知识、业务素质和职业道德，以防控金融风险出现。"农民办信用合作部好办也难办，好办在于大家心往一处想，劲儿往一处使，难办在于没有专业的技能和长远的眼光。"现阶段，合作部的两名业务员都只是简单地拥有会计从业经验，称不上专业人才。除了刚开始进行的业务软件使用培训和聘请广东农信佛冈农村信用社的退休经理当顾问以外，成立至今，没有开展过专业的技术培训。

农民的事没有小事，农民的钱也不是小钱。专业的从业人员和专业的技术培训是保证信用合作部"人互爱钱互助、人平安钱增值"的基础，合理的经营理念和先进的经营技术是带动信用合作部创新发展的要素。因此，针对合作部的经理和工作人员开展专业的技术培训，建立长效持续的培训机制和考核评估机制，是值得进一步思考和规划的。

4. 信用合作部是实现农村本土金融服务的资金互助新载体

对农村来讲，金融服务的需求是多种多样的，从农民到农户再到农业企业，都有各自不同的需求。但是总的来说，农村的金融服务需求是小额度的。"总量小而种类多"成为农村金融需求的一大特点。所以尽管农村地区有正规的金融机构，如四大国有银行、农村信用社等，但是农村的金融需求满足度依然很低。主要原因在于这些进入农村地区的银行没有开展或者很少开展为农业服务、为农民服务的金融业务，离农村很近，离农民却很远。因此，开展农村地区的本土金融服务尤为重要。

实现农村金融本土服务的主要方法就是资金互助，即利用村民之间的信用合作，借助人际网络、人缘、地缘、血缘的关系，把村民的钱集中起来，用在村民身上。龙塘村的信用合作部就是一个在熟人社会的基础上，依靠信用合作成立起来的资金互助组织，是实现农村发展资金自供给的组织，是实现农村本土金融服务的资金互助新载体。

佛冈农村信用合作事业是当前全国农村信用合作事业的一个缩影。经验很宝贵，存在的问题也不容忽视。但无论如何，实践会证明，发展农民资金信用互助组织是大势所趋，是农民和市场的需求，也是国家全面深化农村改革的必然选择。

# 第五章

## 土地整合，实现适度规模经营

执笔人：董帅兵

20 世纪 80 年代，我国农村普遍推行的土地家庭联产承包责任制，极大地解放了生产力，激发了农村发展的活力。但是，随着社会主义市场经济的深化，"三农"问题逐渐成为制约现代化发展的主要瓶颈。进入 21 世纪以来，农村人才流失与土地抛荒、农业价值产出有限、农民收入较低、城乡差距较大等问题阻碍着改革发展的步伐。因此，农村土地问题依然是经济发展的核心问题，农村土地制度的进一步改革和完善是解决"三农"问题的关键。2004 年，国务院颁布《关于深化改革严格土地管理的决定》，其中强调，"在符合规划的前提下，村庄、集镇、建制镇中的农民集体所有建设用地使用权可以依法流转"。这表明，在改革发展中，农民可以依法通过代耕代种、转包、转让等多种形式流转土地承包经营权，发展适度规模经营，从而为农村土地制度的改革指明了方向。

叶屋村为广东省清远市英德市石牯塘镇萤火村民委员会管辖的一个自然村，有村民 35 户，共 175 人，其中劳动力 80 人，长期居住在村的有 30 户。叶屋村的土地以丘陵和低洼地为主，有可耕土地 1350 亩，其中水田 60 亩，旱地 550 亩，山坡地 530 亩，鱼塘 210 亩。村民的经济收入主要来源于种植砂糖橘、冬瓜和养殖蚕、鱼、生猪等，2015 年人均年收入突破 30000 元。叶屋村经济的快速发展得益于土地的成功整合。自 2008 年 8 月至 2010 年 5 月，叶屋村通过村民自发的方式完成了家庭承包经营土地的整合置换，彻底解决了困扰村庄 30 多年的土地细碎分散问题。叶屋村的土地整合并非一蹴而就的，而是经历了清丈土地、分包土地、置换土地等重要的阶段，是我国农村土地整合中的一大创举。

## 一　整合背景：历史与现实的双重压力

叶屋村的土地整合既是农村土地制度发展的历史必然，也是村庄发展的现实要求，对于这两方面背景的分析，有助于全面认识叶屋村土地整合的合理性。

### （一）农村土地制度发展的历史必然

1978 年党的十一届三中全会以后，安徽省凤阳县小岗村农民自发搞起的"大包干"拉开了新时期农村土地制度改革的序幕。我国农村土地的经营模式在集体所有制不变的基础上，经历了承包经营、包产到户、联产计酬责任制、包干到户经营责任制的一系列发展变化，最终形成了统分结合的家庭联产承包责任制。1983 年中共中央颁发《关于印发农村经济政策的基本问题的通知》，全国农村开始普遍推行包干到户，实现了农村土地所有权与使用权的分离。这一改革调整了农村的经营收益分配关系，"交足国家的，留够集体的，剩下的都是自己的"，调动了农民的生产积极性，提高了农业生产的效率，为农村发展注入了活力。1984 年中共中央在《关于 1984 年农村工作的通知》中明确提出了土地承包期一般应在 15 年以上的主张，使农村土地集体所有、家庭承包经营的制度模式稳定下来。20 世纪 80 年代中后期，虽然土地承包经营关系日渐稳定，但是农村土地产权主体模糊、土地集体所有权权能欠缺、农民的土地使用权不稳定、农地均分承包下的土地细碎化、土地流转制度和农村社会保障制度欠缺等一系列问题困扰着农村经济的进一步发展。与此同时，农业生产的机械化、规模化、集约化、高效化、市场化趋势也使土地产权制度的改革刻不容缓。

### （二）土地经营遭遇的现实困境

叶屋村的土地分散零碎，部分土地抛荒，城市经济的快速发展与农村经济的凋敝形成强烈反差，村民渴望发展高效农业增加收入，进而改变村庄的落后状态。

1. 地块散碎，设施落后，规模经营难度大

1981年，叶屋村按照家庭承包责任制的要求，将土地分包到各家各户。为了保证公平，农民承包土地处于绝对平均状态，村集体没有预留机动地。村里按照土地质量平均划分，将田地按水田6等，旱地5等的优劣等次依人口平均分配发包到户，全村18户110人承包水田115亩，旱地103亩，人均承包水田1.1亩，旱地0.8亩。2009年底，叶屋村实际人均经营土地1.7亩，土地最多的一户人均5.1亩，最少的一户人均0.6亩。其中有6户人均耕地面积小于1亩，占总人口的20%，有4户人均耕地面积大于2.5亩，占总人口的12%，有9户人均耕地面积在1.5~1.9亩之间，占总人口的20%。土地零碎分散带来了土地管理的困难，机械化规模化种养难以形成，土地生产效率低下，农户的种养殖收益较低。此外，还造成了农户土地相互插花，需求各有不同，农田基础设施建设难以整体完善。叶时通说："土地分散还间接损害了叶屋村的机耕道路和农田水利设施。当时的机耕路都是泥土路，而且很窄，一遇到下雨天就全部瘫痪。各家各户的灌溉需求不同，农业生产中不能统一放水、排水、灌溉，村民们常常因用水发生争斗。农田水利设施遭到废弃，渐渐失去了防涝抗旱保收的功能，每逢旱涝天灾，村民们只能听天由命。"

2. 人才流失，土地抛荒，资源价值产出低

叶屋村靠近经济发达的珠三角地区，20世纪90年代，城市务工的高收入吸引着在村庄务农的人，原本依靠种田、种植砂糖橘、养猪养鱼等生活的叶屋村民逐步外出寻求发展。2009年底，外出务工村民达60人左右，占村中劳动力的75%。村中留守人员以老人、小孩居多，劳动力的欠缺使村里出现请人代耕、土地闲置抛荒等现象，加之土地的产出价值低，农民更加不愿意留在农村，经济发展一度陷入恶性循环之中。叶时通讲道："留在村子里种田，越来越难以养活一家人。分散耕地，虽然不会饿肚子，但想攒钱是不可能的，所以外出的村民也不想回村耕地。至2009年底，村

中丢荒耕地已达 50 多亩。村民保持土地分散经营的方式，全村的人均纯收入仅有 3000 元左右。"

3. 边界不清，纠纷不断，村民利益平衡难

20 世纪 90 年代后期，叶屋村民开始放弃种植效益低的水稻等农作物，转而发展养猪、养鱼，种植砂糖橘、蚕桑等高收益的种养业。由于村民各家土地分散零碎，很难形成规模效益，因此村中先富起来的少数农民开始通过开荒、置换等方式扩大生产规模。村中有 5 户利用荒沟、荒滩开挖了鱼塘 44 亩，利用低洼水田开挖了鱼塘 19 亩，另有 6 户利用荒丘、荒山开发了旱地 14 亩。村民实际经营的土地在数量和质量上变得很不一样，村中的贫富差距逐渐拉大。此外，因为包产到户之时并没有预留集体机动地，所以农户的土地数量并没有随着人口增减而调整，不公平现象愈发加剧，村庄中开始出现重新调整土地的呼声。在村民自发地调整土地和开垦荒地的影响下，田地边界逐渐模糊，越界经营、附属物产权不清导致的纠纷时有发生。村中呈现出"这边耕地撂荒、劳力外流，那边土地纠纷此起彼伏"的不良发展态势。理事叶昌生讲道："以前村里很不和谐，尽管住的都是叶家人，但是避免不了矛盾的存在，自己家的兄弟也常因地界不清吵吵闹闹。"叶昌成则称："土地面积都很小，相邻的生产经营易受影响。我在这块地上种桑养蚕，相邻的村民打药飘到桑叶上，后来养的蚕就死了一大批。村民分散经营导致恶性竞争。同是种植冬瓜，有的农户卖 2 块钱一斤，有的农户卖 1 块 5 一斤，互相压价引起矛盾。"

## 二　土地清丈：以质量双清奠定土地整合基础

清丈村庄中的土地数量和质量是土地整合的基础环节。2009 年冬，叶屋村集体将村民承包的水田、旱地和鱼塘进行清丈统计，并将水田、旱地和鱼塘的经营权收回到村集体，土地整合取得了历史性的突破。

### （一）充分讨论，转变农民土地观念

2008 年冬，外出务工的村民回家过年，村干部组织了一次村民大会，第一次正式提出土地流转。叶时通回忆道："我将村庄劳力外出、土地丢荒后的问题提出，希望大家能留在村里通过土地流转发展生产。但是当时提出来后，在场 30 多人几乎没人理我，有些村干部也没有表示支持。"显

然，土地流转在当时并没有引起村民太大的关注。虽然村中有人私下置换
土地发展种养殖业增加了效益，关于土地流转也早有人私下讨论，但是真
正提出要进行土地整体调整的时候，村民心中对于土地流转能够带来的经
济效益仍然存在顾虑。为了有效解决土地整合的一系列问题，叶屋村利用
村民回村过春节的契机，选举成立了村民理事会（见图1），拉动了土地整
合的"引线"。

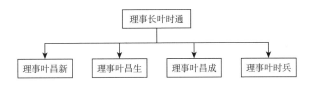

**图1 叶屋村第一届村民理事会组织架构**

2008年末，由理事会提出、理事会成员通过之后，叶昌生代表理事会
再一次向村庄家长会提出土地调整的建议，但是在场的人依然没有什么反
应。为了解村民的真实想法，扭转村民的观念，理事会决定首先要了解民
情。5名理事会成员分头走访村民，收集村民对村庄发展和土地整合的建
议。为尽快达成一致，村民理事会按"宗""房"将村民分组，安排同宗
同房的理事上门谈心，做通农户的思想工作。理事会成员经过几个月的努
力，综合村民各项意见，结合规模化发展种养殖业的现实需求，提出了土
地整合的初步议案。理事会组织村民前后开了近30次家长会，村民们就
"只有以土地流转推动连片规模经营，才能提高土地综合效益"达成共识，
同意将各自承包、经营的土地，集中起来重新调整。

**（二）分类统计，顺利摸清土地质量**

经过一个冬天的意见收集和会议商讨，2009年开春后，理事会正式实
施土地整合的第一步——土地丈量。叶昌成作为村民理事会的一员，开始
组织村民丈量田地。每一户村民都派代表参加，对全村土地面积进行丈
量，明确所有水田、旱地、山林的面积。土地清丈主要包括两类：一类是
1981年村集体承包给村民经营的土地，另一类是分田到户之后村民自主开
垦的荒地。土地调整就意味着要将土地全部打乱重分，摆在土地丈量面前
的第一个困难就是土地的原有投入问题。由于村民经营承包土地已有多

年，部分村民还进行了土地开荒，土地的投入不同，价值产出就不同，部分村民以已种农业经济作物和投入成本多为由，拒绝出让土地。面对这些争议，理事会积极引导村民，一边分类丈量土地，明确登记村民的已有投入，一边协调各方利益，化解矛盾纠纷，最终推动了土地清丈工作的顺利完成。2009年秋季，全村的土地丈量工作完成，全村共有902亩田地，其中水田和鱼塘合计300多亩，旱地和山地共500多亩。35户家长共同对所有土地面积进行丈量和记录，明确了可重新发包的水田、旱地、鱼塘的面积及位置，把全村的全部耕地资源置于阳光之下，打消了部分村民对耕地调整暗箱操作的疑虑。

**（三）重新规划，完善村庄基础设施**

为了避免土地整合后村民因农田基础设施分布不均衡产生新的纠纷，同时为了方便村民发展连片规模经营，叶屋村在原有基础上，重新规划农田机耕路、排灌水渠等基础设施建设，解决了土地整合的后顾之忧。

早在1993年，村民小组长叶时通就召集村中的户代表开家长会，对村庄的主干道和农田机耕路进行了修整。1993年和1998年，村庄主干道的两次整修扩宽，极大地方便了村民的出入。2006年，叶屋村借助政府户户通政策的优势，在每公里道路修建中发动村民再集资6万元，完成了村庄主干道的硬化，彻底解决了出行难的问题。

机耕路是农业机械出入田间地头的必要通道，能有效地提高农业生产效率。为此，村小组召集各户代表集中开会，决定实行责任田机制，按照各户的土地数量将机耕路分段给各户修整。同时，村集体出资16万元支持机耕路建设，完成了4公里的机耕路整修硬化。机耕路的修整不仅便利了农民的农业生产，而且进一步明确了田地的边界，使地界混乱的问题得到解决，减少了农户因地界不清而存在的矛盾。排灌水渠的修整改善了农田灌溉条件，避免了村民之间因灌溉、排水、过水等问题而产生纠纷。叶屋村明确了灌溉渠道的大小和走向，由村集体投入13万元修建了长达2公里的农田排水渠道。

## 三 土地分包：以公平为重保障土地承包权利

土地清丈完成后，重新分配土地的工作顺势而行。叶屋村在理事会的主导下，有条不紊地开展了土地分配的工作，从方案制定到具体实施，过程详细，充分彰显了农民的智慧。经过重新分包，农户均按照自己的意愿实现了对土地的承包经营。

**（一）规则先行，制定土地分包方案**

叶屋村决定将村民所有分散经营的自耕地和鱼塘全部集中起来，重新按照每户的人口平均连片承包给农户。"无规矩，不成方圆"，土地分包是一项需要充分讨论和细致设计的工作，通过开会讨论制定土地分配方案是土地整合进一步推进的前提。理事会利用晚上村民空闲的时间，组织召开家长会，重点围绕土地流转中最难以解决的两个问题展开激烈讨论：其一是原地面附属物的归属问题；其二是原本地多者和地优者的分包问题。经过一年时间的讨论和修改，理事会综合全村各类土地数量、村民人口数及村民种养殖业发展状况，征求 35 位家长的意见，明确了土地重新分配的目的、原则及具体的分包方法，并提交村民代表大会进行讨论。经过多次研讨后，土地分包方案获得村民代表的一致通过（见表 1）。

表 1　叶屋村土地分包方案

单位：亩

| 姓名 | 人口 | 原挖鱼塘面积 | 保留鱼塘面积 | 分配多出面积 | 集体应分配水田面积 | 集体应分配旱地面积 | 农户应交资给集体面积 | 由兄弟刘补地面积 |
|------|------|------|------|------|------|------|------|------|
| 叶时通 | 8 | 11 | 11 | 3 | | | | 6 |
| 叶昌生 | 10 | 9 | 9 | | | 2 | | |
| 叶仁方 | 2 | 10 | 10 | 8 | | | 8 | |
| 叶昌育 | 4 | | | | 4 | | | |
| 叶昌新 | 5 | 12 | 12 | 7 | | | 7 | |
| 叶昌劲 | 5 | 3 | | | 2 | | | |
| 叶昌展 | 4 | | | | | 8 | | |
| 叶昌故 | 3 | | | | | 6 | | |
| 叶昌摇 | 4 | | | | | 8 | | |
| 叶昌成 | 3 | 3 | 3 | | | | | |
| 叶昌记 | 4 | | | | | 8 | | |

续表

| 姓名 | 人口 | 原挖鱼塘面积 | 保留鱼塘面积 | 分配多出面积 | 集体应分配水田面积 | 集体应分配旱地面积 | 农户应交资给集体面积 | 由兄弟刘补地面积 |
|---|---|---|---|---|---|---|---|---|
| 叶昌裕 | 5 | 5 | 5 | | | | | |
| 叶仁灯 | 5 | | | | 5 | | | |
| 叶邦启 | 6 | | | | 6 | | | |
| 叶昌前 | 6 | | | | | 12 | | |
| 叶时齐 | 3 | | | | | 6 | | |
| 叶时军 | 4 | | | | | 8 | | |
| 叶时国 | 9 | | | | 9 | | | |
| 叶时习 | 4 | | | | | 8 | | |
| 叶时省 | 5 | | | | | 10 | | |
| 叶时兵 | 5 | | | | 5 | | | |
| 叶时日 | 5 | | | | 2 | | | 刘补给叶时通6亩 |
| 叶昌云 | 4 | | | | | 8 | | |
| 叶时旺 | 5 | | | | 5 | | | |
| 叶时发 | 5 | | | | 5 | | | |
| 叶时常 | 7 | | | | 7 | | | |
| 叶时勇 | 8 | | | | | 16 | | |
| 叶时款 | 4 | | | | | 8 | | |
| 叶仁财 | 6 | | | | 6 | | | |
| 叶时清 | 4 | | | | | 8 | | |
| 叶仁广 | 6 | | | | | 12 | | |
| 叶时兴 | 6 | | | | 6 | | | |

### （二）注重公平，明晰土地分配原则

1981 年推行家庭联产承包责任制的时候，为了保证公平，村集体将土地按照人口进行了平均分配。但是随着村庄人口的不断增加，开荒地面积的不断变化，不仅人均水田面积日益缩小，而且土地细碎化、承包经营混乱等问题也很突出。为了解决这些棘手的问题，叶屋村根据本村实际情况

确定了切实可行的六项原则，保证了土地调整中公平和效率的统一。

1. 村民自愿，争议土地抽签决定

土地整合不仅要依靠村民的力量，而且必须充分尊重村民意愿，走出一条民主自愿的土地整合之路。为做到民主自愿，充分调动村民参与土地整合的积极性，村民理事会以民主商议的方式统一村民的思想。针对土地分配中存在的同一块土地有两方以上农户争议的情况，为保证每一方农户都能公平公正地获得土地承包经营的权利，经村民大会表决采取随机抽签的方式进行处置。这样处理的好处是将选择权交给农户，充分尊重农户的意愿。正如理事长叶时通所说："抽签解决，不论结果是否满意，都是农户自己选择的结果，因此没有人存在异议。"

2. 规模经营，连片种养优先分配

叶屋村土地整合的初衷是改变传统的分散经营模式，实现规模发展和连片经营，因此重新分配土地必须照顾到连片经营的现实需求。针对土地整合前已有少部分村民发展规模化种养殖业并有意愿扩大规模的情况，为保障村民利益、减少矛盾，由村民自愿申报是否保留原种养殖基地，优先处理好原有一定规模的农户的土地重新分包问题。这样做不仅减少了土地调整幅度过大造成的矛盾，也保证了土地分配之后的规模连片经营。

3. 比例分配，耕地区分水田旱地

为了充分照顾土地质量的差异，叶屋村从土地清丈环节就已经将村庄土地进行了分类，按照能够直接从水渠引水的标准，把鱼塘纳入水田类土地，全村土地分为水田、旱地两类。但在工作中还是遇到了问题。村民叶时常说："由于种植砂糖橘和养鱼养猪的收益远远高于水稻种植，因此以前离村近的水田倒成了村民们'嫌弃'的对象。多数人想要较远的旱地，然后再加以改造，发展果林种植或养鱼养猪业。有的村民则认为传统遗留下来的土地问题很多，各户的土地数量不同，质量也有差别，地多且地好的村民不愿意调整。"针对以上争议，理事会结合村庄的土地质量和数量等因素，以家庭为单位，采取水田与旱地按固定比例的方式进行重新分配。理事会根据当时土地流转的市场价格，即水田（鱼塘）每亩每年 200 元、旱地（坡地）每亩每年 100 元，两亩旱地的流转价格基本等于 1 亩水田的流转价格，确定了水田（鱼塘）与旱地（山坡地）按照 1∶2 的比例重新分配。

4. 界定人口，村内村外方案不同

土地整合的重要背景之一是村庄外出务工的人员逐年增加，村庄里面的耕地抛荒严重。为了鼓励村民在村庄经营种养殖业，提高土地的利用效率，理事会以"在家务农优先"为原则，明确了耕地分配的对象范围。外出务工村民不参与水田的分配，仅分配旱地。水田类土地按户籍在村里并在家务农的人口平均分配。留在村里务农的村民，可自主选择经营水田（鱼塘）或者旱地（山坡地），每人可分到水田 1 亩或旱地 2 亩。

5. 有偿使用，承包开荒灵活结合

叶屋村明确了原承包耕地和开荒地的分配原则。原承包耕地，以户为单位，按人口平均分配，承包者享有承包权和经营权，承包经营年限为 20 年。开荒耕地不分配，由开荒者经营，但开荒者没有承包权，只有经营权，要向村集体缴纳租金（水田每年每亩 40 元、旱地每年每亩 10元），经营年限为 20 年；开荒者也可以不经营开垦荒地，将开荒地交由村集体发包给他人经营。村民叶昌新家有 5 口人，按分配方案可分得 5亩水田（鱼塘）或 10 亩旱地（山坡地），他家原有鱼塘 12 亩并愿意保留，按分配标准多出 7 亩鱼塘，多出的 7 亩通过向村集体交租的方式解决。村集体收租的标准是每亩水田（鱼塘）每年的租金为 200 元，每亩旱地（坡地）每年的租金为 100 元。承包经营土地期限经过村民理事会讨论定为 20 年。因为 30 年时间太长，村庄人口变化太大；15 年太短，不适宜稳定的经营；而 20 年既是农业生产的一个稳定周期，又是村庄人口发展的一个代际周期。这样确定承包经营期限更适合村庄的实际情况。

6. 注重亲缘，宗族兄弟提倡割补

村民在原分配土地的基础上可以合理要求增加土地面积，超出本户应分土地的部分，可通过两种方法解决：一是经其同宗同房其他家庭同意，可从其同宗同房家庭所分田地中予以抵扣；二是多出部分向村集体交租。叶时通有家庭人口 8 人，应分包水田（鱼塘）8 亩或旱地（山坡地）16亩，但其原有鱼塘 11 亩，并愿意保留鱼塘 11 亩，按分配标准多分得 3 亩鱼塘，于是他和弟弟叶时日商议，其弟弟愿从自己分得的土地中刈补 6 亩旱地给叶时通，叶时日就少分 6 亩旱地。

**（三）提高效率，发挥理事带头作用**

1. 迎难而上，调解分配纠纷

2009 年冬至 2010 年春，按土地分配方案和分配原则，理事会成员组织村民，以连片方式开展了土地的重新分包工作。在土地重新分配中，理事会发挥核心作用，不断协调解决村民仍存留的问题。在不断的讨论、激烈的争吵中，村民的利益不断磨合，矛盾逐渐化解，最终推动了土地分配的顺利完成。叶昌成说："村民与理事会成员争吵是常事，但理事会成员们只能忍气吞声，因为只要有一户村民不同意，整个进程就会被耽搁下来，来年一年的耕种劳作也会受影响。"叶昌成一直秉承着为村民办实事的宗旨，认真、耐心地处理村民反映的大大小小纠纷事件，每件事情都会亲自去核实、调查，引导村民解决问题。理事会成员充分利用晚上时间，开展"干群夜谈会"活动，使村民面对面交流，增进村民之间的了解，化解矛盾纠纷。问及开会的场景，叶昌生的媳妇讲道："为了土地整合，家长会一共开了 30 多次，每次开都在我家里。每次开会都是晚上 7 点半开到夜里 11 点多，30 几个人都在院子里讨论。为了开会家里还特意买了十几张椅子，家里的水杯（纸杯）基本是两三天一条。其实土地流转大多数人都是同意的，只有少数人思想不通。有时候讨论不下去就吵架，好几次差点打起来，但是都被理事会成员拦下来，最后通过不断讨论终于解决了问题。"

2. 不计得失，带头出让田地

土地流转难免会使既有受益者的部分利益受损，村里也有不少人因此对理事会成员怀恨在心，理事会成员对这种矛盾也是心知肚明。但是为了村庄的长远发展，他们不得不忍受村民的非议，在土地整合中不乏理事会成员让出自己利益的案例。为了带动村民的积极性，理事长叶时通首先自愿出让自家的鱼塘。叶时通在 20 世纪 90 年代初就开挖了一口 3 亩的鱼塘，经营近 20 年，本想通过土地整合的机会扩大生产，但在土地整合的过程中，相邻村民也想扩大自己的一口 6 亩的鱼塘，得知此事之后，叶时通自愿无偿地将自己的鱼塘出让给该村民，并免去建设鱼塘所需的 25000 元费用。理事会成员叶昌生的 3 亩砂糖橘已种植 3 年，但是邻近村民有 4 亩鱼塘，并在土地整合中提出了扩大养殖范围的意愿，叶昌生主动将种植砂糖橘的 3 亩土地无偿出让。理事会成员带头舍小家为大家的集体主义精神和实实在在的行动感化着每一位村民,极大地提升了村民对土地调整的认同感和支持度。

　　3. 先行示范,提高经济收益

　　土地调整最终还是要实现经济效益的增长,否则村民看不到效益就不会积极支持土地整合。理事长叶时通是村内第一户通过土地置换调整发展规模经营并实现经济收入大幅度增加的农户。叶时通讲道:"无人理会也在我的意料之中,但是要想让农田不丢荒,农村不凋敝,首先就要摆脱'越耕越穷'的困境。集中土地是解决问题的关键,想要在农村致富,只有通过规模化生产,而要规模化生产就要让零散的土地'聚起来''活起来'。所以我想好就干,通过实实在在的效益带动村民。"当时,叶时通在村内拥有 6 块田地,因为地块细碎,距离较远,耕种不便,再加上土质不肥沃,经济收益很低。他找到与自己最大一块田地相邻的几户村民,提出把自己较好的田地与他们置换,最后整合出 7 亩多的一整块田地。叶时通采用"鱼猪混养立体养殖模式"发展规模化养殖,仅鱼塘每亩净收入就达3000 多元。之后,陆续有村民向叶时通学习,通过土地置换或流转发展规模化种养殖业增加经济收入,村民逐渐有了土地调整的意愿。

## 四　以换促合:以灵活互换提升土地经营效益

　　土地置换是叶屋村土地整合的最后一个阶段,是村民实现集中连片经营的关键环节。为此,理事会召集村民经过充分的商议之后确定了一致的土地置换方案,并组织村民开展土地置换工作,最终成功完成了土地整合。

### (一) 制定土地置换方案

　　经过 40 多次代表会议讨论之后,叶屋村的土地置换方案尘埃落定。村民自愿置换土地;耕地按水田、旱地两类计算,鱼塘纳入水田类,按照水田旱地 1:2 的比例进行置换;置换土地时原承包人有优先权;同一块土地有争议的,采取随机抽签的方式处置;通过"顺延扩充"的方式,农户在耕的鱼塘、果园、蚕桑等地块未达到分配承包总面积的,可从地块周边顺延扩大置换地块,达到承包面积。这样精细的置换方式,既充分尊重了村民意愿，也兼顾了公平与效率。

**（二）明晰土地置换原则**

合理置换是土地整合实现规模经营的关键。农户可按照各自的意愿申请经营旱地、水田或鱼塘，经村民小组同意后，农户之间可自主进行土地置换。村民小组按照"原有耕者优先承包""规模大者优先承包""同等条件抽签确定""鼓励集中连片经营""合理顺延扩充土地""依据质量比例置换"等原则完成了农户的土地置换。

1. 原有耕者优先承包

"原有耕者优先承包"是指把需分配耕地优先发包给在耕农户，既解决了耕地经营者历史投入的问题，又充分照顾到土地调整的幅度，不会造成变动过大引起的矛盾纠纷，减少了工作量，降低了土地置换的难度。

2. 规模大者优先承包

"规模大者优先承包"是指同一地段的地块优先发包给在耕面积最大的农户，这样做明确了连片承包耕地的基本原则，契合了集中规模经营的土地整合初衷，为村庄土地的高效化和集约化经营奠定了基础，保证了农户的核心利益不受损。

3. 同等条件抽签确定

"同等条件抽签确定"是指同一地段的土地，在多户条件相同的农户都有意承包的情况下，由理事会组织村民以抽签的方式决定发包给哪家农户承包，解决了条件均等情况下农户对土地承包优先权的争议问题。

4. 鼓励集中连片经营

"鼓励集中连片经营"是指鼓励村民按户将相邻的地块整合连片经营，有效推动了村庄土地的规模经营。在连片经营中，村民一般会首先考虑和自家的兄弟置换。若有村民提出土地置换的要求，作为村干部会主动与其置换。土地重新分配之后，集中连片经营是实现规模化种养殖业的必然要求。叶屋村就在农户原有的连片经营的基础上，通过村民自愿置换将相邻的土地进行了集中连片经营。

5. 合理顺延扩充土地

"合理顺延扩充土地"是指农户在耕的鱼塘、果园、蚕桑等地块未达到分配承包总面积的，可从鱼塘、果园、蚕桑等地块周边顺延扩大置换地块，达到承包面积。合理顺延扩充土地的方式并不会破坏村庄土地的整体布局，只是通过村民的自愿置换实现内部的合理布局，这样做充分发挥了土地的边角效应，以微观调适有效地减少了土地整合中的利益冲突。

6. 依据质量比例置换

"依据质量比例置换"是鼓励村民单一承包经营水田或旱地，规定分配的水田与旱地可在村民之间按 1∶2 的面积进行置换。在机耕道路、农田水利设施等条件均衡的情况下，各户之间只要实现了土地价值的均等置换，农民就愿意置换土地。为解决水田、旱地、鱼塘等不同类型土地的价值置换问题，理事会根据 2005 年的土地流转价格（水田每年每亩 200 元，旱地每年每亩 100 元，两亩旱地的价格与一亩水田的价格相当），确定水田与旱地按照 1∶2 的比例置换。

### （三）确保土地规模经营

1. 培养家庭专业生产

土地调整之后，叶屋村民有了基地，放开手脚大胆发展，农业生产呈现出集约化、规模化、专业化的发展态势。村民积极发挥土地（鱼塘）连片经营的有利条件，发展经济价值高的砂糖橘种植和四大家鱼养殖。35 户村民的种养殖业均由原来的 2~3 亩的分散经营扩大为 8 亩以上的规模经营（见表 2），其中鱼塘养殖、蚕桑种植小至 10 余亩，大至 30 余亩；猪类养殖少到 60 头，多到近 400 头。村中 35 户人家的种养殖业全部实现适度规模经营，形成了现代新型农村经济组织——以家庭为单位的种养殖专业户。

#### 表 2    叶屋村土地流转到户统计

单位：亩

| 户主姓名 | 承包水田 | 承包鱼塘 | 承包旱地 | 承包山坡地 | 合计 |
|---|---|---|---|---|---|
| 叶时通 | | 11 | 25.6 | | 36.6 |
| 叶昌重 | | 9 | 40.6 | | 49.6 |
| 叶昌记 | 3.92 | | 12.8 | | 16.72 |
| 叶昌裕 | | 7 | 16 | | 23 |
| 叶昌新 | 4.9 | | 16 | | 20.9 |

续表

| 户主姓名 | 承包水田 | 承包鱼塘 | 承包旱地 | 承包山坡地 | 合计 |
|---|---|---|---|---|---|
| 叶昌展 | 10.78 | 5.17 | 12.8 | | 28.75 |
| 叶昌育 | 2.94 | | 9.6 | | 12.54 |
| 叶昌生 | 9.8 | 11 | 32 | | 52.8 |
| 叶昌劲 | 3.92 | 4.6 | 12.8 | | 21.32 |
| 叶昌常 | 6.86 | 3.37 | 19.2 | | 29.43 |
| 叶昌成 | 4.02 | 1.35 | 9.6 | | 14.97 |
| 文来娣 | 4.9 | 1.3 | 16 | | 22.2 |
| 叶时财 | 7.21 | 3.8 | 16 | | 27.01 |
| 叶时兵 | 7.64 | | 16 | | 23.64 |
| 叶时兴 | 5.88 | 1.1 | 19.2 | | 26.18 |
| 叶时日 | 4.9 | 3.2 | 16 | | 24.1 |
| 叶时国 | 9.82 | | 28.8 | | 38.62 |
| 叶时前 | 12.7 | 1.78 | 41.6 | | 56.08 |
| 叶时发 | 4.9 | | 16 | | 20.9 |
| 叶仁灯 | 2.94 | 1.32 | 9.6 | | 13.86 |
| 叶时省 | | | 16 | | 16 |
| 叶时习 | | | 12.8 | | 12.8 |
| 叶昌云 | | | 12.8 | | 12.8 |
| 叶仁广 | | | 19.2 | | 19.2 |
| 叶时勇 | 7.84 | | 38.4 | | 46.24 |
| 叶仁方 | | 7.38 | 9.6 | | 16.98 |
| 叶振清 | | | 12.8 | | 12.8 |
| 叶时旺 | 5 | | 19.2 | | 24.2 |
| 锦源农牧电站库区 | | | | 350 | 350 |
| 广海柠檬 | | | | 310 | 310 |
| 叶时强 | | | | 150 | 150 |
| 叶时通 | | | | 220 | 220 |
| 合计 | 120.87 | 72.37 | 527 | 1030 | 1750.24 |

2. 推动集体发包流转

早在 2002 年，叶屋村集体就将 350 亩土地流转给了锦潭电站，2003 年村集体就收入了 11 万元的租金，村集体经济的壮大为土地整合提供了重要的资金支撑。土地调整之后，耕地经营面积基本满足了村民耕种的需求和意愿，村集体决定将剩余的土地向外发包。经过考察，村集体将剩余的 310 亩旱地出租给了广海柠檬公司，剩余的 20 多亩鱼塘连片出租给村里人经营。目前，叶屋村集体经济收入每年约 15 万元，主要由三部分组成：一是锦潭电站土地租金每年 11 万元，二是鱼塘出租每年 7900 元，三是广海柠檬公司土地租金每年 34100 元。

3. 引入公司合作机制

叶屋村制定了五年内使农民人均收入翻一番的目标。理事会带动村民通过调整农业生产结构，创新农村生产经营模式。叶屋村过去的"龙头企业+农户"模式虽然打通了农民和市场的连接，但是农民在生产经营的重要环节上往往缺少话语权，处于产业价值链的低端位置，没有进入农产品附加值最高的流通环节，导致农民获益太少。叶时通作为村里唯一一户与温氏养殖公司合作的农户，在 2014 年的猪肉降价潮中成功躲过一劫。因此，他提议在叶屋村成立经济合作社，以合作社的名义对外进行经济往来。村民与温氏公司合作，由温氏公司提供猪苗，4 个月左右由温氏公司进行收购，这种"企业+农户"的合作模式，解决了村民销售难的问题，降低了村民养猪的风险，提高了村民养殖的积极性。叶时通介绍："现在村民使用的猪饲料一般是先向销售商赊账，等到有了收成再付账。一包 80 斤的饲料要 150 元，每头猪从幼猪到出栏，4 个月的时间需要 1000 元左右的饲料。若是以村集体为单位到厂家进货，每包不足 140 元，一头猪的成本能够降低约 100 元。我家如今养有 300 多头猪，每年能够养两栏，如果以合作社的名义向厂家批发饲料，每年就可以节省养殖成本 6 万多元。"

## 五　机制创新：土地整合何以成功推进

2017 年中央"一号文件"提出："落实农村土地集体所有权、农户承包权、土地经营权'三权分置'办法，积极发展适度规模经营，积极引导农民在自愿基础上，通过村组内互换并地等方式，实现按户连片耕种。"叶屋村通过土地调整，在保障农民基本承包权利的基础上，解决了土地分散、丢荒等问题，促进了村庄的经济发展和农民收入的增加，还化解了村民之间的矛盾纠纷，维护了村庄的团结和谐，提升了村庄的整体品位。

### （一）自治落地，确保事有人管

#### 1. 自治组织引导，统筹规划

叶屋村的村民理事会与土地整合是相辅相成的关系。为了顺利推进土地整合，叶屋村在 2008 年通过民主选举成立了由 5 人组成的理事会。理事会成员依然是村小组的原班人马，证明了理事会成员拥有良好的群众基础，这也是土地整合得到村民信任与支持的重要原因。理事会具有高度的民主协商精神，其发展成熟为土地整合提供了组织保障，通过理事会提出土地整合，村民就没有太大异议。村民理事会制定了理事会章程，规定村中小事由理事会讨论协调解决，事关全体村民的大事则一律通过家长会进行表决。在土地整合的过程中，理事会不仅提供了组织议事的平台，在村民的利益整合中发挥着枢纽作用，而且通过对村庄发展的整体规划推动着土地整合的顺利进行。

#### 2. 村民自愿参与，配合工作

农村耕地调整是农民的迫切愿望，多数农民愿意放弃一些眼前利益，解决土地细碎问题，实现土地的适度规模经营。农村的耕地调整触及村民的核心利益，需要一个过程来协调矛盾，在这个过程中必须要有足够的耐心，充分尊重农民的意愿。叶屋村的经验说明农村完全可以通过村民自愿的方式实现耕地调整，只要让农民以真正民主的方式进行沟通、协商，就可以找到有效的解决办法。叶屋村有着深厚的客家文化底蕴，村民讲究一个"义"字，面对重重困难要有福同享，有难同当。叶屋村虽然有不少矛盾，但极少出现不和，他们追求的是一种"和而不同"，这是村民自愿参与土地整合的深层次原因。在同一文化的熏陶之下，叶屋村民形成了大致相似的行为习惯、思维方式和生活方式。以文化作为基础，无须借助外力，村民就容易产生同一个目标，并为之共同努力。当问及叶屋村民"为何同意放弃自己的原有土地，实施土地的整合流转"时，得到最多的答案是"为了村里好"。正是有了"为了村里好"这一共同目标，村民以主人翁的身份自愿积极地参与到村庄的土地整合中，推动着土地整合的顺利开展。

**（二）步步为营，实现理事有方**

1. 分步推进，整合阶段有条不紊

叶屋村的土地整合不仅是土地的调整，而且是基层治理的创造。2008年以来，在村民理事会的倡议和推动下，叶屋村将承包土地集中整合，通过分包置换实现了"一户一块田"，促进了连片规模经营，推动了村庄经济的振兴。回顾土地整合的过程，不难发现叶屋村的土地整合是在有条不紊的步伐中稳步前进的。从充分的沟通酝酿，到理事会的规划布局，再到土地清丈、土地分包和土地置换的各个阶段（见图2），都能充分体现出农民的改革智慧。

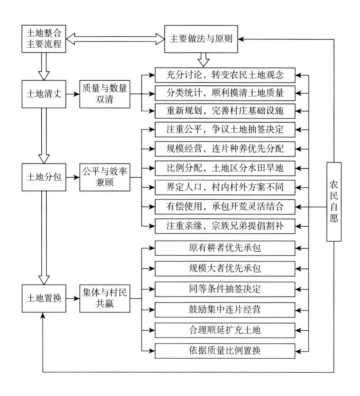

图 2　叶屋村土地整合流程

2. 原则明晰，各个环节有章可循

在土地整合的各个环节中，理事会充分尊重每位村民的意愿，结合现实中遇到的每一个问题，对症下药地确定了适用于不同问题和环节的土地调整原则。在讨论过程中，村民发挥主人翁的作用，通过讨论寻求公平。在土地清丈中，地分水旱、提倡无偿、重新规划、分清承包地与开荒地等都为后续工作奠定了基础。在土地分包环节，制定了"村民自愿、比例分配、界定人口、有偿使用、注重亲缘"等原则。在土地置换环节，制定了"耕者优先、大者优先、同等条件抽签、连片经营、顺延扩充、比例置换"等原则。正是这些村民同意的原则，构成了土地整合的有力保障，使土地整合"蹄疾而步稳"。

3. 配套规划，消除农民后顾之忧

叶屋村的土地整合并非单枪匹马地推进，而是在一系列的配套措施中逐步深入的。在土地调整之前，村集体已经对村庄道路进行了修整硬化，便利了村民的出行。村小组通过对村民日常事务的解决，赢得了村民的支持与信任。在土地清丈结束后，叶屋村并没有立刻开展土地分包，而是首先进行机耕路、灌渠等农田基础设施的规划和完善，在这个过程中进一步解决了很多细碎的矛盾，减少了土地整合的压力。在土地分配和置换过程中，理事会成员积极带头，不仅通过自身的收入增加为村民做了示范，而且在工作中以村集体的整体利益为重，不计较个人得失。在土地整合的过程中，叶屋村理事会"软硬兼施"，总体规划，有效地解决了农民的后顾之忧，进而使土地整合在不到3年的时间内顺利完成。

**（三）规模适度，多重成效激励**

1. 产权与治权一致，保证农民主体

在叶屋自然村这样较小的自治单元内，村民之间关系密切，人际互动频繁，有着共同的文化和地域认同。理事会在处理村庄事务的过程中缓解了很多矛盾，降低了土地整合的成本和阻力。利益与治理有着不可分割的关系，与自身利益越紧密相关的治理活动，人们往往越关心其治理成效。与农民利益直接相关的就是土地，没有土地农民就失去了财富之源。20世纪80年代初推行家庭承包责任制的时候，叶屋村土地的所有权就归村民小组集体所有。产权与治权一致必然促使村民间利益相关，形成利益共同体。叶屋村的土地流转关系到全村的利益变动，村民为保护切身利益积极参与到土地整合中，通过不断开会讨论、争吵甚至是打架，形成了使彼此利益最大化的方案，促进了土地整合的顺利实现。

2. 集体与个体并行，实现互利共赢

叶屋村通过土地整合实现了集体经济与农户经济的共赢，这既是叶屋村土地整合的出发点与落脚点，也是叶屋村土地整合顺利推进和巩固成果的重要力量。

土地整合后，叶屋村集体通过发包流转将剩余的土地和鱼塘的经营权盘活，集体经济每年的收入增加了近 5 万元。每年春节期间，村集体召开家长会进行前一年的结算和新一年的预算，使村民都能及时掌握村庄集体经济的来龙去脉。村庄集体经济的发展助推了村庄公益事业的完善。修机耕路、建公共卫生设施、奖励读书大学生以及重阳节宴请村庄老人等活动使村庄的公共精神得到提升，村民之间的矛盾纠纷一去不复返，村庄内呈现出一片和谐团结的发展氛围。

叶屋村积极引导农民在自愿的基础上，通过土地整合，实现土地的按户连片经营。村民自主发展规模化种养殖业，以家庭为单位进行专业化生产。村民理事会不仅组织农户学习先进的种养殖技术，而且利用毗邻锦源农牧公司的优势，以 "公司 + 农户" 的方式扩大种养殖业规模，增加农民的经济收入。叶时通讲道："2009 年，我们村的人均年收入只有 3000 元，土地整合之后的人均年收入突破 3 万元，有 16 户村民购买了小汽车，34 户村民建起了 2~3 层的楼房，还有 10 户在市区或镇区购买了商品房。其实只要村庄经济发展得好，村民又方便照顾家里人，自然不会再外出务工。"经济收入的增加吸引外出务工人员回村发展，扭转了村庄劳动力不足、"留守"现象严重的局面，整个叶屋村焕发出新的生机与活力。

## 六　总结反思："叶屋模式"的价值与局限

2014 年 11 月，"探讨农村土地集体所有制有效实现形式"的主题研讨会在中央党校召开，叶时通向与会人员介绍了叶屋村的土地整合经验，外界给予了高度评价，称其为"叶屋模式"。叶屋村的土地整合有其特定的现实条件，在看到价值的同时，也应对其具体做法的可推广性与合理性进行探讨。

（一）"条件—形式"分析框架下的"叶屋模式"

叶屋村的土地整合是历史与现实双重困境下"农民智慧"的结果，是村民自治与乡村经济的双赢。土地整合的成功除了自治落地、规模适度、分步推进、经济激励等有利因素外，更离不开理事长叶时通的大力推动，可以说没有叶时通就没有叶屋村的土地整合。叶屋村通过土地整合，一方面改变了村庄人口外流、土地抛荒、村容村貌落后的局面，推动了以家庭为单位的适度规模经营，发展壮大了村庄集体经济，为美丽乡村建设奠定了坚实的基础；另一方面推动了村民自治的落地，是改善乡村治理的有益尝试，不仅解决了村庄自身治理的难题，更为全国的乡村治理提供了参考。

（二）"叶屋模式"的适用性

从推动村民自治的角度来看，"叶屋模式"撬动了清远市农村基层治理改革，"自治重心下移"是叶屋村为村民自治做出的典型贡献，清远市已经基本实现了自治单位下沉到自然村一级。从土地整合促进经济发展的角度来看，叶屋模式的可推广性有待进一步探讨。为了扩大改革影响，叶屋村、朱屋村、赖屋村成立联合党支部，准备在其他村推广叶屋模式，进行土地整合，但是推行过程并不顺利。如果扩大到广东省或者全国范围内，每个村庄都有着自己的"脾气"，历史与现实条件千差万别，"叶屋模式"未必都能适应。因此叶屋村的模式并不是"放之四海而皆准"的，在学习"叶屋模式"的时候，要根据每个村庄的现实条件进行适度调整。

（三）完善叶屋村土地制度的建议

叶屋村在土地调整过程中也存在一些现实的问题，例如：外出务工人员不分水田、土地调整后的家庭经营规模仍有较大差异、土地进一步流转扩大经营规模与家庭经营的冲突、兄弟刈补土地、土地承包期20年、以土地流转租金确定水田旱地置换比例等都存在一定的可变性，如果村庄人口增减、市场价格波动等因素产生，就可能引发新的矛盾。党的十九大提出："实施乡村振兴战略。巩固和完善农村基本经营制度，深化农村土地制度改革，完善承包地'三权'分置制度。保持土地承包关系稳定并长久不变，第二轮土地承包到期后再延长三十年。深化农村集体产权制度改革，保障农民财产权益，壮大集体经济。"因此，叶屋村在将来的发展中，一方面要与国家大政方针保持一致，进一步落实土地集体所有权，保障农民土地承包权，盘活土地经营权，保障农民财产权益；另一方面要落实村民自治，以村民自愿为基本原则，充分尊重民意，始终将农民的利益放在首位，根据具体条件的变化进行符合国家政策法规和村庄实际情况的改革。

# 第六章

# 乡贤回村，培育乡村建设的主体

执笔人：王　伟

　　2017 年中央一号文件提出要加大农村改革力度，激活农业农村内生发展动力，要深入推进农业供给侧改革，加快培育农村发展新动能，直面农民收入持续增长乏力的问题。新农村建设需要源源不断的推动，寻求动力机制的系列探索表明，单纯依靠外力的"输血式"发展难以培育村庄自我发展的能力，且强制性的推动还是一种"其兴也勃焉，其亡也忽焉"的运动式新农村建设。所以，只有注重内生驱动力的挖掘，使内外合力有效互动才能形成新农村建设完备的动力体系。在内生驱动力中乡村能人尤其不可忽略，他们在新农村发展中扮演着领头雁的角色，没有新农民就没有新农村，没有能人领跑就没有新农村建设的推动力。

　　2014 年，清远市启动农村综合改革，迈出了"三个重心下移"和"三个整合"的改革步伐；同年红崩岗改革开始，红崩岗村民理事会成立，红崩岗改革有了清晰的规划。2015 年，村庄在理事会的带领下开始整合村庄资源，进行村庄改造、公共设施建设；基础设施建设完备之后，村庄开始外引内育。2016 年，红崩岗村得到了四方帮扶，并规划发展乡村旅游，一举打开了建设与发展的新局面。上有帮、中有扶、下有撑是红崩岗发展的特色，能人领跑则是形成红崩岗特色的关键一环，从能人领跑到理事会随跑，最后村民共建新农村，红崩岗的"美丽乡村"建设之路也越走越宽，取得了良好的成效。

## 一　改革背景：困境中谋求出路

### （一）红崩岗的由来

红崩岗为自然村，行政上隶属小潭村，坐落在广东省佛冈县社会主义新农村建设试验区，地理方位上属于华南，华南多宗族，当地方言为客家话。这个地区两山之间为平地，山上有泉水流向村庄，在山下聚成数不清的溪流，最后都流入龙南河，龙南河经潖江、北江至珠江三角洲入海。从山上来的泉水就成了水源，引水工程有很多，因此很早就孕育了共同引水用水的合作习惯。村民沿着山脚居住，形成无数个自然村落，相邻村庄之间距离近的只有一二里路。这里祠堂很多，但是一个村庄纯粹一个姓氏的也少见，多数村庄的成员姓氏在五个以内，两三个姓氏形成一个村庄则是普遍情况。红崩岗就是这样的一个村庄，村里共有四个姓，分别为邱、陈、王、徐。

在传统农业社会，人口还不甚密集，村庄与村庄之间的距离较远，在整个龙南地区，主要的姓氏有邱、刘、黄、陈、王等。随着人口的繁衍和外来人口的迁入（比如距离红崩岗3公里的大田村村民都姓戈，是明代后期由江西迁入的），本地区人口逐渐增多。如果在某一村庄人口过多，当地的土地和住房不足以承载这么多人口的情况下，人口就会外溢。"一块地上只要几代的繁衍，人口就到了饱和点；过剩的人口自得宣泄出外，负起锄头去另辟新地。"他们常在距离本村不远的地方寻找一片土地，安家立业继续繁衍。红崩岗西边紧挨着有七户人家，若不是询问，很难把他们与本村区别开，他们的房屋已经和红崩岗村居连接在一起。这七户人家是在2007年前后逐渐从河对面的坝仔村搬过来的，原因在于那边人口太过密集，新人结婚后没有了盖房的地方，因此迁移到了这里。长久下去，这种人口流入与流出的现象就为一个村庄一个姓氏为主体，掺杂着少量其他姓氏的村庄格局奠定了基础。红崩岗村姓氏的成型就是如此，主要姓氏为邱姓，来自北边三公里的石联村。那个村子邱姓人口众多，最初邱姓两兄弟搬出来到达红崩岗，至今不过五代人的时间，已经发展到 16 户人家。但是村庄里没有自己的祠堂，拜山的时候还是回到总祠去。红崩岗村民共 23 户，邱姓 16 户，陈姓 2 户，王姓 3 户，徐姓 2 户。王姓和徐姓是随母一起嫁到此地的，并没有改姓，长成之后成家于此；陈姓人家是本地人，在集体化时期红崩岗和东边 200 米处的上坎、下坎村民小组为一个生产队，下坎村民全部姓陈，上坎村民姓叶，现红崩岗的两户陈姓即是从下坎迁居过来的。

### （二）产业发展进入困局

#### 1. 砂糖橘种植时的辉煌

在 2003 年之前，红崩岗还保持着非常传统的农业耕作方式，种植水稻、花生、番薯等作物。"我们这里人多地少，一个人只能分到七分地。"不仅人多地少，这里还土地零散，田地交错，一家一户分散经营，一个上午的劳作就要变动几个位置。实现温饱没有任何问题，想要增收却无从谈起。是否有一种作物既能够满足这里零散经营的实际情况，还能够产生高效益呢？农民虽然有着保守的一面，但其中从不缺乏敢于吃螃蟹的人。在 2000~2003 年，陆陆续续有村民在田间地头栽上了橘树，一年种三年收，2000 年栽橘树的人最早在 2003 年就尝到了甜头，由此拉开了全村砂糖橘种植热潮的序幕。整个佛冈县区的砂糖橘种植面积也在迅速扩大，2002~2005 年是井喷时期，一眼望去除了砂糖橘树再也没有其他农作物。"那时候种树都种到山顶上去了。"镇上的基层干部对于当年的种植盛况依然记忆犹新。砂糖橘迎合了农民温饱后增收的需求，在没有改变传统耕作模式和经营方式的情况下，产生了高额效益。在 21 世纪的前 10 年里，在中国的规模农业理念还不像今天这样普及并被重视的大环境中，砂糖橘的出现，符合一家一户分散经营的农村实际情况，简单种植，成本较低，农民可以快速掌握种植技术，自己的田地不需要复杂的改造就能适种，因而受到红崩岗以至佛冈县农民的欢迎。

"农忙的时候就卖砂糖橘，平时就打打麻将。"这是 2013 年之前红崩岗村民的生活写照。可以说砂糖橘已经成为村民口中的"金元宝"，砂糖橘让试验区甚至是佛冈地区的农民在改革开放后实现温饱的基础上，第一次看到了致富的希望。红崩岗村民理事会的理事邱成志算了一笔账：他有三亩多田地，平均一亩地可以种树 80 棵，共栽种砂糖橘 300 棵。在市场最好的时候一棵砂糖橘可以收入 1000 元左右，一般行情下也有 500 元，三亩砂糖橘每年稳定收益就有 7 万元。砂糖橘不仅收入可观，而且好管理、成本低，一年的农药化肥成本不到 5000 元，农民也不用一年四季束缚在果园里。所以即使到了今天，提到砂糖橘，村民依然充满怀念。

2. 成也砂糖橘、败也砂糖橘

好景不长，农民持续增收的进程被不期而遇的黄龙病打断。从 2008 年果树陆续发病，到 2013 年村里的果树被全部清除，四五年的时间让农民的致富梦碎了。柑橘黄龙病是世界柑橘生产上的毁灭性病害，发病时树叶斑驳黄化，柑橘果实在成熟期不转色，并且发病后迅速蔓延到其他果树，在当时没有切实有效的防治措施，村民只能眼睁睁地看着自家的果树一棵棵染病，唯有砍断果树挖出树根另寻他路。截至 2013 年，佛冈地区就难以寻觅砂糖橘的踪影了，红崩岗村一棵果树也没有了。偶尔在一些偏僻的角落还能看到枯死泛黑的果树主根，见证了当时果园的辉煌。铲除砂糖橘树的过程花费了大量的人力物力，仅凭人力半天挖掉三棵树已然不易，必须动用大型机械挖掘机，这样成本就上来了。所以村民在铲除砂糖橘树这件事情上，费时较长。部分村民期冀果树能够转危为安、自行好转，不愿挖掉辛苦培育起来的果树，另外就是挖掉果树费时费钱，村民动力不强。一时间，田地大量丢荒，村民选择外出谋生。

**（三）红崩岗自身劣势凸显**

一场黄龙病，夺去的不仅仅是村民致富的希望，也将红崩岗长期以来由砂糖橘产业绚烂的画面掩盖着的诸多问题同时暴露了出来，摆在红崩岗村民的面前。2013~2014 年是红崩岗困境丛生的两年，年龄合适的村民多数外出，让原本不大的村子愈发冷清；全村 80 亩土地并不多，此时撂荒大半，偏远坡地更是无人问津，长满荒草；长年种植砂糖橘导致农田水利年久失修；村集体的概念经过改革开放以后长时间的稀释在村民心里被淡化，出村的道路坏了也无人组织修缮，此时的红崩岗呈现出"小、差、散、弱"的特点。

1. 村庄小

在传统时期红崩岗村本形成于人口迁徙，发展至今不过五代人，历史并不算久远。红崩岗村民的祖辈为了生存繁衍来到这里，白手起家开辟田园建立家业。不像试验区其他村庄，如大田、龙塘已经有了几百年的宗族传承，家户众多，村庄规模大，土地资源丰厚。红崩岗作为宗族的溢出分支，生成较晚，因此本村人口少，村庄规模小。

在集体化时期，红崩岗和上坎、下坎村民共同属于一个生产队，当时统称为凤麒生产队。1981 年开始分田到户，凤麒生产队一分为二，按照地缘特征，属地相近的上、下坎村落形成一个村民小组，红崩岗单独成为一个村民小组，在生产队的生产资料分割上两个村民小组还一度发生了争执。"以前分田的时候他们要同我们分田，我们是想要回我们自己的，我们是想要靠近我们这边的一片，以前分田是很难搞的，他们不同意这样分田，他们是想打乱了一起分。我们就做了很大的牺牲的嘛。以前生产队很大，有六头牛，当时他们说的是要么田地全部打乱重分，要么牛就不给你们。我们就商量了牛就给他们，我们不要了，当时一头牛是一千块钱，六头牛就是六千块钱。主要是他们那边田很散，很难集中，所以当时我们就不要牛了，只要这边的地。八几年的时候六千块钱那是很多的，非常值钱的。"经过分田到户的拆分后，红崩岗与上下坎走上了各自的发展之路，没有了经济来往。由此产生的结果是红崩岗的土地资源变少，水田加上旱地不到 80 亩，这在北方一些地区还不够一家人耕作的土地要由全村 25 户人家分配，人均不到七分地，红崩岗村庄之小由此可见。

2. 基础差

一是像中国许多地方一样，集体化时期建设的水利设施、生产设施，长时期不加修缮，多数处于荒废状态。红崩岗又因为种植砂糖橘，农田水利设施更是荒废已久。砂糖橘夭折以后，原本用来种植水稻的水田经过十几年的果树栽种，一时间很难复耕，不仅需要重新疏通水利，平整田地，就是铲除砂糖橘树根也很难，多年的老树根系发达，仅凭人工很难完成，必须动用大型机械。因此砂糖橘之后的红崩岗耕作条件非常差。

二是人居环境差：村民的旧屋、菜地、杂物栏年代已久，不仅影响村貌，更为严重的是旧屋随着时间的推移，多数已经成为危房。传统的民居由土砖黑瓦建成，村民栽种砂糖橘收入提高以后，陆陆续续都住进了新房，原先的旧屋任由日晒雨淋，随时都有倒塌的危险。另外村民堆放柴草、圈看家禽、开辟菜地一直处于自建自为的状态，时间久了，村庄显得杂乱无章。传统小农时期农民喂养牲畜家禽多半就在自己家中，红崩岗此时依然如此，家家户户喂的家禽都在村巷中昂首阔步，"狗吠深巷中，鸡鸣桑树颠"。照看小孩的村民最苦恼的就是担心孩子踩到动物粪便和碎玻璃碴。人居环境不好是一个长期以来一直困扰红崩岗村民的问题。

三是公共设施差："污水靠雨冲，垃圾靠风刮"，说的是 2014 年之前红崩岗村的卫生状况，垃圾堵路围河、污水随意排放。长期以来，我国针对环境污染的监控和治理重心在城市，对广大农村关注较少。但相比于城市垃圾污染，农村污染点多面广，加之农民群众环保意识普遍淡薄，垃圾处理相关配套设施缺乏，治理难度更大。红崩岗也是如此，卫生环境让人不忍多看。那时村内没有专用的垃圾倾倒地点，公共场所的卫生更是交给大自然来处理，垃圾顺着龙南河一路东去。不像城市每个居民小区都配套有一个小公园，配套有健身器材、休息凉亭等公共设施。红崩岗虽然也是一个居住单元，村民集中居住，但是公共设施很匮乏，巷道的台阶、一块儿石头都可以成为村民坐下聊天的场所，学生周末回家要么在家做作业要么去田间地头。那时能够抱着篮球在球场上锻炼对于红崩岗的孩子们来说不亚于做梦。在城乡二元体制下，以集体所有制为根本制度的农村，集体必然要有存在的象征，但红崩岗村民小组在议事的时候，没有固定场所，生产队长家里、宽阔的场地上都可以成为开会的地方。因此，公共设施的缺乏成为红崩岗一个很现实的问题。

3. 村民散

首先，耕作散。分田到户时，红崩岗自成一个村民小组，开始重分土地。在分配过程中，该村先划分好分田方向，以"四大家族"为单位进行抽签。确定家族耕地位置后，再由家族内部进行分配到户。由此造成的结果就是耕地分散，"我们这里人多地少，一个人只能分到七分地"。人多地少、土地零散、田地交错，一家一户分散经营，一个上午的劳作就要变动几个位置。种植砂糖橘时因为单产高、效益好，这种耕作方式还能支撑一个家庭的花费之需，砂糖橘产业凋零之后回归传统水稻或其他农产品种植，收入锐减，村民生活无法维持。

其次，人心散。改革开放后 30 多年的一家一户分散经营、自负盈亏，最大限度地调动了农民的个人主观能动性，整体来说人民的生活水平显著提高，但是也出现了农村人心离散、集体凝聚力弱化等负面问题。"现在村民有时候也很矛盾，穷的他看不起，富的他又会嫉妒"，"农民的意识有时候很难讲得通，村民意识跟不上，工作很难做"，村干部对于农村工作难做、农民注重现实利益多于公益也很苦恼。同时，农村也很难留住人了，就红崩岗来说，珠三角是村民最大的输出地，一些人一年可能只会回来一两回，外出务工能够养活一家人之后，种田的心思就消失了。仅仅依靠亲情留人、环境留人很难长久，因为留在农村无法维持生活，只有外出，从而引致了离心问题，反过来村民外出又加剧了村庄的衰弱，形成恶性循环。人去村空也造成了红崩岗宅基地闲置、耕地撂荒，大量资源沉睡。

4. 集体弱

砂糖橘作为本地区的主导产业，也是单一的种植业，在黄龙病的侵袭下，被彻底摧毁。由此也表明一家一户零散经营，看到某种作物赚钱就一哄而上的单一农作物种植与传统农业经营模式相结合的初级发展方式已经行不通。在面临自然气候和市场风险双重压力的农业领域里，"鸡蛋全部放在一个篮子里"非常危险。同时本地区人多地少，土地零散，分散经营很难成规模，抗风险的能力不足。公共服务平台在当时的条件下很难建立起来，在黄龙病发病后，无论在疾病防治还是信息分享上都十分困难。集体经济组织缺失，"在种砂糖橘那时候，我们红崩岗一分钱的集体收入都没有"，理事长邱成球说出了那时候还是村民小组的红崩岗的实际情况，集体组织缺失就很难群策群力，仅靠农户自己发展生产自己承担风险，既盲目也无力。最后，政府在产业指导和风险预警上职能缺失，基层治理的范围过大，红崩岗作为村民小组隶属小潭村，该村像这样的村民小组还有33个，村委会在决策的时候要么一刀切要么当"甩手掌柜"，很难协调各方、因地制宜。

砂糖橘产业遭遇严重危机，农业发展面临困难，农村治理矛盾突出，农民增收遇阻，农村基础设施不完善，一场黄龙病暴露出红崩岗农业发展"小、差、散、弱"的短板，唯有找到发展过程中的薄弱环节，试验创新，并加以克服从而找到一条可持续发展之路，才是根本的解决办法。问题倒逼之下，一场改革就此铺开，红崩岗也借此改革机遇，走上了既符合本村实际情况又有本村特色的改革与建设之路。

## 二 能人领跑：改革的初始推力

20世纪90年代是中国开始人口流动大潮的初始时期，无数农民外出经商、创业、务工，其中的佼佼者最终获得成功，成为村民口耳相传的成功人士。因为故土情结、血缘地缘影响，再加上农村改革的大背景，不少能人回村创业发展，先富能人凭借其丰富的致富经验、广泛的市场信息、过硬的经营本领在改善农村面貌上成效明显，能帮助农村实现跨越式发展。一位能人可以建立一个班子，搞活一项产业，最终带动一方发展。红崩岗的领头人邱观先正是如此，在清远市农村综合改革的大背景下回到家乡，政府也积极吸收红色能人建设家乡，给他提供施展才华的平台，从而在短短几年内让红崩岗的面貌好转、基础提升、产业成型。

### （一）能人回村

面对砂糖橘遭遇重创、农民增收乏力、农村基础差、土地细碎无法适应新型农业规模发展的问题，政府也在行动，清远市开始了一场全面的农村综合改革，实行了"三个重心下移"（党组织建设、村民自治、农村公共服务）和"三个整合"（农村土地资源整合、财政涉农资金整合、涉农服务平台整合）。按照政策要求：2013年2～7月，各县（市、区）选择1个或以上乡镇开展完善村级基层组织建设、推进农村综合改革试点工作；2013年8月起，全面铺开完善村级基层组织建设、推进农村综合改革工作；到2014年村"两委"换届后，基本形成以村级党组织为核心，基层自治组织、农村经济组织相结合的设置合理、功能完善、作用突出的村级基层组织体系。在体制机制上大胆创新、先行先试，分阶段在镇全面开展深化农村综合改革工作，通过探索和创新"三种模式"（农村社会治理模式、农村生产经营模式、农村基层党建模式），深入推进"三个重心下移"，稳步开展"三个整合"工作。

在清远市农村综合改革的推动下，拥有总人口3402人、自然村22个、村民小组33个的小潭行政村，转型为小潭片区总支部委员会和片区公共服务站，下设党支部和村委会各3个，分别是：上联村民委员会、中联村民委员会、下联村民委员会及相应党支部，各村委会内部再根据各村民小组和自然村的实际情况，分别建立经济合作社。红崩岗隶属下联村，在此基础上，红崩岗成立了经济合作社，由理事会负责村庄具体事务。

正是在这样一个改革的大背景下红崩岗的领头人回到了村里。邱观先是小潭片区公共服务站的书记，红崩岗村民小组走出去的能人，1992 年离开农村去县城做生意，2011 年基层换届选举返回家乡，参加竞选，当选为村支书和村委副主任，2014 年小潭村经"三个整合"改革为公共服务站，换届后邱观先书记、主任一肩挑。从 2014 年起，红崩岗开始走上了成立理事会、建设村庄、发展产业的新农村建设之路。

**（二）多措并举推动改革**

"我们就是从 14 年开始发动的，理事会就宣传发动村民，搞美丽乡村改革，土地整合。首先整杂物地，整好了就搞文化广场，后面再搞土地整合，总的来说就是这样的。"在回忆过去两年的工作时，邱观先说得很轻松，但是任何一项改革都不会是一帆风顺的，也不会是一蹴而就的。经过两次访谈，他将红崩岗改革的具体情况一一讲了出来。

1. "出心"：红色能人心系家乡

"改革之前，土地整合之前村民收入怎么样？"

"收入不太好那个时候，以前是种砂糖橘。2013 年就没有了，发病了。县委县政府就号召把砂糖橘清除掉，除掉后又种水稻。"

"收入不好？"

"当时种水稻收入肯定不好啦，我们想着通过把田地整合起来，把他们发动起来，就比较好一点。"

可以看到，从砂糖橘失败到改革开启之前，村民又回到了最传统的水稻种植阶段，所产稻米满足一家一户饭食之需自然没有问题，但是时代推进到今天，仅仅吃饱饭是不够的，加上红崩岗村民经过了砂糖橘高效益的辉煌时期，也不可能仅仅满足于衣食无忧。这个时候邱观先从县城回到家乡，竞选上了村支书。"我老家是红崩岗的，但是我 1992 年就出去了，去佛冈，到 2011 年我又回来的，我以前都是在外面做生意的。"这是一个很典型的 20 世纪 90 年代出去闯荡然后有所成就的致富故事，只不过邱观先在自己富裕之后惦记着家乡，走了又回来了。"我儿子也都大了，不需要我操心了。我老婆，家里有电脑，这也不需要我管了。一般我就是专心在这里了。没有无私的奉献是搞不了的。我这里就是我自己想着做，哪里不好我就做哪里嘛，除了这里（服务站）的事情，我就去那里（红崩岗）。我早上在这里上班，下午就出去办事。"长时间在城市的摸爬滚打，让他的思想和思维方式都较为开明和先进，在农村发展到一个新阶段的时候，能够准确捕捉到改革的契机和正确方式。加上邱观先本人更是属于"有钱有闲有心"的红色能人，又有家乡血缘亲情之所系，他回到小潭村，致富红崩岗就是心中所愿和大势所趋的双重结果。

邱观先的回家，源自一场"三顾茅庐"。"反正每届选举我都有点票的，我当时也不想回来的。当时这里选这个书记选不了，三个老党员就去我屋里做我工作，去了三个下午，让我回来。不回来就不像样了，很烂的整个村，哎呀，你不回来搞不行。这是 2011 年换届的时候，去做我的工作。这个时候主任已经产生了呀，就叫我回来选这个副主任。一般情况下是不能够当书记的，我是这里第一个的副主任兼书记，这样我就回来了。2014 年到现在就是书记主任了。"从一开始的"不想回来"，到最终回来，其实心里一直都想着家乡能够发展得更好。"我就是有这个心，扶持，我是建设自己家乡嘛，建设好也是自己家嘛，又不是给别人搞的。"回来后，邱观先就把发展放在心里，时刻准备着，一方面关注国家的政策，一方面不断寻找符合本村发展的道路。

2. "出力"：树立"以我为主"的精神

邱观先首先将卫生工作放在了最前面，这源于他去大田村的参观。大田村是远近闻名的示范村和特色村，是政府宣传的一张名片，红崩岗要发展自然也得去学习参观。"以前就是参观他们的嘛，大田啊，里水啊，都去参观。我去看了之后我说，哎呀，干脆我们自己搞。"看过先进村大田村之后，邱观先心里有了自己能够做得更好的想法，对于大田村能够发展起来，他并不服气。"大田他们有什么啊？我们这里就是人少一点，但是你看我们现在牌子打出去了，可是大田政府给了他一千多万，搞得像什么样嘛。我们自己搞，我给郑主任（郑大著，镇农办主任）说我们不看他们的，我们要自己搞，就是这样搞起来了。"不服气归不服气，但是干净整洁的大田村还是给他留下了深刻印象，邱观先对于自己家乡的未来也有了自己的规划了，第一步就是搞卫生。在传统农村，人和畜禽都在一起，畜禽粪便在村道上随处可见，这些都是邱观先要改革的对象。说做就做，卫生运动应声而起。

不等政策不等资金，自己有能力就做起来。"我就自己搞，开始做工作的时候我都没跟党和政府说，就先自己搞。做到政府认可了，带人过来看啊怎样的，就再扶持我们一点嘛。" 2014 年卫生工作正式开始。"2014年的春节，我就动员出去打工的回来，回来搞卫生。"具有红崩岗特色的卫生制度也建立了起来，村内公共场合由理事会负责，各家门口实行门前三包。这也是邱观先在谈到红崩岗与大田卫生治理方式不同时很自豪的一件事情。"他们连搞卫生都是要政府拿钱。我们搞卫生就没有钱，全部是自发，这都不同。一般都是大家来，平时就是理事会搞一搞，邱成志看到哪里脏就搞一下。各家门前三包，别的村就不行。"在各种建设中，拿到政府扶持资金甚至由政府包办一直是各个建设主体求之不得的事情，但在红崩岗却完全相反，正印证了那句名言"自力更生、艰苦奋斗"。以我为主一直是红崩岗谋发展的基本立足点，没有条件的想办法创造条件。正是有了这样坚实的发展思想支撑，红崩岗在以后的建设过程中才能够后来居上，将自己打造成典型。

红崩岗"以我为主"精神的形成也历经了破土而出的磨砺，邱观先在调动村民"心往一处想、劲儿往一处使"时也遇到过麻烦和挫折。

"最难做的就是整洁村，后面就好做一点？"

"是啊，反正不管怎样做，都要村民有意识，村民没有意识都搞不了。"

"拆他们的旧房子有遇到困难吗？"

"有啊，当时有两个，还是教师，他们读书的时候集体还给他们钱要他们读书，但拆旧屋的时候不同意，硬是说政府有钱下来的，回来到处宣传。我说政府哪里有钱，就是一事一议，但这个钱我们到现在都没拿到。2015 年搞到现在，财政没有钱，他又到处说怎样怎样。他也不回来住，两个人都在教书嘛。我打电话给他，虽然你是公务员，我说我 92 年出去的时候你还在家里，我资产比你多多了，我都要回来。我说你不想给钱算了，我们不要了。后来文化室建好了，我们理事会有开会嘛，到 2015 年年三十的晚上，不给钱的不要了。我给理事会说你们放心，村里哪家哪户不给钱的我出，你放心。后面家家户户都给钱，都在给他俩说算了不要搞太僵，很多家都要给他们出那个钱了，他们才开始求人，给我们说哎呀那时候我错了怎样怎样的，后来钱都交了。那时候他不交算了，我说不要他们的钱了，他们家8个人的嘛，8个人就是8千块钱啊，我说我来出，我帮他出。后来这个事情后他的思想也转变了，搞什么事情也都参与了。后面我们搞建设，都是一步步这样走过来的。"

千百年来的小农耕作习惯，深深影响了每一位农民的思维方式和行为方式，一时间想团结起来难度可想而知，农村的事情又最难办。"不管怎样做，都要村民有意识，村民没有意识什么都做不了。"邱观先通过卫生专项整治活动，加上春节这样一个特殊的时期（春节对于中国人来说意义重大，对于红崩岗人来说更是如此），小聚居的居住格局，让住在一起的村民在每年的年底都有一个联络感情、共商时事的机会。邱观先这个农村走出去致富的能人，再回来，更像一只鲶鱼，让村庄动起来，不再死水一潭；让村民思想活起来，不再拘泥于过往；让村民团结起来，不再散沙一盘。

"能人带头，万事不愁"。从发展的速度上来说，有了能人，不论是村庄面貌还是村民心态都能在短时间内得到改善，同时上级传导而来的政策，能够让能人的作用发挥得更加明显，而能人借助政策，又能将改革的步子跨得更开走得更远。就在邱观先以卫生工作为切入口带动村民搞基础设施建设的时候，2014年清远市开始推开"三个整合"。"上面不是有政策要搞改革嘛，我们就发动起来，搞土地整合，整合了好发展经济嘛。""我就回去说把这些房子集约起来，建文化广场那里的旧房子我就说拆掉它，然后建一个文化室，再搞一个广场起来。大家也都没所谓啊，这样晚上就开会，大家也就同意。第二天我就马上搞挖（掘）机过来把房子拆掉，拆掉之后我搞起来，把文化广场建起来。然后我就说要把土地集约起来，你搞发展不能有地不好用嘛，大家也是没所谓，马上就搞起了土地整合。一开始就是从卫生做起，14年的春节嘛，年轻人都回来，统一搞环境卫生，腊月十二都要回去的嘛，我就给他们说嘛，年轻人就说好啊好啊，大家得一条心啊。"从开始的磨砺有村民想不开，到现在村民纷纷"一条心"，红崩岗村的改革正式走上快车道。2015年是关键的一年，因为这一年红崩岗村村庄改造与土地整合一起开展了。

3."出资"：试验从自己开始

拿自己开刀，是邱观先一贯的做法。"拆房子拆我家的最多嘛，用的地用我的最多啊。"虽然20世纪90年代初已经离开村庄，但是自家的老房子、宅基地都还在村里，所在位置还正是文化室建设的位置。怎么办？拆！邱观先有四台挖掘机，用自己的挖掘机拆掉了自己的房子。"他们看到这个情况都没意见了嘛，在哪里搞事情没有带头人是搞不了的。"带头人的行为让村民彻底投身于建设中，一个星期就腾空了场地，但是建设资金却是难中之难，邱观先又一次拿自己开刀，走在了最前面。"首先我自己赞助5万块钱嘛，理事会有管钱的嘛，我就把钱给他，我最先拿钱嘛。""我就是想为自己家乡争气，我想着怎样好搞一个点出来，我自己花一点钱也无所谓。"5万块钱为文化室的建设奠定了坚实的基础，这时候帮扶小潭村的国土局也伸出了援手。"钱还没到位，就是政府有些单位支持我们的，这些钱到位了，像国土局，其他地方做不来，没有这个点，就支援了我们几万块钱帮扶这边，他们局长是我们这边的第一书记嘛。"建设资金的大头解决了，剩下的村民按照人头一人1000元，集资是文化室建设的兜底部分，文化室本来就是为村民而建的，2015年底文化室正式启用。

精品农业与观光农业一直是邱观先所希望的发展方向。"后面我打算连片打造，全部与农业有关。红崩岗太小，联合里水连片搞。搞农业观光，搞民宿，我们有红十字会，这边还有田野绿世界。红崩岗的条件要比其他地方好，比大田好。""就是往这个方向走。农业最难做，很难成功，种养殖很难的。我这边搞一些事情都是和郑主任商量的，一起策划这一块，他对农村工作非常熟悉的，他经常下乡，这些东西都是他告诉我，我就去做。美丽乡村啊，产业啊什么的，他告诉我我就去搞。他是大学生出来的，懂得多。像这个刺鳅，一般人搞不了的，我已经投了20多万（元）了，全部都是我自己投资的。"每逢一件新事物，邱观先总是自己冲在最前面，和政府主管部门官员商量，做成功了再教给村民。"主要就是要有带头人，不管是哪个村民小组，都是得有能人红人才能搞得好，没有这种人就搞不起来。"

### （三）基于现实，立足长远

土地整合工作是红崩岗最有特色和最有成效的改革部分。"当时上面不是要求三个重心下移嘛，后面就是三个整合，整合就是涉农资金整合，土地整合，服务平台整合嘛。我们这里符合这三个条件嘛，我这里等于是个服务平台嘛。上面都有文件，葛书记在号召这样搞，就按照文件来。"政策像源头活水，让能人可以大胆去做，让农村怎么改往哪里改都有据可依。"基础设施有没有就是看土地整合没整合，土地不整合就没法搞建设。"一切问题深究都是发展的问题，村庄外貌好不好看，可以让外人去评说，但是收益好不好，每一位村民都能切切实实感受到。土地整合就是让愿意种地的人有地可种，不愿意种地的人有钱可分。邱观先这位红崩岗的顶层设计者在谁来种地、怎么种的问题上有自己的思考。

1. 应聘耕作：把沉睡的资源唤醒

"我们把地都收起来，你要是种菜，这一片全部是种菜，这里种水稻的就全部在这里，莲花池啊、百香果啊就全部在这里，一片一片地经营。土地集中起来，实行应耕，300块一亩，想种地就拿钱过来。也不是承包，收的钱按人头全部均分，耕地的有钱分，不耕地的也有钱分，就按照现有的人口来。打个比方，明年你要耕3亩地，你就交钱，年年都这样，这就比较合理了，保证只要你想回来耕田就有的耕，不搞承包，一承包10年20年的，中间你不种就扔那了，我这个模式就比较好了，今年10户人家耕田，明年12户人家耕田，一年一定，我认为这样比较合理。"

合理耕地，是为了让耕者有其田，同时让每一位集体成员都能享受到土地整合带来的红利，而应聘耕地的人又能放开手脚，不再局限于砂糖橘时候的一亩三分地。邱东水今年应聘耕地10亩，在他的"应耕地"上我们看到了新鲜脆嫩的蔬菜即将丰收，他现在耕的地是过去想都不敢想的，那时候村民为了能多种一点还要去外面的村子租地。实行"应耕"考虑的最实际的问题就是红崩岗土地面积有限。分田到户以后，红崩岗作为村民小组共有水田60亩，旱地20亩，按照现代农业的标准和要求，这点土地还不够一位职业农民的耕作所需，但这就是红崩岗的实际情况，同时也是目前中国大多数农村的实际情况。城镇化过程伴随着阵痛，出现了数以千万计的流动的农民工。他们既不是严格意义上的市民，也不是实际意义上的农民，农村的土地作为兜底和改革的缓冲的作用就不言而喻了。红崩岗实行"应耕"在保持集体所有权不变的前提下保障了每一位集体成员使用土地的权利。"一过完春节就定下来了嘛，你谁想耕田就定下来了，想种多少就报上来了。每年年初就自己报。本村的村民自己报。"种地越多，拿钱越多。市场经济具有流动性，实行"应耕"让土地资源活了起来，最终变成土地租金分发到每一位村民头上。在村民为村庄建设付出的同时增强了村民的获得感，一出一进，村民就能更加积极地在改革的道路上走下去。2016 年每一位红崩岗村民获得土地分红 136 元。考虑到 2015 年、2016 年是村庄建设投资最大的两年，这 136 元更多的是一种鼓励，让村民有信心继续跟着能人与理事会一起谋发展。"今年过年分红我们每个人是136 块钱。2017 年应该会好一些。今年 136（元）主要是搞建设用了一点钱下去，没有多余的钱。想想算了，一人分一点，每年都在投入嘛，你不分一点群众都没有信心嘛。"古语云"上下同欲者胜"，经过土地整合，此时的红崩岗基础设施已经初步完备。

2. 借船出海：充分利用周边资源

红崩岗的一大地理优势就在于贴近田野绿世界，这个台湾商人兴办的旅游项目每年都会吸引大量游客到来。"人家到田野绿世界顺便就能到我们这来看看。"2016 年春节期间，大量游客到达红崩岗欣赏格桑花，村里有宽阔的场地，赏花不要钱，只收取停车费，春节几天红崩岗的集体收入就超过过去几年。2017 年垂钓区、农家乐项目完工后，又是另一番热闹的景象。

3. 融合发展：拓展农业产业链条

科学种田，是为了让每一寸土地都能产生最大的效益。土地整合后，根据不同地块的特性，邱观先与理事会商量："我们把地都收起来后，你要是种菜，这一片全部是种菜，这里种水稻的就全部在这里，莲花池啊、百香果啊就全部在这里，一片一片地经营。"实行科学规划、分类经营。目前红崩岗的土地使用共分为以下几类：稻作区、花海区、蔬菜区、采摘区、垂钓区、居住区。在使土地产出最大化的同时使其具有可观赏性，在采摘区种植百香果、荷花，在花海区种植格桑花。"产业要规范，按片规划，莲花池那里固定为赏花的。花海，年年都要搞，谁愿意种这一块就搞这个。"当城市群体逐渐富裕，能够买车，又能够花钱旅游的时候，他们开始意识到，时不时地到乡下走一走是一件很快乐的事情。

4. 四方帮扶：精品才能吸引人

走进文化室，门口"四方帮扶"的牌子最为显眼。这源于邱观先在2016年佛冈两会期间的努力。从中也可以看出红色能人善于抓住一切可以用来发展的机会和对各种资源的利用。"当时就是开两会的时候，2016在佛冈开两会，我就说我们这里比较困难。我们这书记是政协委员，他就认识那个老板，是红十字会的干事，姓邓。我们就同他说，我这里能不能帮扶一下，他说可以啊，这个没问题啊。我们就同他商量，说怎么帮，他说我们帮扶就不是给钱的，精准扶贫脱贫，我们就要搞那个产业。他这样一说也就对我的心了，我就说这样好啊，拿钱没用的啊，脱贫就是要长期发展啊。"脱贫就是要长期发展，发展就是要搞产业项目，一旦联系上就不能半途而废。邱观先回来后立刻找到理事会，与理事会商量怎么在红十字会的帮助下让村庄的产业发展起来。"我就回来同大家说这个东西，后来红会看我们这么齐心，就过来考察了几个月。去年插田的时候就带我们去江西参观有机水稻，理事会就去了几个人，镇上郑主任也去了，去了之后就定下来了。后来红十字会就在我们这挂牌了，种水稻种药材，药材就利用山坡地，还种莲藕，现在教我们种荷花，观赏的。他们拿种子给我们种，还有这个小哈密瓜。现在就是三个品种。"传统水稻一斤1元多，有机水稻一斤5元多，对于邱观先的吸引力无疑是很大的。2016年晚稻，试种有机水稻4亩，每斤5元的价格由红会帮忙寻找市场，供不应求。从此村民决定2017年全部种有机稻。

"村民对有机稻接受吗？"

"接受啊，晚稻我们全部种有机稻。我还要那个广州农科院的，从广州拉过来有机肥，并邀请他们来技术指导。晚稻都是种有机的，早稻还不是。红会的人说早稻没有这个晚稻好吃，早稻就没种有机的。"

"有机稻一亩产量怎么样？"

"七八百斤，但是利润高很多。"

红十字会的帮扶不单单是发放水稻种子、销售水稻，每年组织各种活动。"红会他们是真心做事，他们下来吃饭都不吃的。我们有时候想请他们吃饭他们都不吃的。他说你要是请吃饭我以后都不来了，我是一心搞帮扶。"在红十字会的帮扶下红崩岗所产的农副产品销路大开，有了广州、番禺两个大型的市场。"定一次货一般都不低于 500 斤的，多的我们就发小四轮给他们拉过去，少了我们就发快递，广州也有，番禺也有。他们发一个地址给我们，看看哪一个点要多少，我们就送到哪一个点。"中国的农业一直面临着气候与市场的双重风险，红十字会在这两个方面发力，给红崩岗张开了一把伞，农民的收入也有了可观的变化。

现在再与大田村相对比，邱观先充满了底气。"我们是靠自己，他们是政府投入啊，政府投入搞不起来，投了 1500 多万搞不起来，他们就是等靠要，土地给了人家，村民有力没处去，他们没有产业嘛，有产业也是公司的。他们连搞卫生都是要政府拿钱。我们搞卫生就没有钱，全部是自发，这都不同。一般都是大家来，平时就是理事会搞一搞，邱成志看到哪里脏就搞一下，各家门前三包，别的村就不行，大田就是靠政府来搞。"杜绝"等靠要"，迎难而上，一万年太久，只争朝夕。经过两年锲而不舍的努力，经过从一开始的一无所有到现在的产业成型，经过与村民的斗智斗勇到现在的全村一条心，邱观先付出了很多，但得到的也很多。"行百里者半九十"，虽然红崩岗目前第一产业、第三产业已经有了起色，但是距离邱观先的目标依然相去甚远，农村发展的内生动力依然虚弱，没有了以他为代表的改革动力，很难说红崩岗是否还能继续大步迈进，因此，村民理事会是红崩岗稳步向前的保障。

## 三　理事会同跑：建设的核心动力

如果说邱观先是红崩岗改革的设计者，赋予了红崩岗改革的初始动力，那么红崩岗村民理事会就是执行者，是红崩岗建设的核心动力。没有他们密切的配合和坚定的实施，一切美好的设想注定都会落空，而不能成为我们今天眼前看到的实实在在的变化。"我老家就是红崩岗的，……上面有什么政策我就指导他们去做。"作为外出村民的杰出代表，邱观先与红崩岗村民同根同源。"兄弟同心其利断金。"邱观先回村后，在红崩岗成立理事会，开展了一系列资源整合、拆旧建新工作，进行政策上的指引，在红崩岗摆脱砂糖橘之困、重塑村庄产业过程中牵线搭桥。反过来，理事会及理事会成员构成的邱姓能人群体，又保证了每一项改革措施的具体落实，每一次村庄建设的顺利实施。

**（一）理事会从空转到发力**

2014 年清远市启动"三个重心下移"改革，部分试点村已经先行展开。小潭村并不是试点村，政策传导至红崩岗时，时间已经到了 2014 年下半年。红崩岗紧接着就着手成立村民理事会。理事会成员共有 5 名，村民小组组长自动成为理事长。最初的理事会成员清一色是年轻人，但是面临着收入乏力问题，年轻人纷纷外出，导致理事会成了摆设。理事不能真正"理事"，理事会就发生了空转。在这种情况下，理事会再次进行了改组，村庄有四个姓氏，就由四大家族分别推选出一个理事人员组成理事会。2014 年年底，改组后的理事会正式建立。因为王、徐两姓现在已经在县城发展，村中只有住宅却没有人居住，所以最终选出的理事会成员为：邱成球（理事长）、邱东水、邱成志、邱宝熙、陈文珍。

因为年轻人外出，所能看到的最直观的就是理事会成员年龄偏大，邱成球 55 岁、邱东水 58 岁、邱成志 55 岁、陈文珍 65 岁、邱宝熙 31 岁，最年轻的理事是邱宝熙，但是他是挂名理事，实际上不在村。邱姓为理事会的绝对主体，一方面他们是未出五服的兄弟关系，另一方面邱姓也是红崩岗村的"原住民"，在人数上有着绝对优势。邱姓为村庄的主体，邱姓能人构成理事会的主体，形成了一个具有内生凝聚力的能人群体。基于这种血缘与地缘关系建立起来的基层自治组织，可以较好地解释为什么红崩岗在后来的转变过程中能够取得成效，进而成为农村综合改革的示范村。自治重心下移之后的红崩岗村，村庄事务由理事会管理，遇到重大决策由理事会拿出方案，经群众大会投票表决。考虑到本村外出人口多，在村村民少，户代表组成的家长会在决议中就发挥着重要的作用。每一次开会户代表需要签到，会后在会议本上按手印，村民不在家的家庭由理事电话联系确认意见，保证每家每户都能够参与到村庄事务中。春节对于红崩岗村来说不仅仅是阖家团圆的时间，还是发动基层民众、让村民参政议政的好时机，能让更多年轻人走向村庄治理，他们也在接下来的两年里为村庄的发展做出了自己的努力和贡献。理事会的成立是村民自治的意涵在实践中的反映，既是探索也是实践，创新了村级事务管理模式，同时也拓宽了村民自治的内容。

### （二）"拆、建、合"组合拳

组建村民理事会，带动村民建设家乡，激发村民内生动力，促进农村农业发展，这也是基层治理改革的一个探索。2014年年底，邱观先号召外出村民回乡整治卫生期间，趁着春节外出人员都在家，腊月十二理事会召集户代表开会，告诉大家2015年的村庄建设规划，上接清远市农村综合改革的"天线"，下接本村实际情况的"地气"。同时理事会征询村民关于拆除旧屋、村庄建设、土地整合的意见，准备工作已经开始。

#### 1. "拆"

2015年年初最先开始的是旧屋、杂物栏的拆除。"我们春节的时候开了会，决定2015年就动工，先拆掉旧房子，拆完了就建文化室。"现在看上去宽敞明亮的村民文化室之前是村民的旧屋和菜地，因此拆旧屋这项工作成了最难啃的一块硬骨头。村民对于拆除自己的旧房子多数持不同意的态度，涉及村民的旧屋、菜地、杂物栏，每家每户都有，其中最多的是小潭村村支书邱观先的旧屋。村支书带头先拆掉了自家的旧屋，这对于整个村庄的旧屋、菜地整合工作打下了一个基础。对于其他有异议的村民，理事会成员就上门做工作。"我们就是不断地说服，有些老人思想转不过来，我们就跟年轻人商量，由年轻人去做家长的工作。"在回忆当时组织村民拆旧屋的工作时，理事长邱成球坦言这是一件很难办的事情。在这种情况下，除了村支书率先垂范，理事会成员更是从自己入手，先拆自家的再说服大家，动之以情晓之以理，另外充分尊重少数不同意拆旧屋的村民的意见，不搞强制。"拆房子的旧木板、水泥块，村民不让拉走的我们就不动。"经过理事会的多次组织、多方努力，文化广场所需用地就腾了出来。拆旧屋折射出两大村民自治的功能：一是转变思想。在砂糖橘之后不能"等、靠、要"，村庄要发展、村民要增收就必须调动村民的积极性，以我为主。二是重塑集体。分田到户之后集体坍塌，"你做你的，我做我的，谁也不管谁"。红崩岗在综合改革之前集体组织缺失、集体经济乏力，集体文化流失，只有一个村民小组组长连接着村委会与村民。通过拆旧屋，村民理事会第一次站在台前，将村民组织起来。村庄是属于大家的，建设过程每一个人都要参与，集体组织实现复苏。

2. "建"

虽然建设文化广场所需的土地已经腾出来，但是建设文化广场包括了文化室、球场、绿化、健身器材等一系列工程，光是资金这一项就让红崩岗原本就没有集体收入的理事会陷入困境中。集资是一个解决办法，但是"大家对于理事会将要做的事情很怀疑"，"谁也不认为我们能把文化室做起来"。邱成球认为村民思想的转变需要一个过程，可村庄建设已经箭在弦上。在这种情况下，理事会组织村民参观了在改革上已经做出成绩、颇有名气的大田村。此时大田村的文化室、球场等村庄改造工程已经建设完成，村庄干净整洁，还打下了扎实的旅游基础，成为远近闻名的示范村，获得了政府的大量政策和资金支持。

学习先进方知自己落后，不改革就会掉队。"不能只看着别人村子热闹，我们自己也要搞。"经过理事会提出方案、家长会决议，按照人头每人1300元的集资方案正式提出。从2014年开始，县土局定点支援小潭村，红崩岗建设文化室国土局捐资6万元，作为小潭村的主管单位石角镇镇政府捐资3.1万元，加上村里获得的相关扶持资金，来自上级单位的捐资共计达到15万元。作为小潭村的当家人，并且还是红崩岗人的小潭总支部书记邱观先个人捐资5万元，有效地带动了村民建设文化广场的热情。多数村民同意集资方案，不过1300元对于普通村民来说也算得上是一笔较大的开支，尤其是有些困难的村民，一次拿出来压力很大。理事会充分考虑到不同家庭的实际情况，"有些村民困难点的就晚一点，分了好几次，但没有不给的"。来自村民的集资约有10万元，这样再加上上级单位的15万元和邱观先个人捐赠的5万元，文化室建设资金得到解决。2015年年底文化室正式落成，村民开会议事有了固定的地方；村民家里有喜事可以直接在文化室举办；文化室里厨房、厨具、桌椅等一应俱全，村民有需要就可以拿去使用。除了上述实用功能以外，文化室更深层次的意义是维系集体。在村民眼里，文化室是他们辛勤汗水的结晶，如果说理事会是集体运转的核心的话，文化室就是集体的象征。通过拆旧屋和新建文化室，被整合的不仅仅是资源，还有分散的村民，经过这个过程，村民的思想发生了转变，由消极转向积极，村民的地位也有了提升。在公有属性很强的文化室里议事，以村民为主体就不再是一句空话，村民自治能够落地就有了扎实的基础。

3. "合"

在村民理事会班子建立起来以后，按照改革政策要求，红崩岗立即着手进行"三个整合"：整合农村土地资源、整合涉农资金、整合涉农服务平台。土地零碎，各自经营，因生产效率低下和产出微薄，已无法适应现代农业发展需要。整合既是改革的要求，也是当时红崩岗切实需要解决的问题。

"村民自发改革　一个月内完成土地整合"。2015 年 6 月，《清远日报》刊登了这样一个标题新闻。"小块变大块、多块变一块，土地整合后，将极大地提高红崩岗村土地的生产效率。"报纸中的短短几句话却包含了红崩岗土地整合的全过程。红崩岗土地整合以快闻名，用理事长邱成球的话说就是："文化室建好了，村民思想通了，整合土地就很顺畅，个把月就做完了。"

在土地整合之前，村民不种砂糖橘之后就开始"八仙过海各显神通"，愿意种水稻的就种一些，愿意出门的就奔向珠江三角洲，部分田地杂草丛生，"一些还没挖掉的果树都还在田里"。自 2013 年全面开展农综改试点工作以来，不少地区已经在解决"有地不好耕"的难题上走在了前头，红崩岗起步已经晚了不少。理事长坦言，"如果我们早一年启动改革工作就好了，那样能够得到更多的支持"。但是红崩岗做到了后发先至，在全镇农村土地整合的新形势下，村民也都能看到其他地区的变化。田地不能总闲置，红崩岗村民小组充分发挥村民理事会的协调作用，在清明前后多次召开村民家长会，进行土地整合，探索出了连片规模经营、专业化生产的路子。为了解决树根残留在田地里的问题，理事会决定由集体拿钱请挖掘机清除树根，将果园变为良田。镇政府为了鼓励村民进行农田改造，有一笔资金下来，红崩岗立刻将这笔钱用在田地整合上，前后请了两次挖掘机，最终清除了树根，平整了土地。红崩岗村民小组的工作开展得可圈可点，在短短一个月的时间内，顺利推进并完成了村中全部土地的整合，盘活了土地资源，为走"规模化经营、专业化生产"的现代农业发展之路打下了良好的基础。

## 四　村民共建：发展的整体合力

从历年中央政策文件中我们可看出新农村建设是一个持续不断的系统工程，而农民既是新农村建设的主体又是新农村建设的基本立足点。农村建设得好不好，发展得好不好，只有他们最有感触，也最有获得感或丧失感。只有广大农民充分参与，农村的建设与发展才能行稳致远。在红崩岗经过能人群体的推动与理事会的不断努力，村庄整洁了，设施齐全了，功能增多了，这是 2015 年年底外出人员返家之后最大的感受。年轻人对村庄有了更积极的参与热情，村民建设家乡的心情更为强烈，村庄氛围更加和谐，红崩岗的发展也形成了一股整体合力。

### （一）村庄建设同筹共建

#### 1. 共建设：村民思想通了

除了村庄建设中重中之重的文化室之外，红崩岗于 2015 年年底在全村安装了路灯和巷灯，建成了篮球场、健身广场、公厕等配套设施。在城里公厕体现了一个城市的整体形象和文明程度，但是提到农村厕所，人们总是会想到旱厕，甚至是随意的解决方式。红崩岗的公厕与城市公园的公厕并无二致，精致的小屋与周围环境十分协调。这说明发展农村不仅要增加物质收入，转变生活方式、接受先进生活理念也不应被忽视。配套设施中球场的建设主要靠村民众筹，其中邱成球出资 1 万元，邱东培 1 万元，邱国峰 1 万元，邱东水 1.5 万元，邱成志 5000 元。有了这笔资金，篮球场建设也应声落地。每天傍晚老人小孩可以打篮球可以聊天，村民们有了一个娱乐健身的空间。自村庄改造以来，村民看见红崩岗一天比一天好，村容村貌有了天翻地覆的变化，巷道干净整洁，健身广场设施完备，村民自发建设家乡的热情越来越高，人均捐款超过 2000 元，建设项目如表 1 所示。

表 1　红崩岗村民自筹公益项目建设情况

| 工程名称 | 捐资对象 | 金额（元/人或户） |
| --- | --- | --- |
| 文化室 | 村民全体 | 1000 |
| 道路硬化 | 村民全体 | 200 |

续表

| 工程名称 | 捐资对象 | 金额（元/人或户） |
|---|---|---|
| 亮化工程 | 年轻人自愿 | 1000 |
| 后山道路 | 每户 | 300 |
| 下水道 | 自愿 | 100~200 |
| 水泥路拓宽 | 自愿 | 100~200 |

理事会的工作简单了、方便了，也得到村民的理解与拥护了。2017 年年初，为了加强村庄的治安条件，给村民提供一个更加和谐的生产生活环境，理事会提议在主要出口和巷道安装监控设备，此举得到村民普遍同意。在过去理事会做工作需要反复商议与多次协调，现在村民的思想通达让一切都快了起来，很快村民筹得的 3 万元安装费用就到了理事会，理事会的重心只需要放在设备的购买上就可以了。村民的思想意识从过去的"不通"到现在的"通"经历了一个较长的过程，这里面有乡村能人与理事会的不懈努力，但最终村民的支持也让村庄的建设步伐快了起来，形成了良性循环。红崩岗的发展也有了村民共建的整体合力。

2. 真参与：年轻人成为中坚力量

最初成立理事会，红崩岗的年轻人有过一次短暂的参与经历。但是面对经济压力和外面世界的吸引，年轻人纷纷外出，导致理事会发生了空转。这虽然是一次不成功的尝试，但年轻人建设乡土的想法已经扎下根来。后来拆除旧屋时，在这里生活了几十年的老人阻力最大，他们在这里住了几十年，对于旧屋都有着深厚的感情，同时像杂物栏可以堆放柴草，依然在发挥着作用。理事会工作一时很难展开，就想到了年轻人，他们在外面眼界开阔，知道农村的落后。年轻人这时已经不在理事会，但是成了理事会的得力助手，经过与年轻人的协商与沟通，拆除旧屋工作事半功倍。从此以后，年轻人就成为红崩岗建设的中坚力量。重大节日既是年轻人回家团聚的时刻，也是年轻人参与村庄建设的时刻，重大事情都会在此时商议，遇到捐款筹资年轻人更是积极响应。

3. 全投入：红崩岗建设的零距离

红崩岗外出劳动力较多，年轻人绝大多数在外发展，但他们对村中推行的各类公共事务也该拥有知情权和话语权。为了让他们了解村中公共事务并积极参与，红崩岗开设了微信群，召集村民进群参与集体公共事务讨论。这样不管村民在哪里，大家都可以零距离地参与到村庄的公共事务中来。为了全方位、多角度地宣传展现红崩岗的有效做法、特色亮点、成功经验、动态信息和新农村建设成就，同时将农产品的信息传播出去增加销售渠道，红崩岗创办了"美丽乡村红崩岗"的微信公众号，公众号分为"美丽乡村""博爱家园""自然农耕"三个板块，涵盖了村庄建设、旅游项目、产品信息等多方面的资讯。通过微信村民就可以零距离知晓村庄动态。

**（二）产业发展：走向田园综合体**

土地整合完成，基础设施完备，村庄建设成型，产业发展就成为红崩岗的着力点。红崩岗村得到省红十字会、省红十字企业家支援服务队、沃土可持续农业发展中心、中国民族建筑研究会四方帮扶，并于2016年在红崩岗实验基地挂牌"博爱家园"。"博爱家园"项目依托当地自然环境、农业资源、农耕文化等优势，进行科学种植，提供平台协助销售，拓宽红崩岗农产品销售渠道，带动了该村的农业产业规模化发展。同时，将乡村原有的民族建筑、风土人情、村落文化及民俗旅游建设相结合，带动了美丽乡村旅游和民俗项目的发展，最终带动了地区脱贫致富。集体经济开始好转，从2014年的"没有一分钱"到2016年每位村民分红136元，集体经济由弱变强，得到了一个根本的提升，同时也说明只有集体经营抱团发展对于"小、差、散、弱"的红崩岗来说才是最终的出路。

未来规划中红崩岗将把山林利用起来，向山上发展，最大限度地整合资源，形成立体多元的发展格局。村庄目前正在修建山间游泳场和环山路，以及民宿的各项配套设施，以实现产业结构升级、村集体经济壮大、村民收入增加为发展目标，充分发挥红崩岗自然资源及区位优势，围绕特色产业积极培育农村新型业态，从传统封闭走向融合开放，采用"旅游+"的思维和方式打造出具有红崩岗特色的田园综合体。

## 五　经验总结与思考

纵观红崩岗的改革、建设、发展的历程可以发现，红崩岗村经历了砂糖橘种植时期的辉煌到砂糖橘危机时的没落再到发展新型产业的成效初显。在这个过程中，能人领跑给红崩岗改革注入推力，理事会在村庄建设过程中成为核心力量，最后村民共建美丽乡村形成整体合力，形成了上有帮、中有扶、下有撑的"红崩岗模式"，充分说明新农村的建设与发展是一个系统工程，红崩岗的发展模式也给其他村庄的变革带来了有益的借鉴。

### （一）　以能人领跑为基点，撬动农村改革

新农村建设的主体力量是农民，但是普通农民承担风险的心理和抗风险的能力普遍较弱，效仿和跟随是大多数农民的行为选择。红崩岗村民在最初种植砂糖橘时并没有一个明确的选择，看见其他农户种植获得不错收益时也跟着种。在砂糖橘危机之后，试验区还没有另外一种作物能够替代砂糖橘时，村民普遍选择观望。邱观先回来之后，以自己为试验对象，自己做成功了再引导村民发展。所以，农民往往难以自觉地参与新农村建设，必须有农村能人进行组织和发动。农村能人不仅能够直接推动新农村建设，同时也能够凝聚村中大多数农民的共识，使他们共同参与到村庄建设的过程中。因为农民有着简单实用的学习效仿心理，农村能人正好是其他农民接触新思想进行新实践的示范者。

红崩岗在农村能人的推动下，不论村庄面貌还是村民心态都在短时间内得到了改善，而上层传导而来的政策，能够让能人的作用发挥得更加明显，同时能人借助政策，又能将改革的步子跨得更大，走得更远。由此可见，高度重视农村能人在新农村建设的特殊地位和作用，大力开发农村人力资源，加强对农村能人的培育和支持，"培育与社会主义核心价值观相契合、与社会主义新农村建设相适应的优良家风、文明乡风和新乡贤文化"，是新农村建设的重要保障，能真正实现启用一个能人，建好一个班子，搞活一项产业，带动一方发展。

### （二）　以村民共建为核心，推动农村建设

仅有农村能人是不够的，能人可以快速改变一个村庄的面貌，但是若

想可持续地进行新农村建设，必须让全体村民共建共享共担当，集体参与抱团发展，实现改革发展的成果由全体村民共享。红崩岗从能人推动开始，对改革的进程、村庄的建设、发展的方向率先进行了铺垫。随后组建村民理事会，形成了村庄的核心动力，带动村民建设家乡，做好发动和宣传工作，使广大村民家喻户晓，积极参与。在建设过程中，广泛采纳户代表、年轻人的意见，共同谋划建设项目。通过宣传发动，红崩岗建设工作得到了全体村民的积极响应和大力支持，激发了村民的内生动力，促进了农村农业发展，形成了一个由点到面的发展路径，这也是村民自治的有效实践。人民群众是农村的主人，只有发挥群众的自觉性、主动性和积极性，农村的建设和发展才能持续有效推进。

"小康不小康，关键看老乡"。评价新农村建设的效果最终要看是否增加了农民的民生福祉，是否让农民真正享受到了建设的成果。因此，农村在建设的每一个环节都要充分体现以农民为主体，建立农民民主参与机制，并想方设法激发农民参与家乡建设的热情。新农村的建设不是给外人看的，也不是政府的面子工程，所以不能仅仅"乔装打扮"，而要成为农民赖以生存并能生活得舒心的幸福家园，因而以农民为主体、村民共建，并且建设成果由村民共享的新农村建设才是激活农村内源的可持续建设。

### （三）以顶层设计为理念，驱动农村发展

红崩岗在建设和发展中坚持顶层设计、规划先行，结合本村实际和资源禀赋，做好了科学的规划设计。建设推进过程中，科学理解"城乡一体化"的真正含义，就是要在引入现代城镇文明的同时，保护好农村特色、田园风光和农林文化产业。建设目标包括经济、生活、生态的统一，底色则是独具特色的农村风光与自然的农产品。所以在进行诸如"美丽乡村建设""美好乡村建设"等各种新农村建设实践过程中要学会保护现有的本村特色产业资源，坚持可持续发展的原则，因地制宜发展，统筹兼顾，立足长远，走出一条特色乡村发展之路，让村民共同受益、同步小康。2017年2月5日，"田园综合体"作为乡村新型产业发展的亮点措施被写进中央一号文件，为未来农村发展指明了方向，这就更加要求农村的建设者综合化发展产业，跨越化利用农村资产，全域统筹开发。

中国是一个地域大国，城市与城市、城市与农村、农村与农村的发展

千差万别，因此在发展之前须规划先行，既要统筹全局又要因地制宜，防止同质化、简单化的发展路径造成的"千村一面"。在实现全面小康目标的基础上，在农村发展政策的指导下，可以各尽所能，各展所长，既留住乡愁的底色，又保护乡村的特色。中国是一个农业大国，一直伴随着问题与挑战，因此必须把农村的改革、建设、发展作为一个系统性、长期性的工程逐步推进，以顶层设计为理念，明确农村发展的阶段性和长远性目标，进而系统思维，综合施策，在发展中创造机遇，解决问题。

# 第七章

## 政府引导，打造生态宜居村庄

执笔人：曾庆华、张旭亮

2017 年中央一号文件提出"深入开展农村人居环境治理和美丽乡村宜居建设"，为当前进一步推进美丽乡村建设指明了方向。但当前的美丽乡村建设多依靠政府主导，而政府包揽的模式又难以持续；与此同时，村庄自身"等、靠、要"思想严重，其内生力量未得到充分挖掘，难以形成长效发展机制。基于此，清远市九龙镇活石水村结合自身力量与政府力量，"内生外引"推进美丽乡村建设。所谓"内生外引"，是指村庄对内发掘内生力量，对外依靠政府引导，推动村庄建设持续进行。具体来讲，村庄通过建构组织，凝聚人心，实现村内资金、人力等相关资源的集聚，自主进行建设，为美丽乡村建设打好基础。在此基础上，政府推行"三个重心下移"、涉农资金整合，制定美丽乡村标准及奖补政策，引导村庄积极适应政策，发挥村、政两方力量，深入推进美丽乡村建设。

活石水村为九龙镇塘坑村的一个自然村，村里现有 80 户 393 人，土地830 亩（水田 180 亩，旱地 150 亩，山林 500 亩）。活石水村的美丽乡村建设最早可追溯到 2006 年，村庄整合土地种植砂糖橘，奠定了经济基础；随后村民筹工筹劳，自发进行村庄环境整治；2014 年村庄在政府引导之下，借力农综改，以美丽乡村作为村庄建设的发展方向。在清远市 2016 年度第一批美丽乡村创建工作中，活石水村摘得自然村最高等级的四星级——"生态村"，2017 年该村被国家住建部评选为"美丽宜居乡村示范村"。

## 一　建设背景：村庄困境丛生，发展难求

活石水村是一个传统的农业村庄，长期以来存在人心难聚、组织缺失、集体经济薄弱、资源匮乏等方面的困难。

### （一）村庄人心难聚

活石水村由于传统文化弱化，村庄矛盾多发，人心难以聚合起来。

1. 矛盾多发，人心难合

活石水村表面看似平静祥和，但是建设发展前，村里矛盾四伏，人心涣散，难以形成凝聚力，村庄公共事务难以落实。土地过于分散，边界交叉多，村庄经常因边界问题衍生一系列矛盾，比如喷洒农药影响邻田农作物，锄草易将荒草抛到邻田，水田过水互不相让等，村庄常年因为这些问题发生矛盾。理事会成员罗观林说道："整条村一年三百六十五天，起码有两百天是有矛盾的。"

2. 文化弱化，人心难凝

活石水村传统的宗族文化弱化，村庄人心难凝。活石水村的罗氏先祖是从中原地区迁徙到华南地区的。清朝年间为躲避战乱，罗氏族人迁居于此，迄今已历经 18 代，300 余年。在长期的迁徙中，因罗姓是外来人口，所以罗姓族人必须团结一心，拧成整体，凝心聚力才能求得发展。长此以往，活石水村形成了罗氏宗族文化。解放前，以罗氏族长为首的宗族组织是活石水村的领导力量，村庄依靠族长的威望，依靠村民对村庄的认同，将民心凝聚到一起。1949 年中华人民共和国成立后，活石水村的罗氏宗族组织被生产队等政权组织取代，村庄依靠生产队等政权组织来凝聚人心，谋求发展。加之，现在是一个多元化的时代，外来文化不断冲击着传统的宗族文化，村民的个体观念更强，宗族在调解矛盾、凝聚人心等方面已难以发挥作用。

### （二）乡贤外流，组织缺失

在农村地区，乡贤以及村民自治组织在调解村庄矛盾、维持村庄秩

序、谋求村庄发展等方面发挥着重要作用。但随着经济发展，城市对劳动力的需求与日俱增，大量农村人口涌入城市，农村陷入精英人才不足、自治组织缺位的困境。

1. 乡贤外流，缺乏"主事人"

乡贤是基层农村社会自治的精英，在村庄的建设发展中起着领头作用。随着经济的发展，"领头人"外流严重。珠三角地区是中国改革开放的先行地区，对劳动力的需求大，大量农村劳动力被吸引走。一方面，吃苦耐劳而又有一定头脑的农村精英人才更受时代的欢迎。另一方面，农村精英往往脑子转得快，有更加长远的眼光，能在时代的大潮中发现更多的发展机遇，因此去城市闯荡的动力更强。农村精英人才流失严重的大势同样出现在活石水村。从20世纪90年代开始，活石水村的精英人才开始外出闯荡，或经商或开厂，导致村庄缺乏领头人，村庄事务无人管理，甚至村民赖以为生的农田水利设施都因无人组织而年久失修。

2. 劳力外走，缺乏"做事人"

农村的青壮劳力是村庄建设的主体，只有他们才有能力有精力为村庄做事。但随着青壮劳力外出打工，村庄缺乏"做事人"。从20世纪90年代开始，活石水村村民陆续外出务工，村里只留下老弱妇幼。这部分人对于自己的家务事往往都无力顾及，为村庄出力更是奢谈。同时大部分务工村民发家致富后更愿意选择在城镇定居，导致活石水村空心化逐年加剧，能为村庄出力做事的人逐年减少。

3. 组织缺位，缺乏"主心骨"

在活石水村，村民小组长作用难发挥，同时村庄未生成自治组织，缺乏建设发展的"主心骨"。活石水村是一个自然村，面临村民组长作用难发挥、自治组织缺位的双重困境。一方面，村民小组长作用难发挥。活石水村虽然有村民小组长，但村民小组长工资低，精力有限，且要为自家生计操劳，无心村庄发展。同时，村里缺少青壮劳力，亦没有集体经济，面对村庄亟待建设的局面，村民小组长即使想搞建设，也力不从心。由于村庄困境丛生，该村甚至三四年都没有村民小组长。现任理事长罗水波说道："没工资，各种杂务又多，而且有时候吃力不讨好，做了事还会挨村民骂，所以大家都不愿意做村长（村民小组长）。"行政层面的村民小组长无法成为村庄建设发展的"主心骨"。另一方面，自治力量未能凝聚。村庄能人作用未凸显，加之乡贤流失严重，村庄没有搭建组织架构的人员前提，村庄理事会未得以生成，这就造成村庄建设发展的"主心骨"先天缺失，难以聚合村庄自身力量进行管理和建设。

**（三）资金分散，经济薄弱**

活石水村一直未形成自己的优势产业，集体经济薄弱，国家的涉农资金分散在农户手中，村庄难以有效整合资金用于村庄建设。

1. 集体经济薄弱

活石水村集体经济较为薄弱，村庄无钱搞建设。村里唯一的集体收入是罗水波承包村里 80 亩荒山的租金。其余荒山荒地在集体名下，无人组织管理，一直处于荒置状态，未用来发展经济。村庄集体经济薄弱，集体无资金来源，资金成为村庄建设的"拦路虎"。对此，理事会成员罗观林深有感触，他说道："07 年（搞新农村建设）提出那一块（旧住宅区）要全部拆完规划，我们村子乱七八糟，我们不敢报，怎么不敢报呢？要拆旧房子，有一两家做了楼房，你拆人家的要补贴，你怎么有钱补啊，想都不敢想。"

2. 涉农资金分散

活石水村涉农资金分散，难以整合。活石水村的涉农补贴包括种粮补贴和生态公益林补贴，补贴款由政府通过银行直接打到村民户头。由于活石水村无集体经济来源，所以村里想将涉农资金整合到村集体，用于村庄建设。但是整合面临两重困难，其一是村民不愿意，有不少村民担心资金被挪用而不肯参与，也有村民觉得涉农资金是国家补给农民的，是农民该得的，村集体无权力整合这部分钱。其二是政府有考量。涉农资金是国家用来补贴农民种地成本、提高农民种地热情、抑制抛荒的措施。政府担心涉农资金整合到村集体会伤害农民种地的积极性，因而对整合有顾虑。理事会会长罗水波说道："村干部想（把涉农资金）打到集体，但是政府不同意。"

3. 产业发展有限

活石水村曾试水规模化种植，但未能构建起村庄产业。实现产业发展是美丽乡村的题中之义，同时村庄产业也是村庄建设发展的经济来源。

2006 年前，村里敢于"吃螃蟹"的罗水波，承包了村里的 80 亩荒山荒地，种植麻竹笋，自家获益尚丰，但未带动村庄整体的麻竹笋种植。2006 年活石水村在外界利益刺激下，整合了全村的旱地和山林，用来种植砂糖橘。砂糖橘确实带来了可观的效益，一度成为村庄的支柱产业。随着收入增加，村民的建设信心亦随之萌发。理事会成员罗观林说道："06 年分土地，分一块，好耕一点，好搞一点。大部分种了砂糖橘，有一点收入，才想出来，我们村子那么烂，那就筹一点钱来建设，就是这样想出来的。"但好景不长，由于种植面积扩大、化肥农药的不规范使用等原因，2011 年前后黄龙病爆发，砂糖橘染上"癌症"，树不结果，无药可治，村庄的砂糖橘种植随之没落，导致村庄建设发展丧失了经济来源。

**（四）资源匮乏，发展受限**

活石水村资源匮乏，且未得到有效利用，严重制约了村庄的建设发展。

**1. 土地分散，效益低下**

活石水村土地细碎化严重，且分属于不同的主体，难以形成规模效应。1997 年进行土地二轮承包时，活石水村由于地处山区，土地并不集中，所以按照远近和肥瘦搭配的原则进行了土地承包分配。这样分配虽然相对公平，但也导致各家各户的土地散落于各处。九龙镇领导说道："各家的地三亩到四亩的样子，但是这三亩到四亩分布在七八个地方，也就是每块地只有四五分的样子，是很零散的。"土地太过分散带来一系列弊病。其一，各家庭难以集中利用，形成规模效应。其二，大户如要流转，一片土地需要和多家协商，太过麻烦，且平整细碎土地的成本也高，因此要把几家的土地集中利用，获取规模效应也较为困难。其三，随着劳动力外流，土地多荒废或干脆种上竹子。而土地一旦种上竹子或者长出树木荒草，会严重影响旁边未抛荒的土地。长此以往，未抛荒的土地亦会抛荒。土地一旦荒置，便无效益可言。

**2. 道路崎岖，出行不便**

活石水村地处山区，交通条件制约着村庄的建设发展。2006 年之前，村里的道路还未实现硬化，泥泞不堪。罗世锦在自编的村志中写道："人们的欲望远未满足，年轻人穿着高档鞋袜，行走在泥泞的村道上，一脚水一脚泥的，很不舒服。"同时，村内没有机耕道，村庄通往田地的道路坑坑洼洼，难以实现机械化操作。此外，活石水通往外界的交通也不方便。九龙镇通往各自然村的公路，路基差，路面窄，行车不便。经过活石水村的昆汕高速公路，2014年才正式动工，此前无高速公路经过活石水村。交通是一个地区发展的血管，发挥着"送进来，输出去"的作用，活石水村的交通条件严重制约了村庄发展。

3. 水源匮乏，用水困难

活石水村水源不足，取水较为困难。活石水村虽地处亚热带气候区，降水丰沛，但2009年之前村庄没有自来水系统，全靠打井，提取地下水。提取地下水或靠人工或靠水泵，提一桶才能用一桶，费时费力费钱，没有自来水便捷稳定。日常生活，洗衣做饭，井水足以供应，但遇上过年过节，红白喜事，就需要提水储水，否则难以满足。能用上稳定、方便的自来水，一直是村民们心头的愿望。与此同时，村庄要搞发展，无论是种植、旅游，还是建立工厂，都需要大量的水资源，活石水村一直未建成完善的水利设施，这在一定程度上影响了村庄的建设发展。

## 二　内生自建：不等不靠，发挥内力推建设

村庄破败，建设亟须推进，为此活石水村从凝聚人心入手，发挥村庄能人的带动作用，建构村庄的领导组织，在此基础上整合土地，筹资筹劳，充分发挥村庄内生力量的作用进行村庄建设。

### （一）文化化人，凝聚人心

活石水村将村礼堂作为村庄的文化阵地，定期举办各类活动，凝聚民心。

1. 文化阵地，增强认同

村礼堂是活石水村增强村民凝聚力的空间。起初村民举办猜灯谜、唱歌等活动都在祠堂进行，但祠堂空间有限，难以举办跳舞等大型的活动，长此以往村民觉得单调乏味，遂萌生了扩充活动场所的想法。2000年，由村民集体筹资，建起了礼堂。礼堂一楼有舞池，有舞台，二楼有观众席，可容纳全村村民在此集会办活动。至此，礼堂成为村庄的文化阵地，村中婚宴、小孩"弥月酒"、老人寿庆、每年的春晚、平日接待来宾都在礼堂

进行。礼堂的活动不仅满足了本村人的需要，而且吸引了邻村甚至九龙镇的青年人参加，这使村民非常自豪，"以前没想过，我们村还有这么热闹的一天"。礼堂是村庄的文化平台，对内，村民通过各种集会活动，传承并扩充本村的文化，增进村民的认同；对外，通过平台可输出本村的文化，村民心中产生了一种自己村和外面村的区分，有这种区分就有对自己村的认知，产生对自己村的归属感，有归属感就会产生认同感。

2. 文化活动，加强沟通

活石水村每年都举办春晚，以此加强沟通，凝聚人心。在活石水村，村民大年初三不出村走亲戚，这一天亲戚也不会上门拜访，因为每年大年初三，活石水村都要在礼堂举行自己的春节联欢晚会，寓教于乐。通过春晚，每家出节目，人人参与，强化了村民对自己村庄的认同意识，加强了村民之间的感情交流，使村民产生了"我参与，我是这个集体的一分子"的认知，树立起了为集体就是为自己的精神。比如2013年清远市倡导宣传美丽乡村建设，2014年的大年初三，活石水村就在礼堂内举办了一场"草根"春晚，主题是"美丽乡村建设"，每家出一个节目，表演唱歌、小品等。这一次活动，进一步凝聚了全村人建设家乡的信心。

3. 宗族观念，助力认同

活石水村遗留的宗族观念，在一定程度上起到了增进村庄认同的作用。宗族文化的精神实质可归纳为八个字，即"光宗耀祖、惠及子孙"。受宗族观念影响较强的个体，在进行行为决策时，常会从更长期限、更大范围进行考量，"念先祖之德、思后代之祸"。活石水村面临征土地、拆旧房屋、筹资筹劳等方面的问题，在做村民思想工作时，村庄遗留的宗族观念就发挥了作用，一句"为子孙后代"就很容易将村民凝聚起来，村民比较容易产生同一个目标，为同一目标共同努力。

**（二）能人带动，建构组织**

活石水村在早期建设中乡贤作用不断凸显。同时村庄围绕乡贤形成了理事会，成为村庄建设发展的"主心骨"。

1. 乡贤回归，成立理事会

活石水村乡贤的回归，以及围绕乡贤所形成的理事会是推动活石水村美丽乡村建设的重要驱动力量。此处的乡贤回归包括本村乡贤作用凸显和在外乡贤回流两方面的内容。就本村乡贤作用凸显而言，罗水波、罗观林等人率先探索村庄麻竹笋、砂糖橘产业；在土地整合中，拿自己开刀，带头让利；在村庄建设中，积极出谋划策，寻找各方资源。就在外乡贤回流而言，活石水村人才辈出，虽在外闯出一片天，但他们仍然心系村庄，有人直接回村为村庄建设献计献策献力，有人则在外寻找资源，为村庄建设铺路搭桥。罗福新在外定居，但经常利用休假的时间，回村倡导大家开放思想，着眼未来，还曾主动与镇委领导沟通协商土地整合方案。乡贤的所作所为，村民都在看眼中，记在心头。乡贤的行为深得村民赞赏，他们也因此在村中树立起极高的威望，为村理事会的成立奠定了基础。

自 2006 年整合土地种植砂糖橘开始，活石水村逐渐形成了以罗水波和罗观林为核心的领导层。罗水波为村民组长，统领村庄事务，再辅以村庄乡贤，村庄建立起"村民组长（罗水波）领头，村庄乡贤辅助"的领导组织。2014 年应政府要求，领导组织转型为理事会。至此，活石水村有了自己的理事会，罗水波任理事长，下设六个理事（见表1），前期积极为村庄做贡献的乡贤均当选为理事会成员。在选举村民理事长时，罗观林得票第一，罗水波得票第二，按理应由罗观林出任理事长一职，但罗观林考虑到罗水波是村民组长，由他担任理事长，更有利于村庄的建设发展，遂将理事长一职让给罗水波。罗观林虽然不做理事长，但他当场向全体村民表态，将在背后全力支持理事会工作和村中的各项事业。此事也一时传为佳话，体现出活石水村民的凝聚精神。

**表 1　活石水村民小组理事会**

| 理事长 | 罗水波 |
| --- | --- |
| 成员 | 罗观林 |
| | 罗林观 |
| | 罗锦秀 |
| | 罗金泉 |
| | 罗房森 |
| | 罗路梅 |

### 2. 公开公正，组建经济社

活石水村在理事会之下设立了经济社，以更好地促进村庄发展。经济社全称为"经济合作社"（活石水村民称之为经济社），是指在农村双层经营体制下，集体所有、合作经营、民主管理、服务社员的社区性农村集体经济组织。由于活石水村实现了村民自治重心下移，建立了理事会，所以经济社设在理事会下面。活石水村经济社的主要作用是促进经济发展、统筹资金。活石水村整合后的田地，归经济社托管，由经济社对外发包。村庄整合的涉农资金也是打到经济社的账户，由经济社保管。经济社相应也形成了财务管理制度，村中所有收支都需经理事会成员签名并定期公布。

### 3. 建微信群，培育接班人

村庄为保持理事会成员的延续性，专门建立了微信群以培育接班人。活石水村建设发展取得巨大成就，得益于村庄有一批乡贤能人及围绕这批乡贤能人所形成的理事会。但是当前理事会成员的平均年龄都在50岁左右，为村庄继续操劳会越来越力不从心，村庄日后发展还要靠年轻人。因此如何保持理事会成员代际接替，且所选成员能真正一心为村，是理事会一直在思考的问题。由于村里青壮年多在外从业，难以直接考察。基于此，理事会成员罗观林专门成立了一个青年会，入会青年每人每年交100元用于村庄的开支。青年会建有微信群，在村的或不在村的本村青年均可通过微信群保持联系。通过青年会和微信群，可以观察到这些年轻人对村庄事务的热心程度，是否积极为村庄建设发展出谋划策，是否积极为村庄建设发展寻找各种资源，处事是否顾全大局，是否大公无私，是否有奉献精神等。罗观林通过对这些方面进行考察，选取有公心、有能力、肯为村庄奉献的青年人进行培养。

### （三）认同为基，筹劳筹资

活石水村通过理事会动员宣传、年轻人做工作、出台激励机制等方式，增加村民对村庄的认同意识，实现了村庄的义务筹资，自愿筹劳。

### 1. 专款专筹，惠泽子孙

活石水村在面对众多建设项目时，以专款专筹的方式进行了资金筹集。一般建设项目筹款前，理事会会先动员村民，讲明这个建设项目的意义，比如，对村庄发展有什么好处，自己能享受何种便利，对子孙后代有什么长远影响等。通过此种方式来增强村民的认同意识，使村民认识到"为村庄好就是为自己好，就是为子孙后代好"。这样筹款才能顺利进行。理事会成员罗观林说道："我们村筹款没有定期的说法，一般是有什么事，就组织大家开会，协商筹款事宜。比如修自来水的经费，主要由村里40岁以下外出打工的98人筹集，每人2000元。"活石水村有建设项目时，理事会就召集村民筹款。由于平时有些村民不在家，筹款不方便，所以理事会一般选择多数人在家的时间节点。"我们村筹款一般选在春节、清明节。"除了2009年建设自来水工程，年轻人每人出资2000元以外，还有众多的专筹项目。2006年，村里每人筹资5元，共筹集到2万元用于村里水泥硬底路建设；2008年村里筹集3000元购置了一台变压器，解决了村庄用电难的问题；2017年村里修建祠堂，年初三开会决定每人出资300元用于祠堂建设。

2. 义务筹款，刻碑留名

为扩充资金，活石水村还倡导村民进行义务筹款。有了前面的专项筹款，再让村民自愿捐款就有些困难。为此，理事会除了给村民讲道理，增强村民对村庄的认同感之外，还出台了捐款激励制度，刺激村民捐款。村民说道："我们村只要捐款，就能上碑，这样能够激励大家都行动起来。"对于活石水村民而言，能够上碑无疑是光耀门楣、光宗耀祖的事情。同时捐款除了姓名上碑外，所捐数目亦要上碑。为了不落人后，村民都在自己力所能及的范围内多捐。村庄自愿捐款取得了不错的效果，2006年修水泥硬底路，村民捐款达到1万元；村里一户单亲母亲和一户带着孙子的80多岁老人所住的新房亦为村民捐款所建。

3. 自愿筹劳，能者多劳

活石水村积极倡导"能者多劳，以我为主"的精神，发动村民义务投劳，推进村庄建设。春节期间村庄人员齐整，方便宣传，也方便投劳，所以活石水村的村庄建设大都选在春节期间进行。投劳建设前，理事会一般都会先对村民进行宣传号召：春节期间除了打麻将，串门聊天，也无事可做，大家有能力还不如投身于村庄建设，多为村庄做些贡献，大家都参与，人多力量大，三两天就能做完。经宣传动员，一些思想开放、乐意为村庄出力的年轻人就积极投劳。在他们的带动下，村庄形成了自愿投劳的氛围，村庄建设热火朝天地展开。在此过程中，理事会成员也积极发挥带头作用，比如村中池塘的两头水牛雕塑、公园的石刻、广场围墙的石砌十二生肖就是理事会成员罗观林义务设计和建成的。

**（四）利益相关，整合资源**

村庄整体利益与村民个体利益具有一致性，活石水村理事会充分利用村庄与村民利益的一致性，推动土地整合、资金整合、人力整合。

1. 土地整合

活石水村为解决土地和人口匹配问题、集体建设用地问题，积极推进土地整合并取得了可观的效果。活石水村之所以要进行土地整合，是基于两方面的原因。其一，土地、人口匹配失衡。20 世纪 90 年代以来，各家庭人口在不断变化，土地却未调整，土地和人口的匹配日渐失衡。理事会成员罗水波说道："我家有三个女儿，嫁出去了，只有我一个人，我在这里还有十亩地。但是有一户人是三个人，结婚生子，变十个人了，那就没有地耕了。"人口、土地匹配不均衡，引起部分村民的不满，土地整合势在必行。其二，集体建设用地难寻。土地分散在村民手中，集体占用村民土地进行公共建设，难以做通村民工作。所以将土地整合起来，由集体统筹才方便进行村庄公共建设。理事长罗水波说道："你在这里做个停留垃圾的地方，人家就说'不行，我的地方，弄开弄开'。我们村子搞到今天，总的根源是整合"，"我们村不这样搞不行，（不整合土地）很多东西搞不出来的，土地框住我们村方方面面的事。先解决土地的平均，才能做到我们村的美丽乡村建设。所以要先将我们的土地整合起来，我们搞建设才框不住。"基于上述两方面因素，2014 年活石水村理事会将零碎的土地整合起来，由理事会管理，一年一调。

水田分为口粮田（100 亩）、机动田（80 亩），水田每亩出 50 元水利费便可耕种。口粮田按照"生增死减、进增出减"的原则进行土地份化，份化土地可分红。口粮田的使用规则：首先，理事会将田地收归集体，然后平整，划块，一块田一亩。其次，水田划块后，按人口确定面积，但不确定四至。年初三开会进行报耕。为保证村民均有田可耕，报耕亩数不能超过人均面积，比如村中共 100 亩田，50 口人，每户报耕数量不能超过人均 2 亩。由于部分村民要外出务工或者种不了 2 亩，那么就会余出一部分田，想多耕种的村民可以继续报耕。一般两轮报耕就能解决问题，若两轮过后还有余田，则可以发包，但只能短期发包，以保证农田使用的灵活性。最后，插签随机搭配，保证公平。报耕完成，每家耕种面积确定后，理事会就开始进行田块的分配。理事会给田块插上签，签上有号码，田块和签随机搭配，这样每块田有一个号码。接下来由报耕者抽签，一个号码就是一块田，一块田的面积就是一亩，种一亩就抽一个号码出来，种两亩就抽两个号码出来，依次类推，随机搭配。有村民种数块田，但是田块没有抽到一起，村民可以自行调换。80 亩机动田归经济社托管，对外短期发包，以保持其使用的灵活性。

500 亩荒山荒地此前一直就归集体所有，由于难以耕作，大部分荒置，现在全部由经济社按片对外发包。发包时优先考虑本村村民。具体做法是：村民开会，定死价格，如多人竞争同一片地，抽签决定。租期最短是 5 年，最长是 20 年，其间价格不变，租金归集体。现在大部分山地都是本村人承包，发展特色种植、规模种植。

2. 资金整合

活石水村通过规定筹资、整合征地款，壮大了村庄建设资金。义务筹资没有强制性，容易造成不捐者"搭便车"，但村庄是一个公共空间，村庄建设成果人人均能享受，"搭便车"行为难以排除，所以村庄建设成果具有非排他性，也正是这种非排他性要求每个享受者分摊成本，以防止"搭便车"影响公平而使整个建设毁于一旦。同时，建设前捐款总额难以估算，不利于建设规划操作；个体利益和集体利益具有一致性，每人出钱搞建设也理所应当。因此，理事会在 2011 年大年初三开会决定进行强制筹资，推进村庄的十年计划。理事长罗水波说道："2011 年的春节在礼堂开会，大家就商议，现在我们村这个脏乱，要搞好。于是确定了一个十年规划，在未来的十年里把村庄环境建设搞好，每人每年 100 元。"理事会成员罗观林说道："筹集资金，需要多数人能够接受，定得太高不行，当时我们讨论的结果是每人 100 元，这是大家都能接受的范围。"当时规定无论男女老少，每人每年 100 元，遭到部分人反对。一些年纪较大的村民，思想固化，也没有太多的收入来源，不愿意拿钱出来，理事会就发动年轻人做工作，年轻人在外务工经商，眼界开阔，思想更为开放，比较支持村里的改革。年轻子女将自己的见闻、村庄建设的意义讲给老一辈听，更容易获得其信任，因此让子女劝往往能取得较好的效果。理事会成员罗观林说道："农村筹款的事，现在多需要年轻人做老人的工作。"规定筹资取得了较好的效果，理事长罗水波说道："村民每人一百（元），筹集了十多万元。"除了"十年计划"向每人筹资 100 元外，村里请了两位保洁员，每人每月工资 1000 元，其工资来源也是村民筹集，每年人均 100 元，不够集体再补齐。

此外，理事会还整合了汕昆高速的征地款用于村庄建设。其他地方征地款都是直接补偿到农户，但活石水村土地整合以后，做实了土地集体所有，所以征地款直接补偿到了村集体，青苗补贴归私人。被征用的农户的承包地，村集体再于其他地方调整。通过这种方式，活石水村整合了 100余万元的征地款用于村庄建设。

3. 人力整合

为解决资金不足、无力负担工钱的问题，活石水村理事会整合了村内劳力用于村庄建设。2011 年大年初三，全体村民在礼堂开会，商议村庄的建设事宜。考虑到个人义务捐资、集体规定筹资的数额有限，买材料尚且将就，请工人则无力负担。理事会提出："反正春节大家都在家，也没有要紧事情需要处理，村里很多人也有这方面的'建筑功夫'，再添些人手就可以开工建设，何不自己干呢，自己干还要用心仔细一些。"后大家经过讨论，一致通过每户必须出一个劳动力进行村庄建设，这样既保证了公平，大家都没意见，又能保证每家一人，加上自愿参工的人，人数合适，不会造成劳力浪费。同时和自愿筹劳相比，规定筹劳能保证村庄建设有稳定的劳力来源。"捐一部分，涉农资金一部分，筹一部分，买材料回来又开会，打工的都回来了，人比较齐。'我们开工三天，自己干'，那点钱用来买材料，不出人工。"

理事会虽然规定每家必须出一个劳动力，但也设置了弹性机制。理事会考虑到有些家庭中在外工作或经商的人员多，有些家庭中只有老年人，有些家庭不愿意出劳力，有些家庭偶尔有事，抽不开身，允许这部分家庭拿钱换工。"比如搞一个建设用了 3 天，按当时的工价，没有参加的就给 3天的工钱。"此外，中国人一直有叶落归根的情怀，一些人在外定居，过年过节回来，年老会定居于此。这部分人就由理事会再联系，愿意参工的，可以回来，也可以拿钱换工，不愿意亦不勉强。

### 三　政府引导：有依有靠，发挥外力促建设

清远市积极制定美丽乡村的建设指标，引导村庄对标建设，引导村庄进行"三个重心下移"，进行涉农资金整合，增强村庄建设力量。

#### （一）制定标准，统一规划

清远市在推进美丽乡村建设过程中出台了相关政策，制定了统一的美丽乡村建设验收标准，以便各村庄统一规划，对标建设。

1. 层级定标，有的放矢

清远市美丽乡村分为 5 个层级，针对不同的层级市有关部门出台了不同的建设指标，以便引导村庄对标建设。2016 年清远市出台的《清远市"十三五"期间推进美丽乡村建设实施意见》，将美丽乡村分为整洁村、示范村、特色村、生态村、美丽乡镇 5 个层级，不同的层级有不同的建设验收指标。不同的村庄基础不同，发展建设进度也各不相同，现阶段所取得的成果也不相同。清远市设置 5 个层级，考虑到了整个清远市村庄的整体情况，不同发展程度的村庄都能在这 5 个层级中找到适合自己的标靶，对标建设。

活石水村从 2009 年开始自发搞村庄建设，到 2013 年基本完善了村中的道路、水利、体育、文化等方面的基础设施，基本完成了村庄的环境整治，丰富了村庄文化活动，村庄产业也开始起步，基本上达到了美丽乡村中"特色村"的水平。活石水村的自筹自建取得的效果，引起了上级政府部门的关注。理事长罗水波说道："2011 年开始搞，基础就搞得很好。后来干部看到我们搞得这么好，村民那么有积极性，2015 年搞美丽乡村建设，政府就很支持我们，要搞什么东西，政府就出点方案，出点投资，和我们村的这些理事一起商量怎么搞。"2015 年清远市正式开展第一批美丽乡村建设，活石水村由于基础扎实，村民积极性高，政府鼓励其申报美丽乡村建设，引导其向生态村方向发展。

2. 梯度建设，激发活力

清远市将美丽乡村分为 5 个层级，实行分类规划，梯度创建，激发村

庄建设活力。对于基础设施较落后的一般自然村，按要求开展"三清三拆三整治"，完善基础设施建设。在此基础上，加快生活污水设施建设，争取早日达到"整洁村"标准。对于基础设施较为完善、村民居住相对集中的重点自然村，在达到"整洁村"标准的基础上，进一步做好提升完善工作，加快创建达到"示范村"标准。对于群众积极性高、基础完善、有一定产业或人文历史特色的突出自然村，在"示范村"的基础上按照清远市美丽乡村标准打造"特色村""生态村"，形成梯度创建。梯度创建有利于激发村庄内在的建设活力。如果标准统一定低，触手可及，创建工作无意义。如果标准统一定高，目不可及，会打击村庄建设积极性。实行梯度创建，为不同进度、不同基础的村庄都提供了一个期望值，村庄都能够为此而努力。完成此目标，下一个目标也可期可望，一步一个脚印，踩实美丽乡村建设的每一步。活石水村本有自己的"十年计划"，但"十年计划"也仅限于整治村庄环境，没有想过要深入建设。后来在政府出台美丽乡村建设政策后，政府积极劝导活石水申报，活石水村进一步建设的热情被点燃。罗水波说道："我们11年开始搞的时候也没想到能搞得（像）今天这么好，我们是十年计划，十年计划都没有现在这么漂亮的。现在有美丽乡村政策，有政府以奖代补，自己就想搞大一点，搞漂亮一点。按我们自己的十年计划，十年到了也没有这么漂亮。"

**（二）重心下移，自治回归**

2014年清远市推行"三个重心"下移，党组织重心和村民自治重心由行政村下移到自然村，理顺了基层组织关系，充分释放了理事会的自治功能。

1. 党组织重心下移，乡村建设有核心

农村基层党组织下移到自然村之后，村庄建设有了自己的领导核心。2014年清远市推行"三个重心下移"，要求将党组织重心从行政村下移到自然村，行政村建立党总支部，在自然村建立党支部。原先农村基层党组织最低层设在行政村，行政村党支部成员来自辖下缺少共同利益关联的自然村，党支部成员有限，且行政村所辖面积大，党组织难以在村民小组（自然村）发挥有效作用。清远市通过实施党组织建设重心下移，在村民小组（自然村）一级设立党组织，实现了党支部"建立在连上、扎根在群众"，党组织成员就来自村民身边，更贴近村民，也扩大了党组织的覆盖面，有利于强化党组织在农村的领导核心地位。2017 年 4 月活石水等村联合成立了下塘坑党支部，突出了自己的领导核心。

2. 自治重心下移，乡村建设有力量

村民自治重心下移到自然村一级，村庄建设发展有了自己的"主心骨"，村庄力量能攒到一块儿。2014 年清远市推行"三个重心下移"，要求将村民自治的重心由行政村下移到自然村，在自然村成立村民理事会。下移之初，九龙镇并非试点镇，但九龙镇也自发进行了探索。由于活石水村在之前的建设发展中，形成了以罗水波、罗观林为核心的村庄领导组织，村庄有成立理事会的基础，于是 2014 年活石水村在九龙镇政府引领下，选出了自己的理事会班子，罗水波任理事长，罗观林等 6 人任理事。村庄有了理事会，有了发展的"主心骨"，有人将村庄力量拧到一条绳上。正如理事会成员罗观林所说："有了理事就有人管事，有人管事就有人做事，有人做事就有了一件件的好事。"

（三）以奖代补，整合资金

清远市推行涉农资金整合，出台以奖代补政策，充分发挥资金杠杆作用，激活村庄建设活力，撬动村庄产业发展。

1. 规范程序，整合资金

涉农资金本是国家用以补贴农业生产的，但资金下发到户后并没有用到农业生产上，且分散到各户的资金数量小，未发挥太大作用。九龙镇领导说道："涉农资金发下来以后，并没有用在生产方面，都用来交水费啊，电费啊，医疗保险啊，对自己家庭的开支起到了一部分作用，但是从中央、省政府的层面来看，涉农资金是用来补贴农民的生产成本的，但是现在这个性质发生变化了。各家的涉农资金起不到多大的作用，但是汇集起来就不同了，作用就大了。"于是清远市积极规范涉农资金整合程序，引导村庄整合涉农资金，用于村庄公共事务。清远市委、市政府在 2014 年 11 月印发《清远市财政涉农资金整合实施方案（试行）》，标志着涉农资金整合的正式实施。整合程序为：由村民与村小组集体签订《授权委托书》，委托银信部门以代扣形式，将财政部门直接发放到农户"一卡通"的涉农补贴资金转入所在村小组的集体账户，由村民理事会统筹用于村公共事业和公共设施建设，集中力量办实事。经过一年多的实践，清远市各地均已经形成了成熟的做法，且实现了银行代扣，做到既不违反上级的规定，又实现了资金的有效整合，使资金来之于村民，用之于村民。2014年，活石水村在政府号召之下，也对村内的种粮补贴和生态公益林补贴进行了整合。

2. 以奖代补，激发活力

清远市在推行美丽乡村建设的同时，出台以奖代补政策，极大地激发了村庄的建设活力。以奖代补是先建后补，先由村庄申报美丽乡村，对标进行建设，创建期满，经政府验收通过，奖补资金再下发到村集体。此前的农村建设是政府直接补贴，村庄拿钱再搞建设，往往成效不大，以奖代补是村庄自己先想办法垫资建设，验收通过才能拿到奖补，通不过则拿不到奖补，间接地将补贴变成了奖励，有利于激发村庄建设的积极性。2017年春节，在活石水村的礼堂门口，张贴着九龙镇兑现到村的2016年美丽乡村建设启动资金发放公示。"这个公示贴出来后，资金情况很透明，村民们也了解到各村的建设情况，形成争创美丽乡村的氛围。"九龙镇相关负责人称，自2017年春节启动资金奖补情况公示后，该镇有10多个村的村民对村民理事会的"不给力"感到不满意，通过召开村民大会罢免了村民理事会理事长。"10多个村换了村长，换一批能够真正为村民们着想的带头人。"

3. 以小搏大，杠杆效用

清远市推行涉农资金整合，目的在于将分散于各户的涉农资金整合起来，发挥其"四两拨千斤"的作用，撬动村庄公益事业建设。九龙镇2017年7月开始进行普惠性涉农资金整合，将原本分散到各家各户的种粮补贴、粮种补贴、生态公益林补偿金整合至村集体，由村集体统筹于村庄的公益事业建设。九龙镇镇长说道："各家的涉农资金起不到多大的作用，但是把一个镇的涉农资金，一个村或者一个自然村的涉农资金整合起来，用行政村或自然村的名义去做一些好事的话，汇集起来就不同了，作用就大了。我们镇的涉农资金整合起来是3000多万（元），这些钱分到行政村或自然村就可以修条路或者修条水渠。"九龙镇金造村14个村民小组共整合涉农资金13万元，修筑了300多米的防洪堤，并对河道进行了清淤。九龙镇太平村每年整合涉农资金约 15 万元，其将预整合的 4 年涉农资金约 60 万元用于修建公路路基，最终于 2015 年建成水泥路面并通车，使太平村到清远市区的路程缩短了 30 多公里。活石水村也整合了涉农资金约 2.8 万元用于村庄建设。

### 四　内生外引：里外同心，推动建设深入进行

活石水村根据政府的指导，对标进行建设，成立村党支部，组建村理事会，整合各类资金，深入推进美丽乡村建设，同时积极挖掘旅游资源，打造乡村旅游，实现长效发展。

#### （一）对标建设，宜美宜居

在政府的引导下，活石水村从整治居住环境着手，建设生活配套设施，加强村庄卫生管理，改变了村庄以往凋敝破败的状况，实现了人居环境宜美又宜居。

##### 1. 改善人居环境条件

活石水村在政府帮助下，发挥理事会的作用，统一规划房屋，实行人畜分离，改善了人居环境。活石水村最初提出的整治村庄环境的"十年计划"，涉及村庄污水、垃圾的处理，涉及村庄基础设施的完善，但未涉及人畜分居、"一户一宅"、房屋统一规划等方面的内容。但人畜分居、一户一宅是美丽乡村的必然要求。为此，政府积极帮助其进行规划，实行人畜分离，落实"一户一宅"。活石水村部分村民从 2007 年开始，陆续在村里兴建楼房，形成了新旧两区的房屋分布模式。同时，人口居住房、杂物房、牲畜圈舍混为一体。改造势在必行，但要全部推倒重建不太现实。为此，2015 年村理事会联系帮扶单位英德市纪委，通过国土规划等部门对村庄进行了重新规划。罗水波说道："政府成立有美丽乡村办，相关人员就来村里协商规划，当时请的有专业教授来做规划，画图纸，也不是他说搞什么就搞什么，也要征求村民的意见。"理事会对全村的泥砖房、杂物房进行统一整治，实行人畜分离。他们根据村庄实际，突出村庄总体规划，严格落实"一户一宅"政策。在节省土地的前提下，农户建房可以互相置换宅基地，楼房设计不要求千篇一律。同时，将村庄周边的土地、山林等资源一并纳入旅游发展规划。

2. 完善基础设施建设

活石水村在理事会的带领下，积极筹资筹劳，完善村庄的基础设施建设。在活石水村建设发展之前，村民靠种地维持生计，谋求发展尚无暇顾及，更无精力考虑村庄的健身、文化等基础设施。但加强生活配套设施建设是美丽乡村的题中之义，因此理事会带领村民积极筹资筹劳、引进外资，3 年时间完成了村里的基础设施建设，先后建成了古炮台、迎福亭、"活石水"牌坊、廉政公园、篮球场、村中街道、娱乐广场等基础配套设施。

3. 强化村庄卫生管理

政府引导，村庄发力，强化村庄卫生管理。在活石水村建设发展前，村里污水横流，垃圾随地乱扔，村庄卫生无人管。美丽乡村建设要求村庄建立保洁员队伍，落实门前"三包"、轮流值日等保洁制度。基于此，九龙镇制定了适用于全镇的《九龙镇农村保洁员保洁制度》，活石水村亦照此行事。

活石水村将村庄分成两大区域，每年集资 3000 元聘请保洁员进行环境卫生保洁，确保村容村貌整洁，村里还建成了污水处理池，净化生活污水，保护环境。同时村庄注重从小就培养孩子的保洁意识，九龙镇领导说道："活石水有它自己的一套管理办法。每到周末就组织小孩子扫地，给他们树立这样一个意识，自己的居住环境自己来管。"

活石水村通过改善居住环境，完善基础设施，搞好村庄卫生，使村民面貌发生了巨大变化。村庄环境转好，吸引了更多的人回村建房居住。罗水波说道："我们想外环境越搞越好了，现在那些年轻人才回来做房子，今年就做了十套，以前都是在外面买一套房子住，不想回家。"

**（二）适应下移，规范组织**

活石水村推行党组织重心下移和村民自治重心下移，建立自己的党支部和理事会，基层组织向规范化、制度化方向发展。

1. 党小组更"接地气"

活石水村成立党支部之后，活石水农村基层党组织更加"接地气"，更加贴近群众。党组织重心下移之前，活石水村所属的塘坑村设立了党支部，党支部成员来自塘坑村下的各村民小组，但各村民小组的党员有限，且各村民小组缺少共同的利益关联，党组织难以在村民小组（自然村）发挥作用。2017年，活石水等村联合成立了下塘坑党支部，由活石水村小组长罗水波担任党支部书记。党组织下移后，党组织成员就来自村民身边，更加贴近村民，党组织变得"触手可及"。活石水村有了自己的党组织，建设便有了领导核心。在罗水波等人的带领下，在清远市2016年度第一批美丽乡村创建工作中，活石水村第一个获得了清远市"生态村"称号。2017年初，活石水村被国家住建部评为"美丽宜居乡村示范村"。

2. 理事会的"制度化"

2014年清远推行村民自治重心下移，活石水村理事会从无形到定型，从合情到合法，实现了组织的制度化。所谓制度化，是指群体和组织的社会生活从特殊的、不固定的方式向被普遍认可的固定化模式的转化过程。活石水村理事会的前身是以罗水波和罗观林为核心的领导组织。"以前理事会是一件事情成立一次，比如我们要搞个什么活动，就临时成立个理事会。活动结束就分开了。"理事会是不固定的，人员也是不固定的，理事会的运行逻辑也是基于对村庄的热爱和责任。在正式选举成立理事会之后，活石水村理事会实现了从无形到定型的转变，国家权力赋予了其存在和运行的合法性、合理性。同时，理事会下面又分设组织，有固定的理事人员，有规定的行事章程，更容易为村民所接受，行事更加"师出有名"。

九龙镇领导说道："基本上行政村是没有资产的，自然村有生态公益林啊，有土地啊，有公共的水塘啊，有公共资产，至少是有集体经济的。所以自然村在理事会之下设立个经济社，有这个经济实体，处理问题就更加方便，活石水村选出自己的理事会后，有了发展的主心骨。"

"三个重心"下移之后，农村基层基本形成了"党支部提事—村民理事会议事—村民代表大会决事—村委会执事"的格局。但在活石水村，罗水波既是理事会会长，也是村民小组组长，还是党支部书记，因此活石水村实际是"三套班子，一套人马"。村里重大事务都以理事会的名义进行，理事会实际承担了议事和执事的双重职能，成为村庄管理和发展的"保姆"。

**（三）争取奖补，汇集资金**

活石水村整合村内涉农资金，争取奖补资金用于村庄建设，建设产生成效，撬动了市场资金的进入。

1. 整合涉农资金

活石水村积极响应政府政策，整合村庄涉农资金，发挥小钱大用的功效。2014 年九龙镇开展"三个整合"工作，要求整合涉农资金。借此契机，村理事会第一时间召开全体村民会议，商议整合涉农资金。村民觉得反正要筹款、捐款，涉农资金不必再打给自己，于是同意将涉农资金整合到村理事会。经理事会申请后，银行直接将涉农资金打到村经济合作社的账上。此次整合，理事会共聚集村中种粮补贴、生态公益林资金 28500 元用于美丽乡村建设。九龙镇领导说道："各家的涉农资金起不到多大的作用，但是把一个镇的涉农资金，一个村或者一个自然村的涉农资金整合起来，用行政村或自然村的名义去做一些好事的话，汇集起来就不同了，作用就大了。我们镇的涉农资金整合起来是 3000 多万（元），这些钱分到行政村或自然村就可以修条路或者修条水渠。"

2. 争取奖补资金

活石水村积极争取以奖代补，增强发展信心，放大发展内力。活石水村进行美丽乡村申报之前，村庄建设已初具规模，以奖代补政策的出台激发了村民进一步进行村庄建设的积极性。理事会成员罗观林说道："做来做去，政府看到，觉得这条村可以啊，他们的自发干劲很好啊。政府的一事一议啊，奖补啊，就先考虑我们。多了这点补贴，我们就越搞越有干劲。"理事长罗水波也曾谈道："因为我们每年是一个人口 100 块钱，一年十多万，干不了什么大事，有政府以奖代补，自己就想搞大一点，搞漂亮一点，按我们自己的十年计划，十年到了也没有这个漂亮。"有政府作后台，村民对村庄的未来更有信心，因此更愿意为村庄建设投资投劳。2016 年活石水村申报的"生态村"验收通过，村庄获得近 300 万元的奖补资金，这进一步刺激了村民建设的积极性，村庄建设的内力被进一步放大。

3. 撬动市场资金

活石水村通过整合涉农资金、争取奖补资金，使村庄建设做出了成效，撬动了市场资金的进入。活石水村的建设成效不仅引来政府的关注，更引来市场资本的关注。由于以奖代补政策要求先建，验收达标后才奖补，因此前期建设需要村民自己出资。面对小型建设项目，理事会筹资筹劳尚可解决，面对大型建设项目，比如污水池，理事会无力解决，这就需要外部资金注入。有需求就会有利益空间，有利益空间就会有资本进入。理事会会长罗水波说道："我们每一条村都不是很富裕，靠自己做不了，以奖代补是先建后补，有资金来源。比如建一个污水处理池，可以承包给一个老板来做，村集体自己出 20%～30% 的启动资金。做完后，政府有关部门验收合格，就将奖补资金转到村里的经济合作社，然后打钱给老板。大部分工程都是这样做。"有政府奖补，承建老板不担心后期拿不到钱。而且活石水村声名远扬，承建老板笃定日后定会有更多的建设项目，近水楼台先得月。做好前面的项目，才更有机会拿到后面的项目，因此市场资本愿意倾力于村庄建设。

**（四）因地制宜，发展产业**

活石水村通过挖掘内部旅游资源，借助政府打造省级新农村示范片的契机，积极发展乡村旅游。

1. 挖掘传统，激活"热点"

活石水村有丰富的旅游资源，村庄正致力于挖掘内部旅游资源，打造乡村旅游。活石水村始建于康熙四年（公元 1665 年），距今已有 300 多年历史，村内还保留有客家建筑等印迹。同时，村内还有丰富的传统手工艺文化。罗观林打算带领村民将以前种砂糖橘的土地进行整理，搭建蒙古包，融入村庄的传统文化，激活旅游热点。理事会成员罗观林说道："将我们以前砂糖橘那块地弄起来，种竹笋，养鸡，搞蒙古包，可以住宿，村民自己可以卖东西。将我们村以前的老文化，榨油，打铁，古装裁缝，编织，木匠，……我们村子以前的文化全都拿出来。我们就是引进了这个公司，当时想的是，有人要了，将在我们这个湖修一条环湖路，他们搞个点出来，我们就可以将我们的文化做出来，我们的游客很多的。"

2. 借助区位，发挥特色

活石水村坐落于核心景区内，区位优势明显，同时有红色革命资源，特色明显。英德市九龙镇，地处英西峰林核心景区，水边河自西北向东南蜿蜒流过，村落依山而建，村民逐水而居，风格鲜明。同时村中保留着古炮楼、古炮台、人民英雄纪念碑等红色历史文化资源。此外，活石水村礼堂作为村庄文化阵地，每年举办的"草根春晚"特色鲜明，别开生面，吸引了不少人前来观看。基于此，活石水村依托村中红色革命资源和周边峰林景观等优势，将美丽乡村建设与英西峰林旅游长廊相结合，建设特色旅游及农家乐示范名村。

3. 专项投资，培育产业

活石水村的乡村旅游获得政府和市场的投资，产业发展欣欣向荣。九龙镇计划从 2016 年起，投入近 6 亿元，在镇内连片打造一个以 5 个主体名村为核心、辐射带动 45 个示范村建设的省级新农村示范片。活石水村是该省级新农村连片示范建设工程项目的 5 个名村之一。活石水村通过村民入股方式，在"九龙小镇"建设的带动下，投资 200 多万元建成了"活水农庄"。在英德市政府的引导下，村庄引进了桃花湖旅游公司对村庄进行旅游开发。乡村旅游成为活石水村经济发展的主要方向。2016 年 10 月份开始启用的"活水农庄"，仅在国庆节期间，便带来了 4 万多元的收入。九龙镇 2017 年春节迎来了旅游高峰，旅游人次和旅游业产值都创了历史新高，活石水村也因此受益，仅"活水农庄"在春节期间就获得 1 万多元的收入。

## 五　讨论思考

### （一）激活内生动力是美丽乡村建设可持续的前提基础

目前大多数的美丽乡村建设都依靠政府主导，"找政府，找老板"成为村庄建设的惯性思维，村庄自身参与程度却不够，村庄建设常常陷入政府投资—村庄发展—政府撤走—村庄停滞的困境。因此，充分发掘村庄的内生动力，依靠村民自己的力量，是美丽乡村建设可持续的前提基础。活石水村有浓厚的文化传统，自我认同意识强，容易凝聚起来迸发合力。同时村庄在长期的发展过程中，涌现出了自己的领导核心，建立了自己的自治组织，村庄公共事务有人领。正如罗观林所说，"有了理事就有人管事，有人管事就有人做事，有人做事就有了一件件的好事"。村庄在理事会的带领下，万众一心，群策群力，筹资筹劳，村庄建设持续推进。

### （二）政府适度引导是美丽乡村建设可持续发展的有力保障

农村自身有力量，但囿于发展眼光、精英人才缺乏、社会资源有限，村庄自身力量难以发挥。因此美丽乡村建设需要政府发挥作用，依靠政府的适度引导找到农村建设的方向。政府引导是美丽乡村建设可持续发展的有力保障。活石水村的发展也有赖于政府的引导。活石水村依靠自己的力量完善了村庄的基础设施，初步完成了村庄的环境整治，在村民看来，村庄发展已经达到预期，可停止建设脚步。后政府出台美丽乡村建设政策，积极引导活石水村向美丽乡村方向发展，英德市委帮助村庄进行规划，为村庄引进旅游公司，引入市场资本，推动了村庄建设持续前进。

**（三）促进产业发展是美丽乡村建设可以为继的不竭动力**

产业是经济社会发展的基础，没有产业，村庄建设发展便没有动力来源。美丽乡村建设，短期靠环境整治，长远靠产业支撑，促进产业发展是美丽乡村建设可以为继的动力来源。活石水村摒弃传统农业发展方式，整合土地，进行规模种植，特色种植，同时引进旅游公司，搞旅游开发，将传统的农业种植、农产品售卖和旅游相结合，实现了农业和旅游业的融合发展，村庄产业开始向乡村旅游方向发展。目前，活石水村的乡村旅游已初具规模，并获得了可观的经济效益。

# 第八章

## 村民自力，共享乡村振兴成果

执笔人：张慧慧

习近平总书记在党的十九大报告中明确提出："实施乡村振兴战略。要坚持农业农村优先发展，按照产业兴旺、生态宜居、乡风文明、治理有效、生活富裕的总要求，建立健全城乡融合发展体制机制和政策体系，加快推进农业农村现代化。"这也赋予了美丽乡村新的内涵，开启了新时代美丽乡村建设的新征程，为新时代美丽乡村建设打下了良好的政策基础。而目前的美丽乡村建设多数是依靠自上而下的政府主导型建设机制，作为美丽乡村建设主体、受益主体和价值主体的农民，对于美丽乡村建设的参与程度却远远不够，个别的参与行为实质上也是一种"被参与"，美丽乡村建设也只是一种"被建设"。这种单纯依靠政府投入式的发展虽见效快，但往往难以持久，难以培育村庄自我发展的能力，且其见效范围多局限于村容村貌的改善。这就要求，美丽乡村建设必须要注重挖掘村庄建设的内生动力，发挥农民的主体意识，使美丽乡村建设"从群众中来，到群众中去"。清远市西牛镇新城村即基于村民的共同建设需求，探索出了一条以内生动力挖掘为基础的"自主与自力"的建设道路，通过内生力量实现了村美、人和、财旺，成为真正意义上的美丽乡村。

新城村美丽乡村建设最早可追溯至1995年，基于宗族文化底色的祠堂建设形成了改革的初始推力，并通过成立临时理事会实现村民首度自治；随后，村庄在村组干部与理事会的带领下开始进行村庄改造、公共设施建设；2009年，由村庄能人带头进行全村规划，整村推进了房屋拆旧建新，以"五年规划"彻底改善村庄人居环境；2014年，新城村抓住清远市启动农村综合改革的契机，以"三个整合"和"三个下移"激活村庄内在发展潜力；之后，借力农综改打下的基础，新城村开始逐步试水产业发展与乡村旅游，以期为村庄建设和发展注入持久动力。相比于政府领跑的建设方式，新城村自主建设周期长，时间跨度长达20年，但其依托文化底色与自治组织的运作方式，充分激活了村庄内部的建设活力，彰显了美丽乡村建设强大的内生动力，成为美丽乡村建设中"自主与自力"的典范。

## 一 改革背景：困境中寻求村庄发展

新城村美丽乡村建设是基层群众基于农村发展困局的自发实践，具有很强的自发性与首创性。从自建的初衷来看，新城村美丽乡村建设首先是一场问题导向的改革，其目的在于破解村庄长久以来积贫积弱、人居环境差、村内不和谐的发展困局。

### （一）村庄破败，民心较散

#### 1. 耕地零散，耕作不便

新城村是一个传统的纯农业村庄。20世纪80年代分田到户以后，村民以种植水稻为主，农业生产一直只能糊口。在进行村庄建设以前，村内土地十分零散细碎，在人均6分地的前提下，全村各户均有几块甚至十几块不相连的田地，最小的地块仅有5~6厘。同时，新城村在集体化时期建立起来的农田水利设施，由于长时期不加修缮多数处于荒废状态。土地零散、机耕路不畅、水利失修，使长期以来新城村农业机械化耕作难以实现。加之村内多数年轻人外出务工，在耕人员以老年人为主，受限于耕作能力与耕作条件，村内40%的农田处于撂荒状态。

#### 2. 土地乱占，边界纠纷频发

改革开放以后，土地分田到户，土地间用工具划分边界。随着时间的推移，边界日益模糊，村民之间因边界而产生的矛盾频发，难以调和。如村民曾记阳与曾祥忠即曾因在山林地中砍树越界而发生持刀砍人事件。同时，由于土地零散且产出不高，村内劳动力逐渐外流，在村继续从事农耕的农户多以耕种水田来维持生计，旱地则多数撂荒或种植竹子等耗时短、不需要经常打理的农作物，但竹子之类的植物长大长高后会影响邻近农田的采光，影响邻家农作物的生长，从而易产生边界矛盾。

除此之外，为了多占土地，扩大自家宅基地面积，村民在房前屋后乱建茅屋、乱种果树、围地种菜等现象十分普遍，用多种方式多占宅基地。村民谈道："不管是不是亲兄弟，为了子孙后代，打架都要争这个宅基地。"村民之间每年都会因为宅基地发生争执，宅基地乱占乱用甚至影响了村民的正常通行。

3. 人畜混居，人居环境恶劣

在2009年改造以前，新城村是一个远近闻名的"烂村庄"，村内污水横流、人心涣散，甚至超半数村民仍与牲畜同住在中华人民共和国成立前就已修建的500余间泥砖房里，当时全村都弥漫着难闻的气味。尤其是到了雨季，情况更为严重，房顶漏雨，屋内泥泞不堪。同时，村内的旧屋、菜地、杂物栏等由于年久失修，不仅影响村容村貌，更影响着村民的居住感受。村里年轻人的婚姻都因此受到影响，常有人说"嫁到牢里都不要嫁到新城"，人居环境差是一直困扰村民的现实问题。

## （二）基础较差，外力难借

1. 集体经济积累基本为零

在进行村庄改造以前，新城村集体经济长期处于贫弱的状态。1981年土地承包到户后，村庄没有了集体用地，使集体经济十分薄弱，当时村庄唯一的集体收入源于发包村内3口池塘，每年不足3000元。历经十多年的发展，村庄水利设施老化、村道路况差、祠堂损毁，村民没有文化室、篮球场等集体活动空间，但都因村庄集体经济薄弱而无力改善。村干部曾水先谈道："实行分田到户后，大家都是各扫门前雪，兴修水利这种公共事宜根本无人问津。当时都没有人愿意做村干部，村集体没有经济，当了干部想搞村庄的卫生清理、农田水利等基本建设也没有办法搞。村集体没有任何实质的财产，办任何公共事业都办不成，也办不好。"在集体经济薄弱的情况下，村庄规划、村庄建设没有人管，村民对集体公益事业往往有心无力、难以开展，村庄事务成了一个"烂摊子"。

### 2. 政府支持频引不入

由于村庄集体经济积贫积弱，为改变村庄面貌，新城村曾试图引入政府的帮扶来开展村庄建设。2008年村庄决定开始新农村建设时，广东省出台了"新农村示范村"的奖补政策，每套房子补助1.5万元建设资金，鼓励符合条件的村庄积极申报。新城村组干部也不甘落后，积极去申请政府资助。然而，新城村的现实条件却难以满足政府资助的条件和要求，如省定示范村要求街道宽8米，大的街道宽度要达到10米，而新城村因地面有限难以达到这一要求。又如英德市扶贫办推行的"危房补助"政策，新城也在村组干部的带领下积极申报，但又囿于其非贫困村而不能享受这一政策。政府资助频引不入使新城村不得不另辟蹊径，在村组干部的带领下，新城村决定"自己规划自己，自己搞自己的新农村"。

## 二 初期建设：借力文化底色的初始推力

村庄积贫积弱的现实背景使村民有强烈的改变村庄面貌的愿望。加之同属一公之孙的宗族底色的影响，1995年，代表宗族认同的祠堂的坍塌，为新城开展村庄建设注入了原始驱动力。村干部以建设祠堂为契机，带动并激活了村庄的内生活力，形成了村庄建设的原动力。

### （一）以宗族认同增进村庄认同

新城村是英德市大部分曾氏宗亲的发源地，这样的历史事实让村民们很是自豪，周边乡镇常有曾氏宗亲回到村里祭拜。祠堂对于新城村村民来说意义重大，不仅仅是村民精神、信仰寄托的场所，是最神圣的地方，也是村民主要的休闲娱乐场所。除此之外，村民办红白喜事也以祠堂为主要空间，在祠堂空闲的地方搭棚办事。祠堂让留在新城这一系的曾氏子孙对祖先更有认同感。建于中华人民共和国成立前的祠堂位于村子中央，3间厅堂是泥砖房，在1995年夏夜里的一场大雨中塌陷一角。大部分村民的想法是"没有祠堂就没有根"，祠堂一定要重建。

为此，当时的副村长曾水先邀上另外两名村组干部，来到村长曾永清家中，与村中较有威望的老人们一同探讨村里多年来未曾出现的大事——修建宗祠。经过商议，村组干部与村中老人均认为宗祠需要重建，但重建宗祠少说也要 10 多万元，当时新城唯一的村集体收入来自村内 3 口池塘的发包，每年不足 3000 元。修建祠堂对村集体经济来说是难以承受的支出。在新城周边有些村也曾重修祠堂，资金全部由村民自筹，经过家长会议讨论，新城村决定也采取这样的方式，并为村干部和村庄老人所认同，制定出了向村民筹资的标准，即以家户为单位，每户不论人口多少各出资 100元，除此之外，每个男丁再额外出资 50 元。

随后，村长曾永清召集村民们开大会，把筹资建祠堂的计划告知村民。"不同意就是不尊重祖先"，村中长辈曾佛金在会上帮着村干部们说话，没有村民敢提出反对意见。会上没有人反对，但开完会后有些村民却不愿交钱。当时新城村共有 99 户，480 人左右，其中不愿交钱的有 4 户，占总户数的 4%。面对不愿交钱的村民，曾水先挨家挨户去商量讨要，有些实在没法说服的，只能让村里的老人出面。到 1996 年春，经过近半年的筹资发动，村里大部分村民的份子钱都已收到，当时 400 位村民共筹资 4万多元。村干部中负责管理财务的曾德池，以每万元每年 1000 元的利息，从两位村民手中借得 4.5 万元。除此之外，新城村在集资与借款的基础上，还举行了村民自愿捐款的活动，共获得捐款 4 万余元。然而，几笔资金加起来，总额仍远远不够支付修祠堂的费用。随后，村干部曾水先提出将村中 1228 亩山林地收归集体管理，耕作条件差的高山向社会发包，壮大集体经济，修葺祠堂的资金问题得以解决。

新城村宗祠在 1998 年正式落成，新城村为此大摆宴席，除了向隶属的小湾管理区内所有村民发出邀请外，还将周边曾氏宗亲邀到村子里，远至英德浛洸镇也有村民到场，共有 3000 多人参加宴席。这一天是新城村历史上最热闹的一天，大大增加了村民的集体荣誉感和认同感。

**（二）以宗族权威培育自治组织**

1. 房系为单位，成立临时理事会

祠堂在农村起到的是维系整个村子的作用，是连接村庄的根。新城村改变村庄面貌的第一步即是修建祠堂。新城村民虽同属一公之孙，但由于分属 4 个不同房系，房系与房系之间又存在彼此不信任的情况，修建祠堂中很多意见难以统一，导致祠堂建了又拆、拆了又建，建设进度缓慢。为此，村组干部与村中的长者们商议，设置一个由 5 位较有威望的长者组成的临时理事会，又称代表会，由各个房系分别选出本房内的代表。代表会成立之后，所有建祠堂的事情均需由代表会进行商量统筹，得到代表会同意才可继续执行。因代表会的成员均是由各房人自己选出的能代表本房人意见的德高望重者，由代表会去通知和做工作使很多在之前建设过程中遇到的问题迎刃而解，由此保证了祠堂建设的顺利推进。

但当时的理事会还是一个临时组织，村庄有事的时候就号召大家来开会讨论，如修路、修自来水设施等，完成以后理事会就自行解散。正如村民所言："有事的时候就有理事会，没事的时候就没有理事会。"

2. 理事会为主，村干部助力

新城村成立临时理事会之后，在修建祠堂的过程中，理事会成员成为祠堂修建各项事宜的真正负责者和决策者，村干部们则承担了配合修建祠堂的角色。新城村明确规定，在修建祠堂以及村庄建设过程中，3000元以下的事务村干部可自行做主，超过3000元的事项即为村庄大事，村干部必须要经过"干部提议—干部会议—理事会会议—家长会—家长签字按手模—村干部组织实施"的流程层层推进，充分尊重理事会的自治功能与村民的主体地位。如在祠堂建设过程中，对于祠堂建多大、建多高、资金多少、谁来建等问题，理事会都必须与代表、家长会进行讨论，取得一致通过后才可做出决策。新城村在筹划重修祠堂的过程中逐步形成了领导团队的雏形，对村庄建设有了初步的规划。村干部与村民理事会共同合作的模式，为新城之后的村组代表和村组干部制度奠定了基础。

## 三　建设落地：村民凝心聚力搞建设

借助修建祠堂的契机，新城村不但巩固了村民的祖先认同，更唤起了村民对村庄以及村组干部的认同感。自1999年起，新城村在村组自治内生力量的推动下，逐步汇集资金、投资公共设施建设，并带领村民重新规划建设新村。在外力难借的情况下，新城村注重长远规划，脚踏实地地前进。"有多少钱就搞多少钱的建设"，充分显示了内生动力的活力。

### （一）想办法，汇聚资金

1. 山塘管理维护，既有收入增值

由于村庄集体经济贫弱，面对建设祠堂的资金缺口，新城村穷则思变，首先从每年为村庄提供 3000 元集体经济收入的山塘入手。在村组干部的带领下，村庄开始对山塘进行管理维护，规定水塘的水位要保证在 1 米以上，低于 1 米则不准再放水灌溉。村干部向村民承诺，如果出现特大旱灾，村集体会出面想办法买柴油机从别的地方引水灌溉稻田，保证村民的水稻不会失收。由此鱼塘的经济效益得以提高。鱼塘发包的收入由每年 3000 元上升至每年 20000 元，村庄集体经济收入得以充实。

2. 山地开发利用，村—民双受益

为发展集体经济，奠定进行村庄建设的经济基础，时任村组干部的曾水先大胆提出将村中 1228 亩山林地收归集体管理。为收回山地，新城村村组干部主持召开了"家长会"，每户出一个代表参加会议。曾水先讲道："我们村干部要向村民说明收回山地的用途，让村民明白收回山地不是为了干部的私利，不是为了用来支持村干部大吃大喝。我们把今后村庄建设的设想告知村民，让家家户户都知道我们在干什么，这样做的目的是什么，村民也就能理解了。"以此获得了大多数村民的支持。

山地整合之后，新城村逐渐将 1228 亩山林进行全面发包，将耕作条件差的高山对外发包壮大集体经济，将耕作条件好的对内发包，鼓励村民发展规模生产并鼓励村民遵循"适度规模"的原则进行承包经营。村庄以 20~30 亩为一个标段优先由村民承包，每亩租金 50~60 元/年。村民租种以后，可以用来种植麻竹笋、砂糖橘、松树等经济作物，时任村干部的曾水先率先承包了 30 亩种植砂糖橘。此做法不但提高了村庄的集体经济收入，也带动了村民种植砂糖橘。许多村民在承包的山林里种植砂糖橘，并自己出资将电线拉到山上，砂糖橘的灌溉、打药都实现了机械化。除此之外，村集体还统一配套建设了通向山地的道路设施，同时村民租种山地种植果树还可以以每立方米 8 角钱的价格使用集体的水用于灌溉。村集体获得的收入用于投资村庄的水利设施、山塘、村道、自来水等村庄基本公益事业建设，由此也增强了村民对于村干部的信心和信任，让村民看到村集体能做事、会做事、做好事，从而为村庄建设聚了财力，添了人气。

3. 旱地整合发包，集体经济"大丰收"

2006 年，为进一步发展壮大集体经济，新城村在收归山林的基础上，将 300 亩旱地也收归集体进行统一管理、统一经营。在之前收回山地用于村庄建设的基础上，此次收回旱地村民本身的怀疑与排斥感较弱，阻力较小。同时，由于多数村民外出务工，且旱地多呈零碎化分布，在村村民也多不愿耕种旱地，村庄300亩旱地中一半以上处于丢荒状态。村民在耕的旱地多用于种植花生、玉米、大豆等杂粮或竹子等植物，经济效益极低，一亩地最高收益仅能达到三五百块钱，而且种植竹子、果树等植物极易因农田采光问题而产生边界纠纷。基于以上种种原因，新城村在收回旱地的时候阻力较小，矛盾没有特别尖锐。但收回旱地的过程也不是完全一帆风顺的。"农村人保守，不愿意发生变动。"在此情况下，村组干部充分发挥村庄青年主力军的作用，趁着年节在外打工的年轻人回乡，先召集年轻人开会，从在外打工见多识广、思想容易说通的年轻人入手做工作，再由年轻人回家去做自家老人的工作，以此来保证收回旱地工作的顺利推进。如在收回旱地过程中，村中一户老人始终不愿无偿清除自家旱地里的竹子，最终由其儿媳妇去做疏通工作并亲自将竹子砍掉。

新城村将旱地收归集体之后，遵循优先向村民发包的原则，并在承包价格上给予了村民极大的优惠，如果是本村人承包，价格为200元/亩·年，如果是外面的人承包，价格为300元/亩·年。村民利用租种过来的旱地规模种植砂糖橘，一方面提高了土地的利用率，避免土地丢荒；另一方面收入获得大幅度提升，同时村集体也获得了土地租金的收入。新城村通过旱地整合，获得了极大的经济效益，至2012年村集体收入达49万余元，村中有36户村民家中有果园，村民住上了砂糖橘楼房，新农村建设的最大难题基本得到解决。

**（二）做公益，汇聚民心**

1. 公修公用，完善公共设施

新城村始终坚持集体经济"取之于民，用之于民"的原则，将集体收入投入村庄公共建设，致力于为村民创造良好的生产生活条件。一是加强农田水利建设。新城村所有农田水利设施均由村集体出资管理和维护，山塘、灌溉渠以及抽水设备的日常维护和使用由集体安排专人负责。旱季枯水期由集体出资聘请村民抽水轮流灌溉所有水田，不但减少了用水矛盾，水利设施也得到了最大限度的利用和维护。二是完善自来水建设，村集体出资十多万元修建了通到每家每户的自来水管道，采取收费管理的方式，家庭用水 0.3 元/吨，果园灌溉水 0.8 元/吨。2005 年时，新城村家家户户都用上了自来水。三是完善美丽乡村配套基础设施。修建两层半约 400 平方米的文化室一栋，修建污水处理池、雨污分流设施、垃圾池，铺设村道 1.5 公里，建设运动场，种植绿化树，建设花池花基等，并配套建设了小公园、篮球场、停车场、绿化带等公共设施。

除此之外，新城村祠堂门口的鱼塘每年遇上雨季就会漫水，鱼塘面积较大，加上没有防护栏，存在很大的安全隐患。新城村干部最终商量决定将祠堂门口的风水塘加以巩固，在祠堂已经砌好石基、大理石护栏的基础上，通过"村民自筹一部分，集体出资一部分，政府帮扶一部分"的方式筹集资金约 35 万元用于修缮鱼塘防护栏。

随着村庄公益事业的逐年完善，村民的认同感与凝聚力也逐渐提升。村民曾安说："看到村庄建设在一点一点变好，我作为新城村村民看到现在的村庄感到非常自豪。"

2. 奖教奖学，投入村庄公益

除建祠堂、修水利、自来水、文化室等村庄基础设施外，新城村还于 1999 年制定了"奖教奖学"政策，对村内每年考上大学的学生进行奖励，考上专科学校的奖励 300 元，考上本科学校的奖励 500 元。近年来，随着村庄集体经济的发展，奖学额度也随之提升，目前村内考上专科学校的学生奖励 500 元，考上本科学校的学生奖励 1000 元。村干部曾凡勇说："村干部绝对是将集体的钱都用于集体，也不敢乱花一分钱，我们奖学的额度不高，但村庄大力支持教育事业的做法却获得了村民的极大认同。"

3. 返还资金，稳定建设人心

新城村自 1998 年建成祠堂之后，村干部带领村民进行村庄建设取得了很大成效，但 2007 年换届之后的村干部没有什么作为，在村庄建设方面没有取得实质性进展，干部怕麻烦、畏难的心理使新城村建设停滞不前，导致村民产生不满，而村集体收入也已积累超过 100 万元，村民提出要村集体分钱的呼声此起彼伏。"村干部搞新村搞不下去就赶紧分钱。"为平衡干群矛盾，巩固村民对村干部的信任感，在乡贤曾凡勇的引导下，新城村在 2008 年满足了村民分钱的愿望。但又考虑到村庄"黑户口"、外嫁女、新生儿、去世者等复杂的人口问题，最终选择实行"一刀切"的做法，按照修建祠堂与自来水建设时村民集资的数量来进行资金返还，之前捐多少现在就返还多少，避免分配过程中产生矛盾而使村庄"有钱也分不下去"。通过资金返还的形式村民的不满情绪得到缓解，保证了村庄的团结和稳定。村干部曾水先说道："带着目的来当干部的你做三天人家就叫你下台，你在台上别说有其他想法，就是不作为，人家都会叫你下台。"经过2008年12月28日的年终总结会，新城村于2009年大年初三重新选举村庄有威望、有能力的村民上台做干部，带领村民开展新村建设。

**（三）拆旧建新，五年"大变样"**

为改善宅基地乱占乱建，村中"有房子没人住，有人没房住"的问题，新城村自2009年开始整村推进房屋拆旧建新，截至目前共拆除泥砖房530间，平整土地30000多平方米，建设居民楼128套，并创造性地实现了拆旧不补、让地不补、青苗不补、建房不补的"四不补"政策。

1. 提出规划，吵闹中辩真理

2009年，村干部曾祥礼组织村代表们商量全村推进新村建设，并提出了"5年再造新城村"的计划。重建新村，首先是规划先行。新农村建设标准，政府早有明文规定，但由于人多地少，如果生搬硬套，按政府规定来规划，新城村根本无法将全部住户安置好。如果明知不可为而为之，则要大面积占用耕地。因此，新城村决定按照自己的实际情况，建设有自身特色的新农村。在村庄乡贤曾凡勇的带动和规划下，村庄计划以祠堂为中心，将左右两边规划为住宅区，建设两层半住宅128套，住宅区大街道宽6米，小街道宽4米；每套楼房的建筑面积与高度严格按照规定兴建，楼房高度统一、外观统一，在住宅区的边缘地带建设砖瓦平房，用于安放农具、柴草、饲养牲畜，实现人畜分离；至于暂时没有资金建设新房的村民，村里将建6套安置房，免费供这些村民暂时居住。村民宅基地收回不做补偿，凡村中男丁均享有宅基地使用权，每套占地面积65平方米。在宅基地分配上，新城村以"一户一宅"为标准，根据就近的原则进行分配，如若遇上多人相争的，则抽签解决。有些家庭男丁多，面临长大后兄弟分家的问题，对这种情况则规定该男丁在满18岁后，可申请兴建第二套楼房。这样，一套包括下水道如何安置在内的细致方案，得到大多数村民的支持，虽然有些村民拥有的泥砖房较多，认为不应该平均置换宅基地，坚持不愿让步，但最终在村民代表的动员下，也签下了同意的协议。

新城村在规划、定方案的过程中，每一个事项都要事先拟好协议，并组织村民开会讨论，在所有村民签字确认之后才会具体实施，保证村庄建设有据可依。村干部曾水先谈道："开会就要吵，真理越辩越明，在争辩中去明白道理，去解决问题。"

2. 批次推进，减少发展阻力

考虑村庄整体拆迁、整体建设工程量较大，"一次性网撒得太开怕村庄承受不起"，经过反复考虑与代表会讨论，新城村最终决定采取"由局部到整体"的方式开展，先从人少、烂房子多的地方开始拆迁，整体的拆旧建新以五年为期，并提出了"5年再造新村"的口号。先拆先建的区域同时也为其他区域的村民做了一个示范。"看到了建设新房的效果，后面的人心生羡慕就积极要求赶快拆，后面的阻力也就没那么大了。"村干部曾水先说道。在拆旧建新方面，先局部后整体的工作方式取得了很好的效果。

此外，新城村因得不到政府支持而完全依靠自身的力量进行建设，其建设过程中自主性也较高。什么时候建、建成什么样子、怎么建都可以由村民自主选择。比如有钱人就可以请人建，贫困的就可以自主建；有钱的可以拆了之后立马就建，没钱的可以暂住到村庄的安置房内，根据自身经济条件安排建设进程。"今年赚了钱先建一层，明年有钱了再建一层，慢慢地总能把房子建好。"

3. 分类施策，破解"五大难题"

针对村庄房屋重新规划、拆旧建新中出现的"建房资金有无、原有宅基地面积不等、楼房与泥砖房、外出的与在家的、在别处已建新房"等五大难题，新城村采取分类施策的方式，依次破解。一是集体兜底，新城村村集体共建设 6 套周转房，供五保户、困难户等暂时建不起新房的人居住。二是专抓"领头羊"，从问题最尖锐的人入手。如村民曾德池家的房子是村中最好的楼房，几个侄子均在外工作且买房安家，村民曾翔清家的宅基地面积最大，约 300 平方米。当时的村干部曾凡勇便从这类尖子户入手做思想工作，向其灌输"大家好才是真的好"的思想，说服其率先将自家的楼房拆除，为其他村民做示范，减少拆迁阻力。三是批次推进，以"5 年计划"的方式为村民建房留下一定的缓冲空间。四是村干部带动，如村干部曾凡勇家原来宅基地有180平方米，规划重建后和其他村民一样仅有65平方米；又如村干部曾水先为推进房屋拆旧，自己出钱建设了2间周转房供建房者暂住。

因拆房屋涉及利益问题，每拆一栋房子，村干部都要提前到户主家里去做思想工作，如果思想做不通，村干部就要反复上门劝解，连续上门四五次的不在少数。房屋拆旧建新从2009年开始，到2013年全面完成。

### （四）有效治理，培育责任自觉

打造"美村"重要，但管理好、让村庄持久美更重要。近年来，新城村通过完善村级自治组织，制定村规民约，加强村务管理，创新村务管理模式，进一步强化了村民自我管理、自我教育、自我服务、自我监督的功能，在推动美丽乡村建设方面取得了显著成效。

#### 1. 建立多级自治平台

2004年，新城村根据《中华人民共和国村民委员会组织法》规定，建立村组干部制度，设村民小组，作为管理村组的组织机构，村组干部4人由全组村民会议投票选举产生，任期5年。2010年，新城村为推进新农村建设，成立了新农村建设理事会，村里的重要事情，如工程招标以及日常事务的重要决策等都必须由村组干部、理事会表决通过才能够实施。为保证理事会成员具有广泛的代表性，新城村15位理事会成员分别由村中4房人各自选举产生，每房理事会代表数量根据人口数量来决定。2012年，随着完善村级基层组织建设的推进，西牛镇率先成立了村民小组党支部，新城选出支部委员3人。2013年，为进一步加强集体"三资"监管力度，新城村成立了由5人组成的监督委员会。2014年3月，新城村依法选举产生新城村委会。随着多级自治组织的成立和完善，新城村的自建历程逐渐在自治组织的带领下步入正轨，确保村庄事务"有人管"。

#### 2. 村规民约的议定

为规范村组干部的决策行为并保障全组村民的利益，减少村民之间的矛盾，促进和谐，保护公共设施，新城村制定了《西牛镇小湾村委新城村民小组公约》，在村务管理、农田水利管理、公共设施管理、奖教奖学、新农村建设、计划生育、村风村貌等方面做出规定，确保各项村务的健康、有序推进。例如，文化室由专人管理，村民的婚丧嫁娶需在文化室举行的使用一次交管理费 100 元，制定了农田水利专人灌溉制度并进行了水费收缴等，在规范公共设施使用流程的同时，大大提高了公共设施的使用频率与使用效率。村干部曾水先谈道："以前没有确立水费制度时，果园近水源的村民打开水龙头不关水，常导致水尾的果园无水灌溉。实行村规民约，既教育了村民要遵纪守法，厉行节约，又促进了村民之间的团结，既减轻了群众负担，又提升了集体的凝聚力。"

### 3. 财务公开制度的完善

为保障村民的知情权和监督权，新城村制定了财务公开制度，对村组资金的使用做出明确规定：实行多人监督、代表季度审核、年终全民公开制度。所有资金的支出，均需监督委员会小组全部成员签名，每季度由村民代表审核，并在年底张榜公示。村庄财务状况公示的内容，详细记录每项收入和支出的具体情况，大到一项工程，小到 2 元钱一扎的红绳，都列入公示内容。村干部曾水先说："新城的财务一直都是公开透明的，财务从来没有出现过问题，财务一出现问题村干部就没有威信了，我们平时买个茶叶、茶杯都是要公示的。"

### 4. 村民内在自觉的培养

除了村干部与理事会达成加强管理的共识以外，理事会成员和村干部还增加了与村民们沟通的频率和力度，通过反复说教以及引进乡村旅游等方式，将爱护环境、维护村庄公共设施内化为村民的自觉行为。村民曾安谈道："原来村里也会有一些随手丢垃圾的人，开始搞乡村游后，一方面我们加大监督力度，另一方面村民们绝大多数也变得自觉。毕竟有游客来看，别人家都干干净净自家邋里邋遢脸上也没光。"此外，新城村村委会主任曾祥礼介绍道，除了建章立制和监督执行，村里还从每年的集体收入中，拿出一部分资金雇人专门负责保洁，从而保证村庄建设效果得以持久。

## 四　建设升级：发展产业保证建设长效

党的十九大报告提出了"产业兴旺、生态宜居、乡风文明、治理有效、生活富裕"的农村发展总要求，美丽乡村不仅要"有其表"，更要通过资本积累、产业带动等方式形成强有力的支撑，保证建设效果可持续。

**（一）借力农综改，激活内在潜力**

1. 整合土地，变细碎化为规模经营

至 2014 年年底，新城村全村建筑物重建的设想已基本实现，村民们开始把目光转向村内连片的 300 亩水田，提出了进行整合后发展规模化生产和专业化经营的想法。此时，清远的农村综合改革已由基层党建、村民自治、涉农服务"三个重心下移"，向农村土地资源、涉农财政资金、涉农服务平台"三个整合"推进。借此契机，在村党支部的提议、村委会的组织以及村民理事会的协助下，在充分尊重农民群众意愿的前提下，新城村通过村民代表大会决议、签名，将村庄 300 亩水田进行整合，按照"一户两田"的原则，将水田整理好后重新分配给了农户，通过抽签定田，有效解决了耕地细碎化问题，农户承包耕地由分散细碎变为聚集大块，提高了耕作效率和土地产出率。

2. 整合涉农资金，集小钱办大事

2015 年，新城村对村民们 4 万多元的涉农财政资金进行了整合，将资金投入村内 300 多亩水田置换调整成片、土地平整及修筑灌溉水利设施中，发展适度规模化生产和专业化经营。在土地平整中，经过预算，每亩土地平整成本约为 400 元，全村 300 多亩水田的平整需要 10 多万元。除了 4 万多元涉农资金的整合外，还有村民愿意免息向村委会借贷，"现在村民理事会已经很有威信，村民们都愿意信任"。民意取得统一，财政难题便得以解决。在清远农村综合改革的浪潮中，新城村成为一个通过发挥村民自治作用，建设新农村、整合农村土地、壮大集体经济的典型范本。

3. 以实效引关注，政府奖补入村

新城村在没有政府帮扶的情况下，用近 20 年的时间基本完成了美丽乡村建设的雏形，其取得的实际成效获得了市委书记葛长伟的肯定，并引起了政府的高度关注。从 2012 年年底开始，政府逐渐帮新城村建好篮球场，完成了街道硬底化。2014 年，政府补贴 10 万元支持新城村进行护栏加固，镇上也以"一事一议"奖补资金的形式划拨 8 万元作为对新城村文化室建设的补贴。在清远市 2016 年度第一批美丽乡村创建工作中，新城村被评为三星级美丽乡村"特色村"，一举获得奖补资金 330 万元。新城村将获得的奖补资金持续投入村庄建设中，如村内房屋壁画的建设、污水处理池的建设、百香果楼房的建设等。

### （二）发展产业，活用外部推力

新城村曾书记提出"要抓美丽乡村建设，更要抓产业发展"。土地整合后，新城村大力发展大棚果蔬种植项目，通过"公司+合作社+农户+基地"的模式，连片规模种植150亩的圣女果、芒果、韭菜等经济作物。新城村把扶持集体经济发展的资金量化为股金入股合作社，农民以土地入股合作社成为股民，由公司、合作社共同经营管理，项目产生的利润双方平分，其中合作社产生利润的60%作为新城村民的利润分红，剩余40%的利润作为村集体经济收入及合作社运作资金。公司负责以保底价格收购产品，合作社提供人工、土地，产品定向销售北方市场，圣女果净利润达10000元/亩·年，切实带动了集体增收、农民致富。

在经营方式上，新城村改变以往"一次性支付"的土地外包思维，开始以合作经营的形式引进外部资本，村庄与公司以"土地+资金"的方式合作，共同承担风险。村干部曾水先谈道："现在我们的想法不同了，我们不向别人发包一分地，收租的话钱太少，我们和公司合作种植圣女果，公司保（底）价3块5一斤，产量最保守是亩产8000斤，一般都是上万斤的，这样一亩就有几万块的收入。最保守来算合作社一年一亩地也有一万块的纯利润，请人种也不需要请太多人，我们自己村的人十多二十个就够了。从长远来看，搞合作要比直接发包土地划算得多。"

除此之外，新城村还对未来开展乡村旅游进行了长远规划，如在整合后的村口土地上种植100多亩美国紫薇，规划垂钓、采摘等休闲农业项目，以打造休闲农家乐精品度假村为目标，力图为村庄发展注入不竭动力。

## 五　关于新城村"美丽乡村"建设的讨论与思考

纵观新城村美丽乡村建设的历程可以发现，在新城村20年由"烂村庄"转变为"特色村"的发展过程中，村庄内生动力在美丽乡村建设过程中不断被激活并全面运转。在村组自治的创新下，新城村依靠村庄自治走出了一条"自主与自力"的可持续发展道路，为其他村庄的变革带来了有益的借鉴。

## （一）以自治促自建，激活内生动力

目前，不少农村基层由于没有集体收入、集体组织"隐形"等原因无法推进美丽乡村建设。加强村级基层组织建设，发展农村集体经济，促进农民增收致富，是推进美丽乡村建设的重要途径。新城村能够成为清远市"特色村"，不仅是因为村庄建设得漂亮，更是缘于村庄自治搞得好。所谓的自治关键靠新城村的基层组织，靠新城村的干部。市委书记葛长伟说过："相对于行政村，村民小组（自然村）属于熟人社会，群众之间有直接的利益关系、一定的信任关系和较强的心理认同感，参与公共事务管理的利益驱动力更强，行为方式更加理性，作为自治单位的基础也更加牢固。"面对边界纠纷、水利纠纷、财产纠纷等各种导致村庄不团结的因素，新城村通过党支部、村委会、理事会等组织的成立促进了村级组织的完善和创新。在自治组织，尤其是村民理事会的带动下，村、民共同参与到美丽乡村的建设实践中，村民参与自治的意识得到加强，自治能力也得到提高，同时农民还得以借助组织的平台影响权力的运作，有效激活了村庄自建的内生动力，使村庄建设的内在存量不断增加，自治的活力与对美丽乡村建设的推动作用也由此显现。

## （二）以共建聚民心，提升建设能力

农民是农村的主体，培育农民发展能力是激发村庄内生动力、提升村庄建设能力的必由之路。调查显示，英德市新城村之所以能在没有外部帮扶的前提下依靠自身力量进行自我建设，很大程度上是由于其通过自治的力量来培育农民发展能力，为农民创造机会和条件，通过抱团发展弥补个人力量的不足，最终实现村民共建。一方面加强村庄基础设施建设，通过对村容村貌、农田水利、村庄道路、配套设施等生活基础设施的建设，既改善了农民的生活环境，也为进一步开展村庄建设奠定了群众基础，让村民对于村庄建设有信心、肯用心。另一方面充分尊重农民的主体地位，通过多级会议确保村庄建设充分表民意、得民心。新城村的每一处、每一项建设都始终按协议中的规定执行，遇事即召开干部会、代表会、家长会来征求村民的意见，让村民们对村里的每项决策都有充分"发声"的权利，坚持农民主体、村民共建，充分发挥群众的自觉性、主动性和积极性，保证农村建设和发展能持续有效推进。

### （三）以产业增动力，助推建设长效运转

目前的大多数农村都存在经济基础薄弱、内生资源不足的限制性问题。对于美丽乡村建设这项系统性的工程而言，内生动力固然是核心的动力来源，但是如果没有外部资源，没有产业的刺激与带动，建设效果很难持久。要充分挖掘村庄内在潜力，必须依靠产业发展使村庄的内生存量与外部增量有效整合。2017 年 2 月 5 日，"田园综合体"作为乡村新型产业发展的亮点措施被写进中央一号文件，为未来农村发展指明了方向，这就更加要求农村的建设者要综合化发展产业和跨越化利用农村资产，全域统筹开发。新城村在美丽乡村基本成型之后，并没有停下发展的脚步，而是继续实践创新本村有限资源的多样化开发利用，引进外部资本发展特色产业，坚持可持续发展原则，因地制宜地选择产业，为村庄建设注入持久动力，避免建设进程因资金等动力不足而中断或止步不前，通过实施适度的产业投入确保村庄内生动力的持续、高效运转。

总体调查篇

# 调整自治规模：
# 村民自治有效实现的创新性探索

## ——基于广东省清远市的调查与研究

执笔人：胡平江、陈　涛、李博阳

　　村民自治是我国农村基层民主政治的重要实践形式。进入 21 世纪以来，村民自治在实践中遇到瓶颈，难以有效运转，甚至被认为"自治已死"。但是，近几年，在广东、广西、湖北、四川、安徽等地先后出现了以自然村、村民小组等为基本单元的多种村民自治实现形式。这些新的村民自治实现形式在显示出其生机和活力的同时，也引起了不同的看法和争论。其中，广东省清远市自治重心下沉改革对村民自治制度触动最大，所引发争议也最多。因此，准确认识和看待清远市改革探索，既有助于提升我们对当前村民自治有效实现形式探索的理解，也能为进一步推进村民自治的制度建设提供经验借鉴。

　　为此，我们华中师范大学中国农村研究院深入以自治重心下沉而著名的广东省清远市进行了长期跟踪观察。我们认为：清远市自治重心下沉改革的本质并非简单的村委会下沉到自然村，而是村民自治重心的下沉，是根据便于自治的原则进行的村民自治组织规模的合理调整，以此寻求村民自治的有效实现形式。清远市自治重心下沉改革缘起于农民自生自发的实践，在此基础上由地方政府发现、提升和推广。清远自治重心下沉改革适应农村发展需要，契合中央精神要求，是中央政策精神指导下适应农村需求的地方先行先试探索。

## 一　村民自治的进展与清远改革

在我国，村民自治作为一项制度已实行30多年，经历了一个复杂曲折的过程，并在实现形式上大致经历了三个阶段。

第一阶段：以自然村为基础，自生自发的村民自治。1980年代初，人民公社体制解体后，为解决基层公共事务和秩序无人管理的"治理真空"难题，广西宜州、罗城一带出现了农民自我组织管理社会秩序的形式。以当下国家承认的中国村民自治第一村的广西宜州合寨村为例，该村村民自治首先就起源于该村的果作和果地两个自然村。1982年，国家第一次在宪法里提出了村民委员会的概念，并将其确定为基层群众自治组织。1987年全国人大常委会通过的《中华人民共和国村民委员会组织法（试行）》明确规定："村民委员会一般设在自然村；几个自然村可以联合设立村民委员会；大的自然村可以设立几个村民委员会。"这一规定意味着村民自治应以"自然村"为轴心和基础展开。

第二阶段：以建制村为基础，规范规制的村民自治。为了统一规范村民委员会制度，1998年修订通过的《中华人民共和国村民委员会组织法》取消了"村民委员会一般设在自然村"的规定，而增加了"村民委员会可以根据村民居住状况、集体土地所有权关系等分设若干村民小组"。即法律规定村民委员会所在的"村"不再是"自然村"，而是建制村。然而，以建制村为基础开展村民自治遭遇了极大的困难和体制性障碍。其一，行政抑制自治。据统计，仅国家法律赋予的其法定行政职能就达100多项。正因为如此，建制村又被称为"行政村"。其二，体制不利自治。自治属于直接参与行为，但规模过大、人口过多不便于群众自治。特别是一些地方实行"合村并组"，村组规模扩大，村民直接参与自治更难实现。其三，外力制约自治。为了解决日益突出的农村问题，国家更多地运用了外部性力量，农村内生的自我治理能力被忽视。

第三阶段：在建制村之下内生外动的村民自治。进入21世纪以来，在广东、广西、湖北、安徽、四川等地先后出现了村委会以下的多种村民自治实现形式。如湖北秭归的"村落自治"，广西河池的"自然屯自治"，四川都江堰的"院落自治"以及广东清远的"重心下沉"等。这些改革的共同特点之一就是将经长期历史形成的自然村作为自治单位，划小自治单元，建立起相应的自治组织，以此运用农村内部力量解决农村社会问题。而广东省清远市区别于其他地方探索的重要之处在于撤销建制村村民委员会设置，改由在自然村等划小的单位内设置村民委员会。为何清远市将村民委员会设置在自然村，从调查情况来看，有其内在必要性。

其一，有助于理顺行政与自治的关系。在建制村开展村民自治的过程中，村民委员会既是群众自治组织，又是政府行政管理的协助组织，自下而上的自我管理与自上而下的行政管理功能冲突日益凸显。清远市在自治重心下沉过程中，在自然村设置村民委员会，同时，在原建制村一级设立党政公共服务站，承接政府行政管理与公共服务工作，从制度上理顺了行政管理与村民自治的关系问题。即由党政公共服务站承接行政管理和公共服务职能，村民委员会能够真正主要承担村民自治功能。

其二，有利于村民自治活动开展。首先，地域相近。自然村往往在地域上处于同一院坝、湾冲，相对独立于其他村落。如清远市中华里村，该自然村距建制村中最近的其他自然村也达一公里。其次，文化相连。在广东等华南宗族社会，一个自然村往往由一个家族构成，宗族对内具有内聚力，对外具有排斥性，自然村之间难以联合起来形成有机的自治体，但单个自然村则是天然的有机自治体。再次，规模适度。一个建制村人口常达两三千人，不便于村民直接参与。如佛冈县黄花村，该村人口达 7500 人，村民大会基本没有召开过。最后，利益相关。利益的核心是产权，共同产权是共同利益的重要载体。自然村是集体土地的主要产权单元，村民之间拥有共同的经济社会利益。

其三，有助于农村经济社会发展。共同的资源是推动农村经济社会发展的基础。清远市 90% 以上的集体土地和集体资产所有权在自然村一级，但管理权却在建制村，导致自然村与建制村都难以有效利用集体土地和集体资产发展集体经济。在自然村设置村民委员会，则使集体土地所有权与管理权得到同步，村民委员会能够有效利用集体土地和集体资产发展集体经济。据统计，自治重心下沉之后，西牛镇新城村集体经济收入由每年 3000 元上升至每年 30 万元左右。

## 二　清远自治重心下沉改革依据

村民自治是国家制度安排、农民内生需求和农村社会发展等因素综合作用的结果。以清远市为代表的村民自治重心下沉，则是新时期改善乡村治理的有益尝试，具有历史的、现实的、政策的、理论的和法律的依据。

### （一）历史依据

习近平总书记强调："一个国家选择什么样的治理体系，是由这个国家的历史传承、文化传统、经济社会发展水平决定的。"自治，特别是以自然村为基本单元的自治，并非新生事物，而是自古有之、源远流长且延续至今的。

传统中国社会具有"皇权不下县"的特征，乡村社会的民生福利和公益事业主要依靠乡村社会内部自己解决。可见，农村社会数千年的自治传统使基层蕴含着丰富的自治资源。而自然村作为在历史、自然中形成的生产、生活、交往单位，通过长期以来的经济社会互动，为自治提供了有利条件，也成为承载自治传统的有效单元。以往村民自治这一制度未能完全"落地"和运转，原因之一即在于建制村并不能较好地衔接自然村这一传统。

以清远市新城村为例，该村所属建制村小湾村共有 12 个自然村落，其中 4 个自然村落为曾氏宗族四大房支。但因相互械斗、争夺山林等原因，不同房支之间难以开展合作。因此，历史上新城村即以房支为单位，以自然村为地域范围进行相对独立的治理。而以建制村为基本单元开展村民自治，村民曾水先说道："大家都是各扫门前雪，兴修水利等更是无人问津。"为解决村庄治理困境，2010 年，新城村以自然村为单位成立村民理事会，通过整合林地发包，村集体经济收入从每年 3000 元提高至 30 万元，并于 2010 年自发拆除 500 余间泥砖房，统一规划建成了新洋房。

"原型决定转型，起点决定路径。"从清远市的实际来看，自然村的自治传统并未因历史的断裂而消失，而是深刻影响着基层治理的发展转型。清远改革之所以成效显著，就在于寻找到了村民自治的合适的单元，对传统自治资源进行了有效的挖掘与利用。

（二）现实依据

进入 21 世纪以来，我国总体上进入以工促农、以城带乡的发展新阶段，国家更加注重农村发展，建设社会主义新农村成为新时期国家发展的战略举措。但新农村建设，也给村民自治带来了新的挑战。

一是规模化生产与集体土地权属的问题。由于清远市 90% 以上的村庄其集体土地所有权在村民小组一级，因此建制村村民委员会难以有效整合利用集体土地资源。二是合作化经营与社会关系疏远的问题。在清远市，平均每个建制村面积达几十平方公里，人口达几千人甚至近万人，村民之间可能互不认识，是一个陌生人社会而非熟人社会，农民自发合作往往难以有效达成，甚至"政府项目给了这个自然村，其他自然村就有意见"。三是持续性发展与农民主体作用的问题。建制村由于规模较大，村民大会基本不会召开。同时，村民委员会疲于应付上级交办的任务，难以及时处理村民诉求。

习近平总书记指出："我们要坚持和完善基层群众自治制度，发展基层民主，切实防止出现人民形式上有权、实际上无权的现象。"因为体制机制的不畅，建制村难以借助村民自治实现有效治理。面对此种困境，清远市部分自然村重新自我组织起来，自发探索起村民自治的新型实现形式。如叶屋自然村通过选举产生村民理事会，在理事会的推动下，实现了村民人均年收入从 2009 年的 2000 余元跨越到 2015 年的 3 万多元。包括叶屋在内的大量自然村自生自发的探索创新，为破解长期困扰着农民、困扰着地方干部的新农村有效建设问题提供了探索思路。清远市市委书记葛长伟介绍："清远自治重心下沉，是农民自生自发的行为，解决了自己面临的问题，党委、政府只是发现价值并加以引导。"

由此可见，清远市村民自治重心下沉改革，起始于农民自生自发的探索实践，得益于地方政府的创新精神和支持认可，满足了农村经济发展和社会有效治理的现实需要。

（三）政策依据

党的十七大报告指出："要健全基层党组织领导的充满活力的基层群众自治机制，实现政府行政管理与基层群众自治的有效衔接和良性互动。"

村民自治是来自村民的自我治理活动，同时又是一项国家治理制度安排，要求其具有统一性、规范性，并与国家治理相衔接。村民自治重心下沉作为一项地方先行先试的改革探索，同样需要与国家的统一治理要求相衔接。为了协调改革创新与制度统一性的要求，我国在推进改革过程中形成了"先试点后推广"这一基本经验，即"先在局部试点探索，取得经验、达成共识后，再把试点的经验和做法推广开来"。而清远市的改革创新，同样遵循着"先试点后推广"的基本经验。

2012 年，清远市委、市政府发现并认可了在农村中大量出现的自生自发的以自然村为基本单元的村民自治有效实现形式的新探索，并在全市确定了 3 个试点镇，试点村民自治重心下沉，开展村委会规模调整。2014 年 4 月，清远市被列为中央农村工作领导小组办公室农村改革试验联系点，并于 2014 年 11 月被正式列为全国第二批农村综合改革试验区。国家给予清远市试点的任务是"改善乡村治理机制，探索以村民小组为单位的村民自治"，将清远市村民自治重心下沉改革提升为国家的制度探索行为。

值得注意的是，清远市自治重心下沉的改革实践得到了中央的高度肯定。2014 年中央一号文件指出："探索不同情况下村民自治的有效实现形式，集体土地所有权在村民小组的地方，可开展以村民小组为基本单元的村民自治试点。"这是中央首次以政策文件的形式对以村民小组为基本单元的村民自治的认可。2015 年和 2016 年的中央一号文件坚持了这一要求，并且对于探索以自然村为基本单元的村民自治的条件逐步放宽。如 2016 年的中央一号文件提出："在有实际需要的地方开展以村民小组或自然村为基本单元的村民自治试点。"

可见，清远市村民自治重心下沉，既是解决地方现实问题的自发探索行为，也是国家政策允许和鼓励的行为。清远市的改革可以说实践了中央精神的要求，遵循了改革基本经验，得到了国家政策的认可。

**（四）理论依据**

为什么要在建制村以下开拓村民自治空间？对此，我们从历史与现实的角度系统梳理不同时期农村基层组织单元的划分标准及其变异，试图从中发现村民自治基本单元及其调整所遵循的规律。

其一，生产与行政："政社合一"下的基层组织划分标准。人民公社时期生产资料归集体所有，以集体为单位组织生产，并确立了"三级所有，队为基础"的体制。之所以以生产小队为基本核算单位，主要是基于"便于生产"的考虑。生产队的规模相对较小，一般在 100 人左右，便于组织和管理生产。同时，与历史上存在的自然村大致匹配，照顾到历史。作为中央农村工作负责人的邓子恢在给毛泽东的报告中特别提道："'队为基础'便于干部遇事与群众商量，真正建立起生产上的民主管理制度。"尽管生产小队的主要功能是生产，但其也承担着微观社会管理的功能，并理所当然地受到"政社合一"体制的制约和影响。如生产小队也建有党小组等组织，但因为主要从事生产，权力主要集中于生产小队队长手中，且党小组在许多地方不健全。

其二，自治与行政：政社分开后农村基层组织的划分标准。人民公社体制废除后，在生产大队一级建立起村民委员会。但村民委员会却是"法定自治，实际行政"。尽管村民委员会是法定的基层群众自治组织，但国家行政区域延伸到村民委员会，基于行政区域的党政领导和行政管理也需要延伸到村民委员会。在我国单一制度和自上而下的层级管理体制下，村民委员会不可避免地趋于行政化。更重要的是，进入 21 世纪以后，地方政府推动了大规模的扩乡合村并组，使建制村规模进一步扩大，内部利益关联更为松散，对群众进行直接管理更为困难。且村干部的补贴由县级政府统筹，有相应的行政管理考核，由此进一步造成了村级组织的行政化。

其三，便于自治：行政村之下基层组织划分标准。进入 21 世纪以来，特别是新农村建设实施以来，除了需要国家给予农村更多支持以外，还需要根据各地农村实际条件，以农民为主体，让农民广泛参与，自己创造自己的幸福生活。为此，农村基层组织的创设需要从内生性需求和内生性动力着手，寻求更便于农民直接参与的自治组织单元。新时期，广东清远、湖北秭归、四川都江堰等地不约而同地在建制村以下开拓出村民自治的空间，其重要原因就在于自然村或者村民小组更适于自治。在建制村以下，由于经济相关、地域相近、文化相连等因素，村民在经济、社会和文化生活领域的自治活动更多，也更为丰富。

**（五）法律依据**

习近平总书记指出，要在法治的引领下推进改革，在法治的框架内规范改革，做到重大改革于法有据。从法治角度来看，清远市探索自治重心下沉的村民自治有效实现形式始终处于法治框架之下。

其一，具有法律基础。《中华人民共和国村民委员会组织法》规定："村民委员会根据村民居住状况、人口多少，按照便于群众自治，有利于经济发展和社会管理的原则设立。"可见，村民委员会的设立本身具有一定的灵活性，需要根据村民居住状况、人口多少等综合考量。清远市下辖建制村1092个，平均每个建制村国土面积达几十平方公里，人口达几千人甚至上万人，规模过大不便于农民有效参与村民自治活动。因此，清远市将村民自治规模调整至合理的范围内，符合《村民委员会组织法》的原则规定。

其二，符合法律程序。《中华人民共和国村民委员会组织法》第三条规定："村民委员会的设立、撤销、范围调整，由乡、民族乡、镇的人民政府提出，经村民会议讨论同意，报县级人民政府批准。"清远市在推行村民委员会范围调整的过程中，首先遵循了农民的主体意愿。如根据农民意愿部分以村民小组为基础，部分则以自然村为基础，部分空心村和麻雀村则保留原村民委员会设置。其次，以乡镇作为试点单位，以此确保乡镇的主体地位。再次，明确了县级人民政府的责任，要求"县（市、区）党委对本地区村级基层组织建设负总责。"

其三，符合法理精神。《村民委员会组织法》实施的法理核心是保障村民依法办理自己的事情，发展农村基层民主。在规模较大的行政村，"群众依法办理自己的事情"往往难以实现。"由于范围过大，许多群众并不认识候选人，且认为投票意义不大，民主选举的民主性大打折扣。"同时，在民主决策时可能陷入"大村发声，小村失声"的困境。如清远市石角镇黄花村下辖15个自然村，人口7500余人，最大的自然村人口达1000余人，最小的自然村人口仅200余人。小村由于人数较少，在多数决定原则下其利益往往无法得到有效保障。

## 三　清远改革的疑虑及实践回答

"实践是检验真理的唯一标准。"清远改革是村民自治有效实现形式的探索之一，但改革是否具有普遍价值，是否具有推广意义，引起了一些人的疑虑。从我们的调查来看，这些疑虑可以理解，但不足为虑。

**（一）是否会弱化党的领导？**

《村民委员会组织法》规定："中国共产党在农村的基层组织，……发挥领导核心作用，领导和支持村民委员会行使职权。"因此，探索村民自治有效实现形式同样不能脱离党的领导，村民委员会的组织建设也不能脱离党的组织建设。清远市在探索自治重心下沉过程中，将党支部设置在党员相对较少的自然村，也引起了人们对是否会弱化党的领导的担忧。然而从我们实地调查情况来看，清远改革不仅没有弱化党的领导，反而促进了党的领导的有效实现。

其一，支部能否有效设置问题。自然村内党员数量相对有限且党员能力相对更弱，能否有效成立党支部，成为人们的疑虑之一。对此，清远市主要从三个方面予以解决。一是选派第一书记。在开展村民自治重心下沉试点的自然村中，对于党员数量不足或能力较弱的村庄，由上级政府选派机关干部担任第一书记。二是设立联合党支部。正式党员不足 3 人，或没有条件单独成立党支部的自然村，可与邻近村庄组建联合党支部。三是倾斜性发展党员，即将党员发展工作向农村倾斜，重点在村民小组长、村民理事会成员、经济能人中发展党员。在实施支部下沉的 3 个试点乡镇，2015 年共发展党员 1623 名，其中高中及以上学历者占比为 44.4%。

其二，支部能否有效领导自治问题。从清远市的改革实践来看，支部下沉有效地将支部送入群众中，密切了党群联系，有效地支持和保障了村民自治。据统计，清远市全市在行政村一级成立了 1023 个党总支，在村小组（自然村）成立了 9383 个党支部，扎根群众的基层党组织体系逐渐完善。重要的是，支部下沉至熟人社会的自然村，极大地激发了党员的责任感。连州市王屋村支部书记王志委表示："村民大都是叔侄亲戚，自己选上来就有了发展好的责任，否则对不住他们的信任。"

其三，支部能否有效引领发展问题。从两年多的改革试点成效来看，支部下沉极大地促进了农村经济，特别是集体经济的发展。以往党支部设置在建制村，由于村民利益诉求不一致，支部难以有效引领农民"一起干"。党支部下沉至自然村，不仅村民诉求更趋相同，且自然村由"一个人干"变为"三驾马车拉"，引领能力更强。

### （二）是否会影响政府行政管理？

《中华人民共和国村民委员会组织法》规定："村民委员会协助乡、民族乡、镇的人民政府开展工作。"清远市将村民自治重心下沉，无疑有助于村民自治。但也引起人们质疑，即是否会影响政府行政管理，政府行政任务如何延向村组？从调查情况来看，清远市从三个方面化解了政府行政管理有效落地的问题。

一是成立党政公共服务站，承接政府行政管理职能。村民委员会实质是群众自治组织而非政府行政管理组织。以往村民委员会承担了大量的行政事务，导致其在"协助行政管理"与"开展村民自治"这一对相互冲突的职能中难以有效发挥自身功能。清远市在推行村民自治重心下沉过程中，在原建制村一级设立党政公共服务站，专门承接上级交办的工作，提供公共服务。目前，清远市党政公共服务站承接的党政管理工作和公共服务职能达 108 项。

二是建立行政事务准入机制，购买村民委员会服务。对于确需或更适宜由村委会协助完成的工作，清远市按照"权随责走，费随事转"的原则，采取政府购买服务的方式，委托村级组织负责。佛冈县大田村一位村干部表示："一般行政任务有服务站专人做。除非政府购买，否则我们可以拒绝。"

三是建立以奖代补机制，促进村民自我协助服务。清远市在村民自治重心下沉过程中，整合新农村建设、土地整合、生态文明等部门的资金和建设要求，形成每年 1.5 亿~2 亿元的财政专项资金，通过村庄自主建设自主申报、政府考核奖评的方式，激励各村积极主动开展美丽乡村建设。据统计，在清远市首批验收的美丽乡村中，各级政府投入总计 2.37 亿元，占总建设资金的 47.5%，而村集体投资达 1.2 亿元，撬动农民集资或社会捐助 1.42 亿元，合计占比达到 52.5%。

### （三）是否会增加财政负担？

清远市设立党政公共服务站，并在建制村之下设立村民委员会，导致基层社会治理组织迅速增加，引发了社会对改革成本增加的疑虑。从我们的实地调查来看，增加基层治理组织数量，并不必然意味着政府财政负担的大幅增加。

在清远市试点村民自治重心下沉过程中，自然村新成立的村委会的成员补贴根据村民意愿由村集体发放，政府不再发放。因此，尽管村民委员会数量增加很多，但政府所承担的财政负担并未增加。同时，党政公共服务站一般配备 3~10 名工作人员，其待遇主要依照政策规定的村委会干部误工补贴标准发放。

而党政公共服务站的设立，降低了农民享受公共服务的社会成本。农民不用像往常一样大老远跑到镇上，足不出村便可享受到"一站式"的便捷服务。如在清远市进行自治重心下沉改革试点的石角镇，公共服务站近三年来为村民代办事项多达 5000 多件。而在以前，农民需要往返乡镇至少5000 多次，甚至还需要往返县城上千次。

### （四）是否影响了干部积极性？

清远市在推行村民自治重心下沉改革后，政府不再发放村干部补贴。由此一些人产生疑问：村干部不再享有政府补贴，是否会降低他们的工作积极性？

从法律角度而言，村民委员会成员并不能享有政府财政负担的工资，而仅应享有适当误工补贴。《村民委员会组织法》规定："村民委员会成员不得脱离生产，根据情况，可以予以适当补贴。"在农村税费改革之前，村干部补贴主要来源于"三提五统"。税费改革后，由于村集体难以有效向农民提取相关费用，政府方才以转移支付形式将村干部误工补贴纳入县乡财政。可见，村民委员会成员的误工补贴本质上非政府财政负担事项。

清远市开展自治下沉改革后，村干部的误工补贴主要来源于村集体经济的分红收入。因此，村干部更有动力投身于村民自治和村庄经济社会发展。如在连州市畔水村，以往每年村集体收入不足 2 万元，而整合村内土地发展种植、养殖、旅游等产业，将村中 800 多亩水田进行统一经营管理，提高农产品附加值，大大增加了村集体的收入。该村村支部书记成荣伟表示："集体经济好了，我能享有分红，收入比政府补贴还多。"

同时，自治重心下沉后，村民自治单元大多为地域相近的熟人社会，能够获得较高的社会认可。该市熊屋村一位干部笑称："自己曾竞选建制村村干部，但父亲不同意，认为多一事不如少一事。然而担任自然村干部，父亲并未阻挠，认为是为村落办好事。"中华里村村干部表示："以前我们想回来都没有站脚的地方。现在叶落归根，都愿意回来奉献一点，都是给自己和自己的叔侄亲戚做事。"

此外，在以往"村实组虚"的基层治理体系中，自然村、村民小组往往不具备自主权，需要通过建制村村民委员会才能获得政府支持。自治重心下沉后，自然村设立具有独立法人地位的村民委员会，能够得到政府认可。清远市万夫力村一位村干部坦言："以前修个路也得行政村同意才能修，而现在只要我们自己通过就可以了。"

## 四　清远改革与现有体制的兼容性

村民自治规模调整，并不仅仅是着力于解决当前村民自治"空转"的难题，也是适应农村发展的需要、符合农村社会治理基本规律的长远性改革。

### （一）农村城镇化与自治重心下沉

从世界发展规律来看，城镇化并不意味农村的消失。以美国为例，其城镇化率高达 85%，但农村仍然大量存在。我国城镇化率尽管已达到 56.1%，但依然有 6 亿多人口居住在农村。从功能角度来看，农村有其独特作用。农村不仅为城市提供粮食与劳动力，在经济发展过程中也起着规避风险的稳定器的作用。为此，习近平总书记强调"任何时候都不能忽视农业、忘记农民、淡漠农村"。

在农村城镇化背景下，农村基层治理需要迎接更大的挑战，需要寻求有效的实现形式。而寻求行政管理、公共服务及村民自治的合理单元，则是实现农村基层有效治理的重要内容之一。从农村社会的发展趋势来看，不同治理单元将朝不同方向发展。

一是公共服务单元的扩大。农村城镇化的重要内容之一为城乡公共服务均等化。但以公共财政为支撑的公共服务需要以一定的规模为基础。规模过小，则供给效率低，增加公共财政负担。清远市在自治重心下沉的同时在原建制村或多个建制村组成的片区设立党政公共服务站，则是基于公共服务有效供给规模的考量。党政公共服务站主要为民承办党务、治安、人口、民政、救助、劳保等服务。据统计，仅石角镇服务站三年期间就为村民办理代办事项达 5000 多件。

二是村民自治单元的缩小。近年来，为统筹城乡发展，政府曾大量参与到新农村建设当中。但仅仅依靠政府的力量而不有效激活群众的主体性，会使新农村建设无法有效契合农民需求，甚至造成群众不满意、不认同。清远市自治重心下沉改革的核心就是将村民自治基本单元划小，发挥其地域相近、利益相关等优势，让农民能够参与、愿意参与。据统计，清远市 3 个试点镇依法定程序将村委会数量由 42 个调整为 390 个，缩小了村民自治单元，重构了乡村共同体，使村民小组（自然村）成为乡村自治的主体。

**（二）治理统一性与自治重心下沉**

村民自治重心下沉，可能导致在同一省份、同一地市内基层治理单元不具有统一性。事实上，现代国家治理体系中往往是国家上层制度保持统一性，而基层被赋予一定的弹性空间，保障其自由发展的权利。以美国的联邦制度为例，在国家层面联邦政府享有统一的立法、征税、战争、外交等权力，但县、镇等地方政府在自身发展上则具有较大的自主性。如县的范围基于地方需要而确立，因此大小悬殊，大至上百万人，小则仅几百人。

我国地域辽阔，区域发展不平衡，甚至同一个省份内都存在巨大的差异。因此，政策制定应因地制宜，切忌"一刀切"。在广东，珠三角地区在近年来城镇化、工业化推进迅速，农村社区化日益明显，出现了形形色色的"村改居"社区。而清远位于山区，农村城镇化水平仍然十分有限，需要继续强化和完善村民自治。2014 年中央一号文件指出："探索不同情况下村民自治的有效实现形式，可开展以社区、村民小组为基本单元的村民自治试点。"其中，"不同情况"就是一个界定，要求村民自治形式不能"一刀切"。

清远市以自然村为基本单元的村民自治看似是基层治理制度的重大转变，但并不是对乡村治理架构的重大变革。《中华人民共和国宪法》和《中华人民共和国村民委员会组织法》规定，乡镇负责对本乡镇事务行使国家行政管理职能，农村村民委员会作为村民的自治组织，对本村事务行使自治权。这一乡镇与行政村的架构称为"乡政村治"。清远市自治重心下沉的探索仅仅是将自治单元调小了，而并未改变"乡政村治"的结构。

专题调查篇

# 产业兴旺：
# 走稳乡村振兴"关键一步"

## ——基于清远市农村产业融合发展的调查与思考

执笔人：张嘉欢、张慧慧

习近平总书记在党的十九大报告中明确指出要"实施乡村振兴战略"。产业兴旺作为该战略的总要求之一，被摆在了突出位置。这说明产业兴旺是乡村振兴的基础和具体体现。然而，长期以来我国农村地区产业发展面临着要素缺位、主体单一、结构欠优等问题，使产业兴旺难以实现。为此，清远市借农村综合改革的"东风"，探索出了一条产业兴旺的新路径。具体而言，即以优化基层自治体系为前提，以整合农村资源为基础，以新型农业经营主体带动为支撑，通过引入市场机制延长农业产业链，优化农业产业结构，推动农村经营方式转型升级，迈好乡村振兴的"关键一步"。

## 一 要素齐聚，拓宽产业兴旺"主干道"

清远市通过下移基层自治重心、整合农村闲散资源，备齐产业发展的基本要素，为产业兴旺的实现奠定了基础。

### （一）单元激活，铺平产业兴旺"路基"

清远市通过完善基层自治组织，发挥能人效应，提升村组产业发展的自主权，激发了村民的内生动力。首先，下移村委会，让产业发展"畅行"。清远市将村委会下移到村小组和自然村一级，缩小自治单元，统一产权治权，形成村民利益共同体，减少利益纠纷，为产业发展"减阻"。九龙镇的一名干部说："村委会下移后，群众信任自己选的村干部，小组对集体资产拥有支配权了，村里凝聚力也强多了，大家都希望产业发展起来带着大家一起致富。"其次，组建理事会，为产业发展"增援"。清远市各村组建了理事会，在产业推进中，理事会负责联系"外援"，发动村民自建"内力"，让产业规划如期进行。如活石水村理事会，通过联系国土规划等帮扶单位重新规划村庄建设，并发动村民筹资筹劳投入产业建设，为旅游产业的推进找到了路径。最后，能人返乡，让产业发展"稳行"。清远市各村能人为产业发展规划献计献策、出力垫资，树起了产业发展的"主心骨"。杜屋村村民谈道："杜家兄弟带头规划商议村里的产业，我们都很信任他们，谁在资金上有困难，都可以找他借钱，他们给村庄垫资大概有 200 万元了。"

**（二）土地整合，打通产业兴旺"节点"**

清远市以盘活土地资源为抓手，将闲散的土地整合成片，为农村实现规模化经营铺好"路基"。一方面，置换连片，产业落地有场域。清远市鼓励农户按"耕者优先""大者优先""同等条件抽签""比例置换"等原则就近置换零碎地块，使土地连片成块，为规模经营提供场域。叶屋村引导村民按"比例置换"等六原则互换土地，将原户均 11 块的零散、抛荒土地，整合成为户均 2 块，为实现规模化种养打牢了基础。另一方面，入股连片，产业落地有载体。清远市采取村集体托管、村民土地入股等形式整合并复垦荒田，为产业落地创造条件。新寨村以土地入股的形式对梯田进行整合和开荒复垦，共复垦梯田 720 亩，打造成了"瑶寨梯田"。

**（三）资金聚拢，疏通产业兴旺"堵点"**

清远市通过整合财政资金及农户闲散资金，借力集体收入，为农村产业补齐资金短板。首先，聚合财政资金，助推产业起步。清远市各村庄在充分尊重民意的基础上，将农业补贴、扶贫资金等财政涉农资金聚合起来投资于产业，解决了村庄产业起步难的问题。2016 年，官坑村利用扶贫专项资金 12 万元，购买了 4 万株麻竹苗进行栽种，实现了麻竹产业的起步。

其次，借力集体收入，支撑产业运作。一些村集体利用集体收入投资村庄产业，成为产业"股东"，壮大了村庄产业的运营资金。龙坪镇白瓦村用集体收入出资购买牡丹苗，村集体成为占股30%的股东，助推了牡丹种植产业的平稳发展。最后，吸纳农户资金，促进产业拓展。一些村集体采取阶段性资金"入股"，即15年后归还本金的方式，"借"村民闲散资金投资产业，缓解了产业拓展的资金压力。如中华里村利用村民的入股资金，在原有产业基础上，新建成80多亩红葱头基地，并使红葱头成为中华里村的主导产业。

## 二 主体带动，畅通产业兴旺"高速路"

清远市各村庄在产业发展的过程中，经营主体"各尽其能"，构建起组织合作、订单带动、经验分享等"风险共担、利益共享"的利益联结机制，助产业提速。

### （一）农业大户"左牵右引"，为产业兴旺"探路"

农业大户敢于创新产业模式，开辟产业"新路径"，为村民发展产业提供了范本。首先，改变旧"道"，优化资源配置。部分农业大户化"病产"为"优产"，淘汰落后产业，开启新产业，实现了资源利用效率的"最优化"。径尾村的砂糖橘因染黄龙病丧失效益，种植大户丘金锡转向开发清水鱼养殖示范区、建立蔬菜购销加工厂等，实现了产业经济效益的优化。其次，组织联合，壮大产业规模。一些农业大户联合村民建立大型农业基地，让村民从个体生产变集体生产，扩大了种植规模。江英镇种养大户周路养，联合当地150多户农民，建成了种植面积达8500多亩的大型蔬菜基地。最后，传授经验，带动产业热情。部分农业大户现身说法，开会劝说村民置换、整合土地，通过发展规模化种养致富，激发了村民的产业热情。如叶屋村的叶时通，连续5年开会讲述自身连片置换土地，规模化养猪、养鱼增加收入的实例，让村民"心动"。

### （二）合作社"内联外通"，为产业兴旺"引路"

合作社作为集体经济的载体，起到了对内聚力、对外保利的作用，助推农村产业发展。首先，助民增收，内聚产业"合力"。一些合作社保价收购社员产品，在年终进行利润"二次分配"，激励村民入社共同种养，形成产业合力。如江英镇的益民蔬菜专业合作社，在利润的"二次分配"中助民增收 5000 多元，吸引了 2000 多户农民入社，蔬菜种植面积达 2.2 万亩。其次，与企合作，外通产业"动力"。一些合作社与企业签下产品"订单"，按企业需求定向、定量提供产品，给社员生产吃下"定心丸"。木冲村的社员谈道："社里和盈信农业有限公司签订协议后，大家都开始养殖石蛙，因为知道企业需要什么，需要多少量，所以风险小了，大家的生产积极性就高了。"最后，充当中介，调动产业"活力"。一些合作社对内指导、监督农户生产，对外接收企业信息与资源收益，实现民企"交互"，保证产业活力。如九耀水村的村民谈道："合作社会给我们传递市场信息和分配利润，企业提出的种植要求，也是通过合作社传达后，对我们进行监督和指导实现的。"

**（三）农企"前启后保"，为产业兴旺"开路"**

农业企业通过劳力吸纳、技术支持、产品回收等方式，为农村产业发展"保驾护航"。首先，招民务工，为产业增力。一些农业企业通过招收当地农民务工，为产业发展提供了充足的劳动力。清远瑶旺农业科技开发有限公司在胜利村建立的大棚种植基地，共招收 60 多名当地劳动力，有效满足了基地的用人需求。其次，传授技术，为产业增效。一些农业企业为农户提供种养技术指导，提高农民种养效率，降低其生产成本。如岗头村陈友志说："以前没钱没技术，所以怕养，现在公司无偿提供养鸡技术指导，成活率高了，大家都开始养鸡了。"最后，回收产品，为产业稳利。一些农业企业不论市场行情、产品优劣，保价回购农户产品，为农户承担市场及种植风险，让农民利润"看得见"。如云涧国油牡丹生态农业发展有限公司以 10 元/斤的价格不定等次收购九耀水村村民的牡丹籽，农户年预期收益达 50 万元。

**三　融产促优，驶向产业兴旺"快车道"**

清远市立足于优化农村产业结构，致力于夯实农业基础，发展"第六"产业，通过挖掘当地特色，打造优势产业，向实现产业兴旺迈进了一步。

### （一）夯实一产，为产业兴旺"蓄油"

清远市各村庄通过科学化耕作、规模化经营、多样化种植的方式，夯实农业基础，为产业发展"蓄满油"。首先，连片规划，产业规模化。清远市很多村庄都在完成土地整合的基础上，规划发展连片种植。如独王山村将土地整合后，规模种植了 358 亩鹰嘴桃，规划发展特色农业。其次，机械耕作，产业科学化。在清远市，农业社会服务主体为农民提供机械化耕作服务，农户可根据需求自行购买，提高生产效率，实现科学耕作。如冲口合作社农事服务超市可满足农户除浇水施肥外的所有机械耕作需求，解决农户的生产技术难题，人均耕种面积增加 20~40 亩，产量增长近 10%。最后，立体种植，产业多样化。清远市各村根据作物生长的季节规律，进行分季节分类种植，将"口粮田"变为"复合田"。如新寨村的九寨梯田，春天种植油菜花用于发展观光农业，夏天种植有机水稻，在保证村民口粮的基础上，对外出售。

### （二）融合三产，为产业兴旺"升档"

清远市各村通过加工农产品、发展乡村旅游、建设农业园区的方式延长农业产业链，促成农村三产融合。首先，加工产品，产业增值。清远市各村庄以农业种植为基础，将农产品投入深加工环节，为产品增加附加值。莲塘村桑缘农业基地的负责人谈道："基地种植的桑葚果，用于加工酿制成桑葚果酒，产品升级了，效益也提高了，现在年产值可达到 7000 万元。"其次，开发旅游，产业增利。清远市各村基于农业种养，融入旅游节日、观光农业等新"元素"，发展乡村旅游业，提升了产业收益。王屋村在种植鹰嘴桃的基础上，通过举办"桃花节"，以收取门票的方式为产业增利，2016 年共增获 5 万元收益。最后，集成园区，产业增能。清远市以农产品为主线，建成集生产、加工、旅游于一体的农业园区，实现三产融合。如九耀水村的无公害红茶园区，以种植红茶为基础，建设茶叶加工厂，利用茶园和山林风光开展茶园观光和农家乐体验。

### （三）增创优势，为产业兴旺"提速"

清远市在夯实一产、发展"第六"产业的基础上，通过挖掘当地特色优势、借力企业品牌基础，实现产业"提速"发展。一方面，挖特色，发动产业"新引擎"。清远市各村通过挖掘村庄特色，打造优势产业，提升了产业竞争力。植启营说："要做好、用好抗战革命根据地这个题材，将青竹村打造成为'红色'旅游基地。"另一方面，借企"名"，启动产业"小马达"。清远市引进农业龙头企业，借企业品牌基础，扩大产品的市场影响力。莲塘村桑缘农业基地的负责人介绍："桑缘农业发展有限公司是广东创美集团旗下的子公司，因此，我们的品牌大家都知道也都信得过，所以我们这生产的果酒不愁销路。"

## 四 以治促产，助推产业兴旺"稳前行"

清远市借农村综合改革的契机，完善基层自治体系，盘活了产业资源，释放出农业经营主体的产业动能，并进一步打造出特色产业优势，为山区农村实现产业兴旺提供了经验借鉴。

### （一）单元激活是实现产业兴旺的前提

自治单元能否激活是决定产业兴旺能否实现的关键前提。以往我国农村基层产权单元与治权单元错位，使村民与村民、村民与村庄之间利益相关性不强，甚至纷争不断，严重阻碍了农村的产业发展。为此，清远市通过调整自治规模、创新农村经营管理方式，即通过下移村委会、组建理事会、引能人返乡等途径，实现产权与治权的统一，形成村民利益共同体，为产业发展铺平了道路。可见，激活自治单元是实现产业兴旺的关键所在。

### （二）整合资源是实现产业兴旺的基础

2017年中央一号文件提出"要充分发挥乡村各类物质与非物质资源富集的独特优势"。然而当前我国农村地区土地由于碎片化、分散化，利用率不高，利用效果不好。对此，清远市通过资源整合的方式，盘活了当地的土地、资金等资源，发挥了资源的最大效益，为产业兴旺奠定了坚实的基础。可见，资源整合是实现山区农村产业兴旺的基础。

### （三）新型农业经营主体是实现产业兴旺的重要力量

新型农业经营主体是带动农村实现产业兴旺的中坚力量。然而长期以来，我国农村地区的产业发展存在经营主体单一、发展效果不佳等问题。为此，清远市各村通过新型农业经营主体引入产业发展新理念、新技能，以合作制、股份制等方式深化利益联结，促进新型农业经营主体和小农户共享收益、共担风险，共同推进产业兴旺。可见，新型农业经营主体是实现农村产业兴旺必不可少的力量。

**（四）优化产业结构是实现产业兴旺的有效途径**

2017 年中央一号文件提出要"优化产品产业结构，着力推进农业提质增效"。但长期以来我国农村地区产业结构十分单一。基于此，清远市在夯实农业第一产业的基础上，通过"接二连三"发展"第六"产业，并充分挖掘地方特色，打造产业优势，为农村产业兴旺提速。可以说，优化农村产业结构是实现产业兴旺的有效途径。

# 引社助农："小农户"与
# "大农业"的有效衔接机制

—— 基于清远市连州市农事服务超市的调查与思考

执笔人：柏 静

习近平总书记在党的十九大报告中指出要"健全农业社会化服务体系"，这就需要进一步提高农业服务能力。然而长期以来，由于农业服务主体不足、农业服务功能不全、市场对接机制不畅，农业社会化服务能力一直不高。对此，广东省清远市连州市借农村综合改革之势，以农事服务超市为载体，探索出一条"引社助农"的农业服务能力提升新路径。所谓"引社助农"，是指为满足农业生产需要，通过市场机制引入农业社会化服务主体，向三农领域提供专业化、科学化、标准化服务。具体而言，即打通农业生产环节，拓展农业服务主体功能；衔接市场机制，达成农业服务利益联结；助力公益性农业服务，激发农业服务效益潜能，促使主体多元化、服务专业化、运行市场化，进而助推农业服务能力再上台阶，农业社会化服务体系更趋完善。

## 一 环环相扣，流程衔接，打造农业服务"长链条"

连州市农事服务超市打通农业生产各环节，依托龙头企业连正公司为农户提供产销一体的链条式农事服务，起到服务全程的作用。

**（一）对接农户需求，农业服务有"依"**

农事服务超市为农民提供"订单"服务，农户根据需要自行选购，贴合农民需求。一是对内对外，服务对象多元。超市面向各类有需求的农户及周边合作社、农产品生产企业提供农业生产服务。如连州市农事服务超市不仅为冲口蔬菜生产农民合作社成员提供农事服务，还为其他非合作社成员及企业提供服务。二是可多可少，服务项目多选。超市为农户提供生产全过程"一条龙"服务，具体购买项目由农户根据需要进行自主选择。农事服务超市理事长陈洪辉说道："农民可以根据自己的实际需要，向我们购买单个、多个或'一条龙'服务。"三是有高有低，服务收费多档。超市依据农户土地的平整程度和耕作条件采取价格不等的收费标准。如连州市农事服务超市根据土地质量不同而将单项服务定价为每亩 10~200 元不等，"一条龙"服务定价为每亩 300~400 元不等。

**（二）承接政府标准，农业服务有"据"**

农事服务超市引导农户严格按照政府标准规范操作，提升农业生产标准化水平，带动农产品在数量、品质方面同步升级。一是引导种植，带农户"走对路"。服务超市指引农户种植收益高、前景好的有机农作物，使农产品适销对路。例如，连州市农事服务超市已积极引导冲口村及周边村庄统一种植有机水稻 8000 亩和连州菜心 6000 亩。二是指导操作，帮农户"走好路"。超市根据政府出台的农产品种植相关标准，指导农户规范种植，使农产品质量符合政府要求。服务超市负责人陈爱友介绍道："我们的连州菜心产业都是由超市根据政府标准进行规范操作，统一购入良种，严格使用有机化肥，这样菜心品牌才作数。"三是辅导耕作，助农户"走近路"。超市依托现代农业设备，为农户提供机械化服务，帮助农户的生产种植提质增效。如连州市农事服务超市为农户提供育秧大棚科学育秧、无人机统防统治、机械收割烘干等服务，可满足除日常浇水施肥外的所有农事需求。

**（三）连接市场渠道，农业服务有"路"**

农事服务超市实行包销服务，由企业统一销售，品牌附着提价，同时减小农民经营风险。一是企业立牌，以服务提价值。农产品由龙头企业统一销售，通过企业品牌化提升附加值，从而提高价格带来农民增收。例如，2016 年连州市农事服务超市提供有机水稻、菜心种植服务 1 万多亩，由连正公司统一销售，使其具有品牌标签，产值 7000 多万元，带动 2350 多户农户人均增收 2000 元以上。二是企业出单，以服务控风险。服务超市向农户回收农产品后，依托龙头企业进行统一销售，降低个体农户缺乏销路的风险。农事服务超市理事长陈洪辉说道："农民以前自己单独经营时收入很不稳定，连正公司统一销售能够改变农民弱势地位，保证农民的收入。"

## 二　步步精耕，要素协同，拓展农业服务"宽场域"

农事服务超市立足于提供农事生产服务，同时拓展服务功能，服务能力实现了由基础到尖端的飞跃。

### （一）内聚规模，为农业服务"添装备"

农事服务超市不断扩大服务范围、加大资本投入、吸纳农户入社，提升农业规模化服务能力。一是范围延伸，推动土地整合。基于机械化耕作适合平整连片的土地的特点，农户需要在购买农事服务前对零散土地进行整合。超市服务范围的不断扩大，有效推动了当地的土地整合工作。如连州市农事服务超市 2015 年签约服务土地 3000 多亩，2017 年签约服务土地已达 10000 亩，推进农事服务超市 6 个月内，冲口村及周边村庄已经整合土地 6000 多亩。二是投资注入，带动机械购置。超市持续投入资金用于农业机械设备购买和更新，提升农事服务能力。如连州市农事服务超市先后投入 300 多万元引进现代化农业机械设备共 32 台。三是劳力吸纳，催生职业农民。超市吸引农户加入并对成员开展职业培训，在扩大超市劳动力规模的同时催生了新型职业农民。西岸镇马带村村民曹望昌说道："我在合作社学会了使用农业机械设备，为大家提供农事服务，既有意义也有收入，比外出打工强。"

### （二）外引人才，替农业服务"请外援"

农事服务超市引进人才技术，通过专家教授农技、组织外出学习，提升服务精细化程度。一是农技咨询，服务"有重点"。服务超市与外部涉农组织合作，向农户提供农技咨询服务，重点解决农户疑问。如连州市服务超市与清远市农学会合作，向农户传授农技，农户可以通过手机微信与农学会专家联系，针对农事中的困难进行农技咨询。二是专家亲临，指导"面对面"。专家针对田地的土肥、植保以及涉农产品安全等具体问题进行当面指导，有针对性地解决农户的生产难题。如针对农户通过网上咨询仍没能解决的特殊困难，清远市农学会专家亲自到场，对农户田地进行调查分析，当面为农户答疑解惑。三是人才培养，发展"放长线"。服务超市组织人员外出学习先进管理经验以及现代化农业机械设备的操作技术，培养有文化、懂技术、会经营的新型农民，为农业发展做长远准备。如连州市农事服务超市多次安排合作社内农户，特别是年轻高素质人才外出学习新的农业知识、经营知识、管理知识等。

**（三）携手公益，让农业服务"增角色"**

连州市创新性地将精准扶贫与农事服务超市融合，依托农事服务超市的代耕服务，有效促进了农业增效、农民增收、农村发展。一是提供服务，稳定增收保脱贫。在镇政府和扶贫工作队的帮助下，贫困户可优惠购买农事服务超市的"一条龙"服务，有效降低耕作成本，提升精准扶贫成效。如连州市农事服务超市已向113户贫困户提供农事服务，预计一年人均纯收入达1.12万元，可以如期实现精准脱贫。二是提供工作，解放劳力谋发展。在超市的代耕服务下，贫困户得以从土地劳作中抽身从事其他劳动，服务超市为其提供工作机会并支付工资，让贫困户收入可持续。冲口村贫困户孔志成说道："我现在是务农、打工两不误，购买服务后25亩田也不用花费多少时间。我在合作社工作，一个月3000多元（工资），收入比以前翻了一番。"

## 三 面面俱到，服务跟进，开辟农业服务"新天地"

广东省连州市借势农村综合改革，创新开设农事服务超市，为提升农业服务能力、完善农业社会化服务体系提供了参考。

**（一）专业化服务平台是提升农业服务能力的有效载体**

提升农业服务能力需要专业化农业服务平台。过去存在服务资源缺乏有效利用的难题，究其原因，在于没有形成一个专业化的服务平台。对此，广东省清远市因需创设农事服务超市，以超市平台为载体，充分发挥其聚合优势，即通过农事服务超市整合政府、农业合作社及农户的各类资源，以满足服务需求，最终实现了农业服务的标准化、规模化、精细化。因此，只有成立专业化农业服务平台，才能更好地满足农民和新型农业经营主体的服务需求，使农业服务能力提升落到实处。

### （二）市场化运作是提升农业服务能力的关键

市场机制是提升农业服务能力的关键。清远市农事服务超市将农业服务打包为商品，以市场化的运作方式，面向农户及规模农业经营主体提供社会化服务。具体而言，通过市场手段摸清农户需求，针对需求合理、高效地提供服务，不仅提高了资源供给效率，降低了农业耕作成本，而且提升了农业服务的规范化程度。因此，只有依托市场化运作，才能真正实现资源优化配置和农业服务的规模效益，有效提升农业服务能力。

### （三）公益化服务是提升农业服务能力的有力补充

2015 年中央一号文件明确提出，要"加快构建公益性服务与经营性服务相结合的新型农业社会化服务体系"。尤其是偏远地区的个体农户，因生产能力有限，极其需要新型农业服务主体给予公益性服务帮助。连州市农事服务超市将农业服务与精准扶贫相结合，为贫困户提供农事服务与工作机会，助贫困户稳定增收，有效解决了贫困户返贫问题。由此可见，引导经营性组织参与公益性服务是提升农业服务能力的有益方式。

### （四）提升农业服务能力应健全农业社会化服务体系

党的十九大提出要"健全农业社会化服务体系"。然而当前我国农村地区在农业社会化服务方面呈现出"专业人员缺乏、服务能力总体偏低、服务环节不到位"等不足。对此，广东省清远市创新服务模式、培育服务人才、深挖服务空间、延伸服务环节，突破农业社会化服务难以满足农户需求的瓶颈，提升农业服务能力。为此我们建议，要提升农业服务能力，必须健全覆盖全程、综合配套、便捷高效的农业社会化服务体系。

# 点土成金：
# 探索山区适度规模经营新路径

## ——基于清远市叶屋村土地整合的调查与思考

执笔人：拜杰欣

2017 年中央一号文件指出，要"积极发展适度规模经营，积极引导农民在自愿基础上，通过村组内互换并地等方式，实现按户连片耕种"。然而，自家庭联产承包责任制实施以来，我国农村地区，尤其是山区农村，面临着"土地碎片化、种植分散化、经营个体化"等问题，导致土地生产陷入"利用程度低、机械水平差、规模经营难"等困境。为此，清远市叶屋村以土地整合为切入点，探索出一条山区农业规模化经营的新路径。具体而言，即以疏通农民思想为切入点，转变村民传统种养观念；以整合土地为突破口，改善农业种养条件；以签字确权为支点，保障村、民经营权益；以培育新型农业主体为关键，激活农村市场活力，以此推动山区农业规模化经营"落地生根"。

## 一 凝心聚力，激活土地，栽种规模经营"新苗"

为破解山区农村"单打独斗"的耕种模式，叶屋村通过借力村庄多元力量、落实土地整合、培育新型农业经营主体，继而推动山区农业规模经营长效落地。

**（一）众员引导，转村民观念，为规模经营"培土"**

通过党员和理事会成员为村民明道理，能人为村民做表率，叶屋村为实施土地整合打下了民意基础。第一，党员走访，听村民说。为充分了解村民对土地整合的看法和建议，党支部成员分批走访村民，保证土地整合有村民颁发的"许可证"。支部书记叶昌成携党员代表分批走访了全村35户村民，和村民"零距离"沟通，让村民就土地整合畅所欲言。第二，理事入户，给村民讲。为消除村民思想顾虑，理事会成员入户给村民分析土地零碎的弊端和土地整合的益处。叶屋理事会安排同宗同房的理事会成员进农户家门宣传土地整合的好处，指出土地零碎带来的收成少、抛荒多等问题，给村民算"经济账"，疏通了村民的思想"脉络"。第三，能人先行，让村民看。村庄能人率先进行小规模种养，在"试验田"上出效益，村民有目共睹。村民叶时通用好田地与其他村民置换，凑成一块7亩多的地进行规模化养鱼，每亩鱼塘净收入3000多元，以实效打动了民心。第四，促村民与会，领村民议。为保障土地整合的民主性，叶屋村多次召开村民大会，让村民共商、共议、共决。叶屋村仅围绕要不要整合土地的问题，前后就开了近40次会议，最后村民一致通过同意整合。

**（二）集体出力，聚村庄土地，为规模经营"固基"**

在土地整合中，叶屋村通过丈量回收、修路通渠、合理分配、定则置换，让规模经营初具"雏形"。首先，丈量回收"清家底"。叶屋村通过对村内所有水田、旱地、山地、鱼塘进行统一丈量统筹，重新"聚拢"，使村民摸清了集体的"家底"。叶屋村通过重新丈量土地，明确全村共有902亩田地，其中包括水田、鱼塘300余亩，旱地、山地500余亩，并由集体登记在册，在全村予以公示。其次，修路通渠"补短板"。为破解村民灌溉难、行路难的难题，村集体出资修路通渠，为规模经营提供了有力保障。叶屋村集体出资修建了4公里机耕路，2公里渠道，顺利实现了路通渠畅，铲除了规模经营的"绊脚石"。再次，分配耕地"保公平"。通过明确耕地分配类型、分配人员和对外发包范围等分配细则，叶屋村实现了耕地的合理分配。如叶屋村将耕地分为水田、旱地两类，鱼塘纳入水田类，外出人员和在家务农人员平均分配旱地类耕地，水田类耕地只由在家务农人员平均分配，余下土地由村集体统一发包。最后，定规置换"生规模"。叶屋村通过设规立则，引导村民按照耕者优先、大者优先、鼓励连片经营等六原则进行土地置换，实现一户一田。通过连片置换，村民叶时通将他分散在 6 个地方的 7 亩地终于调整为一块田。

### （三）"村""民"定约，保各方权益，为规模经营"施肥"

叶屋村通过村民签字立据、土地确权到户两条线，编织了规模经营护权"经纬网"，保障了各方利益。一是签字立据，让规模经营"扎根"。为保障土地整合工作的科学性、合法性，叶屋村在敲定土地整合"大锤"后，邀请每户家长代表齐聚一堂，立据签字明态度，并在村里存档留了证据。理事长叶时通说："村民自愿签了字按了印，集体才放心整合土地。"二是确权到户，使规模经营"固本"。土地整合后，叶屋村开展土地确权到户工作，明确了村民土地承包经营权的归属，有效避免了土地承包经营纠纷，保障了村民的合法权益，让农民安心，集体放心。村民叶昌成说："土地确权后，村里没有一起因土地产权发生的矛盾。"

### （四）市场助力，育多元主体，促规模经营"生长"

叶屋村以土地整合为踏板，成功孕育了一批集专业化、组织化、社会化为一体的新型农业经营主体。其一，种养大户现活力。叶屋村民搭乘土地整合带来的"便车"，加强连片土地流转，形成了专业化、成片化种养结构。如村民叶昌生承包了 40 多亩鱼塘，养殖了数百头存栏生猪，是村里名副其实的养殖大户。其二，家庭农场显能力。叶屋村民积极发展以蚕桑、砂糖橘、水产、生猪养殖为主业的家庭农场，提高了农业的商品化、市场化程度，增加了农产品的市场竞争力和抗风险能力。叶时通的家庭农场与温氏养殖公司合作，在 2014 年的猪肉降价潮中，成功"避险"。其三，经济合作社展实力。叶屋村通过成立萤火叶屋村经济合作社，以村为单位对外批量购买农业生产资料，降低村民生产成本。之前村民个人购买一包 80 斤的养殖饲料要 150 元，叶屋村以合作社为单位到厂家购买，每包不足 140 元。

## 二　释能增收，汇聚和气，收获规模经营"硕果"

依托土地整合，叶屋村走上了农村规模经营的"康庄大道"，成功实现了村庄"泛活力、增收益、聚和气"。

### （一）拓能增效，激发农业生产潜力

叶屋村经过土地整合，唤醒了土地沉睡的能量，释放出农村生产活力，促进了农业的有效发展。第一，实现了农田连片化。通过集体对耕地进行丈量、分配、置换，叶屋村实现了土地的连片耕种，攻克了土地零散的难题。在土地整合前，叶屋村最大的一块田不足 5 亩。整合后，最大的一块地达到 30 多亩。理事会成员叶昌成说："现在最小的一块都有 8 亩。"第二，提高了土地利用率。叶屋村整合了村内所有土地资源，除开村民认耕的土地外，其余全部对外发包，成功解决了土地闲置抛荒问题。2009年，叶屋村土地抛荒高达 50 多亩，土地资源严重浪费。土地整合后，通过村民认耕、集体外包，土地得到物尽其用，再无抛荒。第三，推进了种植机械化。叶屋村在实现规模经营后，各家都购买了农用犁地机、播种机、农药喷洒器等农业生产机械。叶昌成激动地说："连片调整后，大家都采用了规模化、机械化耕作，现在村里连一头牛都没有了。"

### （二）增收添产，提升村、民经济效益

过去叶屋村是村民贫、集体穷，通过土地整合，村民发展规模种养，村庄发包闲置资源，并肩走上了"致富路"。一方面，农民腰包"鼓起来"了。通过土地整合，叶屋村民以种养大户、家庭农场的方式积极进行砂糖橘、生猪等农业规模种养，增加了村民经济收入。如今，叶屋村人均收入超过 3 万元，16 户村民购买了小汽车，34 户村民建起了楼房，有 10 户村民还购买了商品楼房。另一方面，集体钱袋"厚起来"了。土地整合后，叶屋村将村庄闲置土地资源外包增收，实现了强化薄弱村的发展目标。叶屋村把村民认耕之外的 310 多亩山地和 20 多亩鱼塘外包外租，每年的租金收入比原来增加近 5 万元，为集体经济种下了"摇钱树"。

### （三）添和促睦，营造乡村和谐氛围

通过土地整合的顺利推行，叶屋村缓解了村庄人、地、市之间的矛盾关系，使村庄重聚和气。一是破除了"人、地"矛盾。在土地分配时，叶屋村以户籍是否在村、村民是否在外务工等条件作为分配依据，合理制定分配标准。如村庄规定户籍在村里并在耕的村民可平均分配水田，外出人员只分配旱地，有效破解了村庄水田"僧多粥少"的人地矛盾。二是缓解

了"人、人"冲突。叶屋村在土地整合后及时确权到户，保障了每户村民的合法权益，改变了之前村民之间因土地产权不清常发生纠纷的局面。叶昌成说："之前分不清谁的地，现在确权了，谁也别碍着别人。"三是拉近了"村、市"距离。叶屋村规模经营落地后，村庄实现了种植机械化、土地连片化、经营规模化，务农收益有了"提速器"，村民纷纷回乡。面对目前村内仅有15人外出务工的情况，理事长叶时通高兴地说："叶屋现在不比城市差，村民自愿回来了。"

## 三　合力深耕，点土成金，助推规模经营"繁荣"

叶屋村以土地整合为突破口，通过"通思想""落实际""设保障""育主体""出成效"，使山区农村有效实现规模经营，具有重要的启示与价值。

### （一）土地整合是山区农村实现规模经营的前提

中央一号文件强调要积极发展适度规模经营。长期以来，山区农村土地的零散化经营阻碍了农业规模效应的实现。鉴于此，叶屋村致力于土地整合，通过联动多方力量，转变村民观念；集体统筹统分土地，实现一户一田；完善道路水渠，平衡田地区域差异；村民签字、村庄确权，保障村、民权益，实现了化零为整，释放出山区农村土地经营活力，为山区农村规模经营按下了"快捷键"。因此，山区农业规模实现的前提条件是土地的有效整合。

### （二）实现规模经营的关键在于培育新型农业经营主体

习总书记在党的十九大报告中表示要发展多种形式的适度规模经营，培育新型农业经营主体。过去，农民一直处于"单兵作战"的传统种养模式中，动力不足，不愿转型；条件受限，无法发展。对此，叶屋村通过村内党员、理事成员、乡村能人多维引导，"更新"村民种养观念；依托集体整合土地，盘活资源，"升级"村庄种养硬件，为种养大户、家庭农场、经济合作社等新型农业经营主体的"诞生"提供了现实条件，更快更优地实现了农业规模经营。叶屋经验启示我们，实现规模经营要重点培育新型农业经营主体。

### （三）引入市场机制是规模经营的长效之道

引入市场机制能激发农村农业的活力，促使农业生产提质增效。叶屋村实现规模经营后，以新型农业经营主体为抓手，连接市场龙头企业，形成了"龙头企业+种养大户""龙头企业+家庭农场""龙头企业+经济合作社"等市场化经营新模式，让市场与农业经营主体建立起利益共享、风险共担的紧密合作机制，进而拓宽了农产品的销售渠道，降低了农产品的市场风险率，提高了农产品的市场竞争力，为农业规模经营持续"护航"。可见，引入市场机制是农业规模经营的长效保障。

### （四）适度发展规模化经营是现代化农业的发展方向

习近平总书记强调："土地流转和多种形式规模经营，是发展现代农业的必由之路，也是农村改革的基本方向。"叶屋村积极贯彻习总书记的讲话精神，立足于山区农业这一现实基础，依托整合土地、培育新型农业经营主体、引入市场运营等新举措落实农业规模经营，推动山区农业走向规模化、机械化、集约化，成功实现了山区农村从传统农业向现代化农业的转型。可见，要发展农村的现代化农业就要充分发挥适度规模化经营的引领作用。

# 化 "零" 为 "整"：
# 让山区零碎化土地 "再焕生机"

## ——基于清远市土地整合的调查与研究

执笔人：丁　亮


　　长期以来，土地作为农民赖以生存的基础，承担着发展农业生产、保障农民生活的重要功能。然而，当前我国农村地区，尤其是山区农村，土地普遍存在 "山多地少、零星分散、抛荒严重" 等问题，导致土地活力低下、农民增收困难、农村发展受阻。为此，地处粤北山区的清远市立足实际，通过土地整合唤醒山区 "沉睡" 土地的活力。具体而言，即以土地问题为导向，找准症结；以土地整合为路径，对症下药；以农业生产为根本，规模经营；以乡村振兴为目标，让山区土地 "再焕生机"。

## 一　土地整合何以开始

　　山地是清远市典型的地貌特征。自 20 世纪 80 年代实行家庭联产承包责任制以来，伴随着社会的发展与转型，清远市农村土地也相继出现了诸多现实性问题。面对这些问题，清远市在已有条件的基础上展开了山区农村的土地整合。

### （一）问题倒逼，农村发展遇阻

土地是农村发展最重要的资源，但是在进行土地整合前清远的土地存在一些"恼人的麻烦"。一是土地分布碎片化，规模经营难度大。清远户均承包土地约 3.5 亩，一户少则六七块地，多的达到四五十块。据英德市叶屋村一位村民反映，在土地整合前，其家里 4 亩水田划分为 8 块，3 亩旱地分为 7 块，耕作耗时费力，当地甚至有"一个斗笠放下去便是一块地"的说法。二是土地抛荒比例高，资源利用效率低。阳山县畔水村近年来由于大量村民外出务工，全村 800 亩田地中，有 200 多亩长满了野草，甚至耕作条件较好的土地也出现抛荒，土地资源浪费现象严重。三是土地经营单一化，农业发展速度慢。土地整合前，清远的土地经营模式多为分散的小农模式，市场管理、经营管理意识不强，导致农产品质量参差不齐，难以形成当地品牌效应，以至于第一产业发展速度一直处于较低水平，2011～2012 年清远市第一产业增加值增长近乎为零。

### （二）需求牵引，多元主体呼唤

内生的多元需求是开展土地整合的根本动力。一是农民增加收入的愿望强烈。土地是农民的"命根子"，是农民提高经济收入的重要载体。2009 年叶屋村人均年收入仅 3000 元，时任村主任叶时通说："不至于饿肚子，但想攒点钱是不可能的。"穷则思变，叶屋村民希望通过整合土地实现增产增收。二是壮大集体经济的需求紧迫。集体经济是村庄发展的内核，而清远市农村的集体经济普遍较为贫弱，土地整合是破局的重要契机。1995 年的一场大雨使新城村的曾氏祠堂塌陷一角，修建祠堂需要 10 万元，但当时新城村每年的集体收入却不足 3000 元，修缮便不得不搁置。三是建设美丽乡村的热情高涨。清远各村争建美丽乡村的活动开展得如火如荼，《清远市"十三五"期间推进美丽乡村建设实施意见》明确指出要深入推进"三个整合"，土地整合作为"三个整合"之一，是建设美丽乡村的重要一环，受到极大关注。

### （三）条件兼具，自主探索初现

清远市推进土地整合是以实际情况为立足点的，有着一定的生成土壤。一是政府引导，政策出台，土地整合有依据。按照中办发〔2014〕61号文件"鼓励农民在自愿前提下采取互换并地方式解决承包地细碎化问题"的政策精神，2015 年 3 月，广东省农业厅印发《关于鼓励通过互换解决农户承包地细碎化问题的指导意见》。为此，清远市财政安排 3300 万元推动本市土地整合工作。二是能人带动，规划自谋，土地整合有动力。中华里村小组理事会会长李庚原在土地整合过程中起到了规划、联络的核心带头作用，平整村庄道路，修复农田设施，成为全村土地整合工作的"发动机"。三是村民齐心，宗房协力，土地整合有根基。清远农村尤其是自然村层面的宗族认同强烈，叶屋村便利用这点，按"宗""房"将村民分组并安排同宗同房的理事会成员上门给村民做思想工作，最终村民一致同意将各自承包、经营的农用地以及开垦的荒地全部集中起来进行整合，为顺利进行土地整合奠定了基础。

## 二 土地整合的典型模式

在开展土地整合过程中，清远市立足实际，因地制宜地探索出了若干土地整合典型模式，成效显著。

### （一）叶屋村："集体统筹，重新分配"模式

所谓"集体统筹，重新分配"是指由村集体统筹村庄内所有耕地（包括水田、旱地，鱼塘可纳入水田），统一整理、集中规划、将碎片化土地整合划分成若干连片的地块后，以二轮延包为基础，重新发包给合作社农户，使每户获得一片（或两片）耕地。以叶屋村为例，2010 年叶屋村在村小组长叶时通的带领下将全组所有旱地、水田及鱼塘进行统筹规划，将鱼塘纳入水田范围，由村集体筹资完善农田基础设施，将农户原来零碎的土地整合成连片的田块，再重新分配给农户耕作。在此基础上，农户可按照各自的意愿申请经营旱地、水田或鱼塘，经村民小组同意后农户之间按照"耕者优先""大者优先""同等条件抽签""连片经营""按比例置换""顺延扩充"的六原则进行耕地分配和置换。

### （二）红崩岗村："集体统筹，有偿承包"模式

"集体统筹，有偿承包"是指由村集体将村内分散的所有土地统一整合，化"碎"为"整"，整合后的土地由经济合作社托管并以一定的价格有偿发包给社内有意愿耕种的农户，实现"想耕田的有田耕，不想耕田的有钱分"。这种模式较为适合部分村民外出务工、部分村民留村务农的村

集体，例如佛冈县的红崩岗村。红崩岗村 2015 年 4 月利用一个月的时间顺利推行并完成了土地整合，整合后的土地以二轮延包面积为基础，按"一户一块"分配；2016 年村集体立足村庄实际，为发展土地规模经营，将村内所有土地再次统筹起来由经济合作社规划打理，社内农户每人每年可获得 120 元的土地分红，而统筹起来的土地由村集体以每亩 200 元的价格向愿意耕种的农户进行发包。这种整合模式既增加了集体收入，又大大提高了村民的耕作积极性，土地丢荒问题得到有效的解决。

**（三）中华里村："集体统筹，统一经营"模式**

"集体统筹，统一经营"是指村集体成立经济合作社，将全村土地统筹起来，由合作社统一进行经营或由集体统一流转给专业大户、家庭农场、农业龙头企业等进行经营，而农户将以土地股份或土地租金的形式获得回报。这种模式在村民大部分外出务工的村集体较为适用。以佛冈县中华里村为例，中华里村地处丘陵地带，人均耕地较少，分布凌乱。为谋求更好的出路，中华里村民理事会探索出了一条以土地入股分红为主要方式、先置换整合后治理的土地整合之路。首先统一整合。即将原 96 户村民承包的责任田共 126 亩和 2600 多亩的山地统一整合到村集体，由村委会统一托管。其次土地入股。即以村民自愿为原则，采取土地按面积入股的方式，把土地集中起来经营发展，为调整农业产业结构，走农业产业化、经营集约化、耕作现代化的路子打下基础。最后收益分红。土地股收益的 5% 作为公益金，发展村庄公益事业；15% 作为风险金，用于扩大生产，弥补亏损；80% 作为分红分给农户，其中的 80% 分给中华里村的农业户口村民，20% 分给中华里村的新增人口（包含户口在村和不在村的中华里村民）。

### 三　土地整合价值何在

迄今为止，清远市范围内已有 10407 个村小组开展了土地整合，成果喜人，价值颇丰。

**（一）优化了土地资源配置，生产效率得以提升**

目前清远市共整合耕地面积 155 万亩、林地面积 1023 万亩，土地整合使原本零星分散的土地化"碎"为"整"，提升了生产效率，有效促进了现代农业的发展。一方面，减少了用工量，增加了产量。土地经过整合，田间大埂和灌溉毛渠不复存在，单块土地面积扩大，方便耕种和收获，避免了原来小块多处土地需要大量劳动力投入的弊端，作物产量较之前也有所增加。2015 年清远市稻谷产量 65.2 万吨，蔬菜产量 292 万吨，较上一年分别增长 1% 和 7.8%。另一方面，推动了农业机械化、规模化和专业化。土地整合后，宽直的路网和集中的耕地非常有利于推动农业机械化精耕细作，为实现土地集约化、规模化经营提供了可能，同时有利于推动田间管理、砍伐运输等专业化生产，为农业生产经营现代化和信息化提供了坚实的基础。

**（二）促进了集体经济发展，农户收入得以增长**

土地整合不仅使农业生产效率得到极大提升，还促使集体经济也跟着发展起来，进而各户农民的 "钱袋子" 也鼓了起来。西牛镇新城村将全村 300 多亩水田进行置换整合，将所有旱地、林地和鱼塘集体统筹后统一承包或出租，2014 年该村集体经济收入达到 30 万元，村内分配剩余的山林地和鱼塘得到重新盘活后，每年的租金比原来增加了几万元。土地整合后的阳山县掀起创办专业合作社的热潮，农户收入大幅提升。2013 年底阳山县有农民专业合作社 200 个，会员 2700 户，户均年增收 6000 多元；2014 年全县合作社增至 318 个，会员增至 7799 户，户均年增收 7300 多元，同比增长 22%。

**（三）激发了农民自治意识，乡村治理更加有效**

土地整合首先是农民自己的事，村民通过参与其中，自治意识得到激发，依靠自主协商调解等方式解决了土地整合中遇到的矛盾和问题，实现了由 "要我整合" 向 "我要整合" 的转变，重塑了乡村治理形态。如英德市的叶屋村在土地整合中便充分发挥了村民的自治作用并成功地进行了整合。2008 年 8 月至 2010 年 5 月期间，叶屋村民小组的村民自发进行了全面的耕地整合。整合之初，村民就持有的不同意见逐一发表，围绕着是否进行耕地整合以及如何整合，叶屋村开始了马拉松式的讨论，召开村民家长会近 30 次，其间既有和风细雨式的说服，也有暴风骤雨般的争吵。在村小组的带领和努力下，最终大家取得共识，整合工作顺利完成。

### 四 土地整合的发展方向

土地整合通过优化土地资源配置，激发了土地活力，提升了农民收入，加速了村庄发展，然而在推进土地整合时应当注意把握以下几个发展方向。

#### （一）农村土地整合应以尊重农民意愿为前提

习近平总书记强调："现阶段深化农村土地制度改革，要尊重农民意愿，不能搞强迫命令，不能搞行政瞎指挥。"土地是农业最重要的生产资料，是农民赖以生存和发展的基本条件，土地整合应以充分尊重农民意愿为前提。在土地整合过程中一方面要深入走访农户，全面了解各户的农业经营发展意愿；另一方面要鼓励村民集体讨论，将选择权交给农民而不是代替农民做选择。

#### （二）农村土地整合需要政府适度引导

农村土地整合作为一项创新农村土地资源利用的综合性探索工作，尚属新事物、新路径，且涉及的主体、包含的利益关系较为复杂。为避免农村土地整合"走曲折路，做无用功"，政府在整合过程中应及时了解动态，适当介入指导，把握宏观方向，控制可能出现的问题并适时做出调整，切实做到"引导而不强迫、扶持而不干预、参与而不包办"。

#### （三）农村土地整合应确保农民权益

土地是农民实现其自身权益的重要载体。然而，近年来部分农村地区却出现了诸如工商资本"任性"占用农地、挤压农民就业空间等侵害农民权益的现象。为此，在土地整合时应当确保农民权益，通过建立健全法律法规和监督机制，完善与之相关的社会保障体系，将维护农民合法权益置于首要位置，做到土地整合前农民自愿，整合中农民参与，整合后农民满意，全方位确保农民权益。

#### （四）农村土地整合应坚持因地制宜、因村施策

由于不同村庄在地理环境、经济状况以及风俗习惯等方面存在一定差异，因此，各地在开展土地整合时切不可实行"一刀切"的政策，应坚持因地制宜、因村施策。一方面可依托各个村庄不同的特色提出具有针对性的整合方案建议；另一方面要充分发挥农民的自主性和创造性，鼓励试验与创新，探索出特色鲜明、行之有效的土地整合方式。

# 小资金、大杠杆：
# 鼓足乡村振兴的"钱袋子"

——基于清远市涉农资金整合的调查研究

执笔人：张旭亮

2017 年中央一号文件提出"发挥规划统筹引领作用，多层次多形式推进涉农资金整合"，这为涉农资金整合规划了路线。但"农业农村现代化"进程中涉农资金依然面临"多头管理、资金分散、补贴'变质'"等困境。为此，清远市积极探索出以涉农资金整合为抓手、发挥"资金杠杆"作用的措施，撬动各项资金有效整合。所谓"资金杠杆"，是指政府以涉农资金整合为杠杆，采用撬动普惠性涉农资金整合、促动非普惠性资金整合、带动市场资金整合等方式，充实村庄发展资金，为乡村振兴提供强有力的资金保障。具体来讲：通过框定资金整合主体、界定资金整合范围、拟定资金整合方式、制定资金监管办法等具体做法，充分发挥财政涉农资金的"资金杠杆"作用，统筹推进农村综合改革的发展，系统盘活涉农资金的功效，全面带动乡村产业的发展，鼓足乡村振兴的"钱袋子"。

## 一 三重困境：涉农资金功效"难发挥"

伴随着农村综合改革的推进，清远市涉农资金"多头管理、资金分散、补贴'变质'"等问题日渐凸显。

### (一)"九龙治水"：涉农资金整合效应难凸显

涉农资金多部门管理，弱化了涉农资金的整合力量。首先，涉农资金主管部门多，资金分散，难以统筹。就清远市的实际来看，涉农资金管理部门涉及财政、发改、农业、林业、水利、扶贫、国土、住建、交通、人社、教育、卫计、科技、民政、民宗等15个部门，陷入"看似多部门共管，实则难以统筹"的困境。其次，涉农资金分散使用，资金杠杆效应弱化，难以发力。清远市涉农相关项目达15项，包括公共环卫设施、水利设施维修，农村饮水工程建设，乡村道路建设，村容村貌整治等，资金的分散使用使财政涉农资金的"资金杠杆"效应难以发挥。最后，一些部门重复、交叉申报财政涉农资金项目，导致涉农资金低效。部门割据、条块分割导致部门各报各的项目，在项目申报、项目建设、项目安排等方面有相当程度的重复或交叉，进一步弱化了涉农资金的整合效应与使用效率。

### (二)"撒胡椒面"：涉农资金规模效应难发挥

涉农资金"普惠化"，使村庄陷入"看似人人有份，实则难以综合使用"的困境。一方面，涉农资金涉及项目多，规模效应弱化。项目众多，分散了有限的涉农资金。据统计，清远市涉农资金涉及4类普惠性项目、21类市以下非普惠性项目、55类省以上非普惠性项目。另一方面，涉农资金涉及人数众多，进一步分散了涉农资金。多数涉农资金都具有"普惠性"的特点，一项涉农资金又被细分到不同的个体，进一步分散了涉农资金。"整合以前，村集体想为村里办点事就不行，因为你集体收入本身就有限，其他涉农资金是直接到农户的。"一位村干部讲道。

### (三)"补贴变质"：补贴资金补助效应难显现

伴随着城镇化的深入，部分村民外出务工，导致"人地分离"、土地撂荒而涉农资金补贴照发的问题。一是涉农补贴资金用途"变质"。伴随着城镇化的推进，活石水村面临人员外流、土地抛荒等问题，但即便如此，涉农补贴照常发放。"这明显违背了政策的初衷，有些村民甚至拿这部分钱交水电费，20元、50元不等。"村书记讲道。二是涉农补贴资金低效"变质"。连州市农村主要在山区，集体经济弱，乡村建设只能依靠财政，财政资金分摊到各村，导致"太公分猪肉，村村有得分，却都不多"，连州市财政局副局长林玉静讲道。

## 二 "资金杠杆"：涉农资金整合"齐发力"

清远市因地制宜，探索涉农资金整合方式，以整合"两类资金"为抓手，撬动社会资金，做到了"多个渠道进水、一个池子蓄水、一个龙头放水"，助力乡村振兴战略。

### （一）多方参与：涉农资金整合的主体框定

有效界定各方权责，是清远市涉农资金整合迈出的第一步。一是组织引导，发挥党支部、理事会的带头作用。清远市结合自治重心下移，充分发挥村党支部、理事会的引领作用。2014年，阳山县通过党支部、理事会引导，辖区73个村委会364个村小组开展了有效的资金整合。二是农民自愿，发挥村民的主体作用。清远市在涉农资金整合中充分尊重农民意愿，组织村民与村小组集体签订《授权委托书》。通过上述方式，阳山县整合涉农资金2046.9万元、"一事一议"财政奖补资金886.25万元，撬动了4000多万元、150多项美丽乡村建设项目。三是政府协调，发挥政府的引导作用。非普惠性涉农项目资金的整合，受专项资金使用的限制，必须通过政府主导、财政协调、部门配合，才能稳妥地推动涉农资金整合工作。阳山县整合农业、林业、水务、国土、扶贫等部门非普惠性涉农项目资金达1000多万元。

### （二）"三类资金"：涉农资金整合的范围界定

厘清涉农资金整合的范围，是清远市涉农资金整合中的重要一步。一是非普惠性涉农资金的整合。非普惠性涉农资金整合，即以片区为载体推进，引导来源不同的包括中央、省、市、县四级的各项涉农资金。资金整合遵循"三个不变"原则，即"渠道不变"，由主管部门向上级申报；"性质不变"，各市级主管部门将省级以上的资金下达情况报市领导小组办公室备案；"职能不变"，由各主管部门负责组织项目实施。截至2015年，全市共整合非普惠性涉农资金8.93亿元，达到了资金集中投放的整合效果。二是普惠性涉农资金的整合。即在群众自愿的基础上，将生态公益林补贴、种粮补贴、良种补贴等由村集体统筹，用于农业农村基础设施建设。仅2014年，阳山县73个村委会364个村小组通过上述方式就整合普惠性涉农资金达 2046.9 万元。三是通过涉农资金整合撬动市场资金的进入。涉农资金整合，绝非仅为整合而整合，而在于"以小搏大"，撬动市场资金进入乡村，助力乡村发展。清远市推行"财政贴息、以奖代补、先建后补、民办公助、财政担保、实物补助"，发挥财政资金的引导和杠杆作用，积极引导群众投工投劳和社会工商资本投入。阳山县通过整合涉农资金及放大融资的方式筹集资金达 1 亿元。

### （三）层级推进：涉农资金整合的方案拟定

依规层级推进，是清远市涉农资金整合中一直重视的问题。一是制定规划，重点突破。在充分调研的基础上制定合理规划，做到规划先行至关重要。2014 年以来，清远市制定了《清远市财政涉农资金整合实施方案（试行）》《清远市财政涉农资金整合 2016 工作要点》《清远市 2016 年涉农资金整合工作考核评价办法》等一系列文件，为涉农资金整合提供了强有力的制度保障。二是项目依托，互相配套。项目在涉农资金整合后的作用至关重要。清远市在项目区内规划了一批优质综合项目，建立项目库，实行动态更新，以项目为支撑，推动规划落实。目前，连州市涉农项目库拟入库项目有 1880 个，涉及财政资金 10.7 亿元。三是优化组合，优势互补。各级政府在编制预算时，根据本级财力状况，合理优化项目，优化涉农资金整合方式，推动涉农资金整合进程。英德市积极作为，争取到涉农专项扶持资金共 1500 万元，24 个镇街 1443 个村小组整合财政涉农资金达 1450 万元。四是各方协调，统筹推进。清远市建立市、县、镇纵向联动，各涉农部门之间横向互动的工作机制。在市一级成立财政涉农资金整合工作领导小组，顶层设计，统一指导；部门之间统筹规划，提出规划、意见并报上级主管部门审定；财政局主要参与，根据市委、市政府审定意见会同相关部门做好资金的整合安排；市以下各级成立相应的领导小组，建立相应的部门互动机制。

### （四）用途监管：资金整合的后续保障机制

涉农资金整合后，能否被有效利用、长久为继是清远市超前谋划的问题。一是平台监管。清城区进一步发挥农村产权流转管理服务平台的作用，完成交易 84 宗，交易总额 8947.7 万元，录入"三资"监管平台的固定资产共 2025 个，交易合同 718 份，涉及合同标的额达 6 亿元，实现了涉农资金的平台化监管。二是动态跟踪。普惠性资金用于村公共事业和公共设施建设，县级领导小组须定期跟踪资金使用情况，直至资金使用完毕。资金使用情况报市领导小组办公室备案，实现了涉农资金的全时段跟踪。三是群众监督。公开透明、全过程公开为群众监督涉农资金使用情况提供了机制保障。"每一个项目从招标到最后建成，涉及的每一笔款项都要进行全村公示，这样大家才知道钱花在了那里，心中才有底。"活石水村的基层干部讲道。

### 三 清远市探索涉农资金整合的启示

清远市通过涉农资金整合，发挥出了涉农资金的整合效应、规模效应、带动效应，为农村涉农资金整合提供了范本。

#### （一）涉农资金整合为汇集乡村振兴资金提供了机制样本

盘活涉农资金、"集小钱、办大事"是涉农资金整合的题中之义。清远市以涉农资金整合为抓手，积极探索涉农资金整合方案，制定涉农资金整合办法，建设资金监管平台，有效整合了分散的涉农资金，增强了村庄集体经济的力量，促进了村庄基础设施的建设，带动了乡村产业的发展，基本达到了资金整合设定的目的。

#### （二）资金杠杆为撬动乡村其他资金整合提供了经验借鉴

财政涉农资金整合，并非为了整合而整合，在整合的过程中，清远市通过完善体制机制、优化重组，完善了村庄基础设施，优化了投资环境，撬动了市场资金，进一步壮大了村庄的发展资金，为村庄产业发展奠定了良好的基础，实现了政府、市场与社会的三方良性互动，同时为其他地区涉农资金整合提供了行之有效的"清远范本"。

#### （三）产业发展是确保涉农资金整合效益的动力源泉

要想巩固涉农资金整合成果，实现村庄持续发展、农民持续增收，产业发展是基础。清远市通过涉农资金整合，厚植产业发展沃土，吸引、带动、助推村庄发展产业体系，培育了一批合作社、农机超市、乡村旅游等产业，实现了涉农资金整合的持续、长久发展，为农村发展注入了永续动能。

### （四） 通过资金整合使农民获益是乡村振兴战略的题中之义

通过涉农资金整合，优化产业发展环境，从而带动产业发展，最终使农民获益、农村发展才是涉农资金整合的目的所在。党的十九大提出乡村振兴战略，要实现"农业农村现代化"，就必须千方百计增加农民的收入、促进农村升级、带动农业发展，如此才能更好地实现乡村振兴战略。而清远市在鼓足乡村振兴"钱袋子"方面，已然做出了有益的尝试。

# "横向整合":
# 走出农村"分而难治"困境的有益尝试

——基于广东省清远市集体资源整合的调查与思考

执笔人：张慧慧、范　玲、胡平江

统分结合是我国农村基本经营制度的重要内容。但是在实践过程中，农村长期以"分"为主要形式，导致资源细碎，难以发挥集体优势，农村资源难以发挥更大的作用，陷入"有分难统"的困境。对此，广东省清远市通过体制机制创新，探索出一条"横向整合"的新机制，形成了大资源、大平台、大力量的农村发展新局面。具体而言，就是以政府为责任主体，横向整合部门资源；以自然村为基本单元，横向整合集体资源；以地缘、文化、利益为纽带，横向整合农民资源。以此实现政府、村集体、农民的有效合作，破解农村资源"分而无力"的困局。

## 一　分而无力：农村资源"低效难治"

长期以来，农村资源分散在个体家户中，集体难以有效整合，难以实现资源的有效配置和高效利用。

### （一）单元错位，资源权属难统一

一是权力分化，资源难利用。清远有90%以上的村集体资产和经济事务掌握在村民小组或自然村一级，村委会难以整合利用各自然村的资源。二是诉求分歧，资源难分配。在建制村背景下，村集体资源分配难以满足多方需求，容易引发组际矛盾。如石角镇黄花行政村党支部书记所说，"村内有新农村建设项目时，给了这个村小组，其他小组村民就闹意见"。三是运营分散，资源难集中。如红崩岗村村主任所言，"国家投入看起来多，但分散到农户则少。村集体无法将分散在农民手中的资源收集上来"。

### （二）规模过大，信任关系难建构

其一，关系疏远，农民难互动。在建制村，村民之间可能互不认识，因而建制村是一个陌生人社会而非熟人社会。正如萤火村村干部所言，"村民因为分属不同村民小组，姓氏不同，所以相互不信任"。其二，利益分化，农民难组织。如连州市王屋村想修一条到自己组的路，而附近蓝屋村也想把路修到他们组，在资源有限的情况下，双方争执不下，一直修不起来。其三，干群分化，建设难入手。建制村背景下村干部分属不同的村民小组，农民对干部不信任。如对于叶屋村村民委员会提出的修路建议，村民怀疑是村干部"借搞建设机会贪污"。

### （三）主体缺位，合作行为难达成

其一，政府越位。近年来，政府往往忽视农民的主体性，包办乡村建设，导致资源投入难以契合农民需求，以致群众不参与、不支持、不满意。其二，村委错位。村民委员会承担了大量的行政事务，村干部疲于应付上级交办的任务，难以及时有效地处理村民诉求。据清远市阳山县鲁塘村干部统计，其需要协助承担的行政管理事项达130多项。其三，农民失位。由于建制村规模较大，利益分化，难以形成有机共同体，农民往往参与动力不足。村干部表示，平时叫开一个会，也要跑来跑去跑两天，村民大会基本不会召开，甚至"村委会选举只能靠流动票箱，村干部往往不是真正由农民选举出来的"。

## 二　横向整合：农村资源"聚沙成塔"

面对农村资源分而难统的难题，清远市通过横向整合机制，实现了政府、村集体和农民资源的有效衔接。

## （一）政策整合，构建资源利用大杠杆

清远市通过整合各项惠农政策，引导整合性惠农工程系统有效运行。一是给指引，理顺惠农体系。清远市按照新农村、产业、土地、公共服务和生态规划"五规合一"的要求，将不同政府部门的资金、项目进行整合，形成了一个指标体系，以期实现"一张蓝图绘到底"。二是给奖励，激发惠农内力。为充分调动村民参与惠农工程的积极性，清远市在资金使用、项目运作上下了一番功夫。如每年安排 1.5 亿~2 亿元美丽乡村建设的专项资金，通过村庄自建自报、政府以奖代补的方式，激励各村积极主动建设美丽乡村。三是给政策，保障惠农根基。清远市通过"自治重心下沉"使自然村有了自主权，能够根据村庄实际和村民要求，直接向政府申请惠农项目，做到有的放矢，事半功倍。如活石水村自发申请"美丽乡村建设"项目，规划村庄整体环境，整合各项资源，搞起了乡村旅游，实实在在地促进了村庄发展。

## （二）渠道整合，构建资源利用大平台

一是整合政府资源。清远市坚持"渠道不乱、用途不变"的原则，将中央、省、市、县安排的各项可整合涉农资金，按照农业生产发展类、农村社会发展类、扶贫开发类三大类进行整合，统筹使用。迄今为止，清远市共整合财政涉农资金 18.49 亿元，有效提升了惠农水平。二是整合农民资源。村集体在征得村民一致同意的前提下，将分散在村民手中的财政性涉农资金和分散细碎的土地资源整合起来，村庄经济社会发展有了"第一桶金"。如英德市禾湾村将闲置的山林土地集中起来，最终以 101.61 万元的总价格成功发包了其中的 138 亩土地。三是整合社会资源。政府借力"互联网+"模式，搭建农村综合性信息化服务平台，引入阿里巴巴、京东等电商平台，孵化乡村的自我发展能力。清新区陂头村的农村淘宝代购员唐艳城说："最初村民还不习惯在淘宝买东西，现在每天都有二三十个订单了，有些村民还开始发货出去了。"

## （三）单元整合，构建资源利用大集体

为打破农民个体分散化的困境，清远市以自然村为单位，利用自然村资源，将分散于农民手中的资源重新整合起来。一是挖掘集体要素。通过利用自然村地域相近、文化相连、利益趋同等条件，激活农民的集体观

念。如连州市九陂镇王屋村全村属一公之孙，一脉相连，村民认为集体土地权属祖宗，从而具备了统一行动的条件。二是借力基层组织。清远市创新性地将村民委员会、党支部设置在规模较小的自然村，发挥"两委"的协同带动作用。西牛镇中华里村村支部书记感慨："以前是我一个人干，实在忙不过来。现在大家都主动参与进来。"三是衔接社会组织。清远市通过在自然村设置经济组织等，对接市场、社会等外部资源。连州市畔水村自发设立信用合作部、种养专业合作社、经济合作社和农业发展有限公司，集体经济收入由2010年的不足2万元发展为2016年的30余万元。

### 三 多元衔接：农村资源"统分结合"

清远整合性惠农工程不仅改善了农村人居环境，提高了农民的生活质量，还提升了乡村自我发展的能力，惠农工程后劲十足。

#### （一）找准单元，从"上面事"到"自己事"

清远市利用自然村这一有效单元，实现了人心"从散到合"的转变，让农村资源利用根基更加扎实。一是自主能力明显提升。相对于建制村，自然村因利益相关、文化相近、参与直接而更易激发村民的自主性。"以前咱们村的路要等着政府来修才修得起，而现在我们主要是通过自己筹资筹劳，再就是政府支持就可以修路了。"王屋村村主任如是说。二是自治机制再次起效。农村传统的邻里互助机制，在整合性惠农工程中得以再生。如在西牛镇新城村进行危房改造时，村民共同捐资兴建了12间安置房，供无劳动能力的困难户、五保户居住，确保村民"一个都不落下"。三是自律精神重新凝聚。村民对所居住的自然村有归属感和认同感，中华里村村主任李庚原说道："我们做这个工作是没有工资的，但打了这么多年工，回来为村里做点贡献也是值得的。"

#### （二）转变方式，从"独自投"到"共同育"

清远市在新农村建设过程中，实现了"政府包办"向"政府引导"的转变，激活了农民的主体精神。一是政府造环境。政府现在重点发挥引导、奖评和服务功能，营造好的政策环境。如清远市在开展美丽乡村建设项目申报过程中，2013年申报村庄仅73个，2016年则增长至919个，而政府投入资金并未增加。二是农民当主体。如在龙颈镇岗塝村，村民不仅自发拆除了原来不想拆的破房危房，还通过自筹资金等方式，筹集了约150万元用来修建村庄的公共设施。三是社会共参与。如2015年清远市农商银行100多名志愿者前往螺坑村、井岭村等地进行了乡村环境保护与建设活动。

（三）提升内涵，从"花架子"到"实柱子"

一是职能归位。清远市积极转变政府与社会的发展定位，实现了"政府归位，自治到位"。连州市九陂镇镇长谈道："现在我们政府要做的就是给政策、给指导，农民自己去谋发展。分工明了，矛盾自然就少了。"二是内生外动。清远市将村庄的自主性和外部的支持相结合，实现两者的相互依存和支持，增强资源利用的合力。如丰阳镇畔水村，在政府支持和村民、乡贤的共同努力下，集体经济越来越活，还自己办起了信用合作部。三是协调运作。清远市通过探索自治重心下移，探索村民自治和基层治理新形式，以此将治理与发展结合起来，增强了农村发展的系统性和长效性。

## 四 内生外动：探索农村资源有效利用新形式

清远市通过对农村资源的横向整合，聚合多方力量，有效激活了农村的内生动能，为推进国家解决"三农"难题提供了有益借鉴。

（一）合理单元是农村资源有效整合的基础

以往，农村资源分散在个体家户之中，数量有限，利用效率低，对农民收入增加和农村发展作用有限；而以建制村为单元整合农民资源，村民由于缺乏共同的产权权属和利益诉求等，难以达成共识，无法有效实现资源的统筹利用。广东省清远市以自然村为基本单元，借助自然村熟人社会资源、组织资源和文化资源，通过自然村这一天然有机共同体，为资源的整合利用提供了条件。这表明，农村资源整合需找准合适单位，以自然村为单位，能更有效地协调农民利益，聚合农村资源。

（二）农村资源有效整合需要转变政府职能

随着农村经济社会的深入发展，"给予式"的惠农政策愈发不能满足农民生活发展的需要，探索新形式的惠农政策投入方式尤为重要。清远市在新农村建设过程中，积极转变政府投入理念，改变单向主导的惠农政策供给，转而以引导激励为手段，通过给指标、给奖励、给政策的方式，引导农民主动参与到惠农工程中来，形成了多元合作的新局面。可见，农村资源的有效整合，要求政府转变以往包办的工作方式，充分发挥农民的主体作用。

### （三）农村资源有效整合需激活集体意识

"统分结合"是有效发挥农村个体活力与集体合力的重要途径。但在实践过程中，农村却由"统得过死"转变为"分得过散"，难以有效实现统与分的衔接与整合。对此，清远市通过挖掘自然村这一集体资源，利用自然村地域相近、文化相连、利益相关的天然纽带，发挥了自然村这一"有机共同体"的优势，为有效整合农村资源提供了有效条件。可见，农村资源有效整合需激活集体意识，特别是需要尊重和利用自然的、历史的集体传统。

# 让利得益：
# 农村公益事业如何做到"四不补"

## ——基于清远市农村综合改革的调查与思考

执笔人：靳守姣

农村公益事业是农村文明乡风的重要组成部分。然而，以往的农村公益事业发展面临着"农民主体不积极、村庄干部不热情、机制保障不健全"等问题，导致其长期处于"难起步、难发展、难落地"的境地。鉴于此，广东省清远市以农村综合改革为契机，探索出一套农民让利得益的"四不补"先进经验，为发展农村公益事业找到了有效路径。具体而言，即以需求为导向，消除民虑；以农民为主体，聚结民力；以组织为载体，会聚民心；以机制创新为保障，护实公益，真正实现以让利得益促农村公益事业有效"落地"。

## 一 聚民之意，促农村公益事业"启航"

为使公益事业建设充分表民意、聚民心，清远市各村庄通过调查走访、答疑解惑，使村、民一心，促进了公益事业的顺利起步。

### （一）"找准命脉"知需求，为公益事业"解缆"

在方案制定前期，清远市各村庄一般都通过开会摸底、入户走访等形式充分摸清群众需求。一方面，开会摸底，解民情。在方案制定前期，各村庄会召开多次村民代表大会，了解和吸纳村民的意见和看法，确保方案"体民情"。如新屋村通过召开 10 次村民代表大会，吸纳村民筹资投劳的意见，并在机耕路修建的过程中积极践行。另一方面，入户走访，知民意。在确定实施方案之前，村干部会首先入户了解村民顾虑，并根据存在的问题分类施策，确保方案充分"表民意"。如新城村在房屋拆旧建新过程中，逐户了解村民反对的原因，并通过安置房等方式破解了"五大难题"。

**（二）"对症下药"消疑虑，使公益事业"扬帆"**

清远市各村庄通过经验介绍、参观体验、节目宣传等形式，驱散了农民心中的"迷雾"。首先，经验介绍，解民惑。清远市各村庄通过对先进镇村经验的宣传推广和详细讲解，解除了农民心中对于"四不补"方案的疑问和困惑。如蓝屋村通过向村民介绍阳山县拆除危旧房并未占用村民宅基地面积，解开了村民对于"村庄拆房是否会占地"问题的疑问。其次，参观体验，稳民心。针对村民对于"四不补"方案的怀疑与抵触情绪，清远市各村庄通过组织村民代表到已成功实施的村庄进行参观交流，借"他人"之力稳村民之心。如石门台村组织村民代表到叶屋村参观学习经验，感受方案实施的益处，使方案的通过率达到 100%。最后，节目宣传，树信心。清远市各村庄以节目表演的形式宣传方案的内容，并通过让农民参与其中，增强了农民对于方案实施的信心。如活石水村举办了以"四不补"为主题的"草根"春晚，让村民以娱乐的形式切实感受到了方案实施的好处。

**（三）"主动治疗"达共识，促公益事业"前行"**

在方案的讨论、拟定和表决中，清远市各村庄充分动员农民群众积极参与。一是充分讨论，让民主"发声"。各村庄在方案制定过程中，通过党支部会议、村干部会议、理事会会议和村民代表大会等层级民主讨论的形式，保障了方案的科学性和民主性。如新屋村的理事长朱智威说："在方案的执行过程中，我们大大小小的会议不下 10 次，别的村的兄弟都说我们村会多，打牌都不叫我们。"二是精细修订，促公平"落地"。在"四不补"方案制定的过程中，清远市各村庄充分考虑农民出工量均等、贡献等价等因素，保证方案的公平公正。如蓝屋村明确规定每户每年免费出 3 个工服务于村庄公共建设，因特殊原因而无法出工的村民按每个工 100 元进行补偿。三是逐一表决，保方案"定心"。清远市各村庄在方案的制定过程中，要求每项内容都要经村民代表在村民代表大会上逐一表决和签字才能实施，从而为方案的实施提供了依据。如蓝屋村关于用地、青苗、拆屋、投工、误工等每一项内容的制定，均经过了 51 个村民代表的现场表决，签字为证。

## 二  凝民之心，为农村公益事业"助航"

在实施"四不补"方案的过程中，清远市通过平台搭建、草根助推、机制创新，使农民凝心聚力，为农村公益事业提供了动力源。

### （一）平台搭建，为公益事业"立航标"

清远市在推行"四不补"方案的过程中，借助党组织、村委会和理事会"三驾马车"，为公益事业树立了"风向标"。其一，党组织带头，凝人心。在方案的实施过程中，党员以身作则，带头实践，汇集了人心，带动了村民纷纷响应政策。如新屋村在机耕路修建过程中，党员率先在自家的地边修建机耕路，带动村民修通了村庄 3.2 公里的机耕路。其二，村委会示范，聚人力。在推行方案的过程中，村委会干部身先士卒，积极示范，带动村民主动实践政策，凝聚了村民之力。如新城村在拆旧建新的过程中，村干部曾德池率先拆除自家房屋，为其他村民做了表率，村民纷纷响应政策要求。其三，理事会树模，解心结。在方案实施的过程中，理事会成员身体力行，与农民交心，从而解除了农民的心结。如前锋村在危旧房拆除的过程中，理事长江建清事必躬亲，推心置腹，赢得了村民的信任，使村民能够主动进行拆旧让地。

### （二）草根助推，为公益事业"导航向"

清远市整合村庄内生资源，借力草根群体，为农村公益事业设置了"导航仪"。一方面，熟人助力教导。针对"四不补"实施过程中的反对者，清远市各村庄充分发挥熟人说教和劝导的作用，为方案实施减小阻力。如新屋村在推行"四不补"方案的过程中，针对理事长姊姊的反对，充分发挥她儿子的劝导作用，使方案顺利实施。另一方面，青年助力执行。在实行方案的过程中，清远市各村庄通过组织的形式将青年人聚集起来，使他们积极投身于村庄的公益建设当中。如中华里村通过"青年团"的形式把年轻人吸纳到方案的实施过程中去，为村庄的公益建设节约了人力、财力。

**（三）机制创新，为公益事业"畅航道"**

清远市通过集体保障、作价入股、荣誉奖赏多举措激发村民的积极性，为农村公益事业提供了保障。一是集体兜底，村民"有底气"。村庄通过周转房、安置房等集体保障的形式，让农民能够心甘情愿地支持政策的实施。如新城村在拆旧建新的过程中，集体通过建设 6 套周转房，让暂时没有建房能力的村民能够毫无顾虑地落实政策。二是以股代偿，村民"有甜头"。在实行方案的过程中，村庄以折价入股的方式回馈村民，保障了村民的利益。如中华里村通过地上物作价入股的方式，让每个村民都切实享受到了村庄发展的红利。三是荣誉奖励，村民"有干劲"。在方案的具体实施过程中，村庄以荣誉奖励的方式鼓励农民，激发了农民参与的主动性。如新城村的曾书记说："农村人都不计较那么多，只要让别人知道自己做了这个贡献就好。"

## 三 让利得益，给农村公益事业"护航"

清远市在探索"四不补"经验的过程中，通过借力三个重心下移，了解村民需求，发动农民主体，依靠组织平台，建立保障机制，促进了农村公益事业的"乘风破浪"，是农民让利得益的有益探索，具有重要的借鉴意义。

**（一）发展农村公益事业应以农民需求为导向**

在传统模式下，农村公益事业常常是自上而下的单向度发展，这种发展模式往往与农民的需求不相契合。对此，清远市在农村公益事业发展的过程中，通过开会摸底、入户走访等多种方式摸清群众需求，然后对症下药全面落实群众诉求，把消除群众疑虑放在第一位，真正做到"想人民之所想，忧人民之所忧"。因此，只有顺应农民需求，才能促进农村公益事业有效开展。

**（二）组织平台是农村公益事业开展的有效载体**

农村公益事业的开展离不开农村组织平台这个有效的载体。过去，农村公益事业长期由政府包办，农村基层组织很难发挥其真正的作用。鉴于此，清远市在农村公益事业的开展过程中，通过借助党支部、村委会和理事会三大平台，充分发挥党员、干部和理事会成员的模范带头作用，带动农民积极投身于农村公益事业。实践证明，发展农村公益事业，要注重依靠基层组织平台，借力基层组织能人。

**（三）激活农民主体是农村公益事业发展的关键**

农民是农村社会的主体。因此，农村公益事业的发展离不开农民群体。清远市在开展农村公益事业的过程中，一方面，让农民主动参与到公益事业方案的拟定过程中，使方案的拟定充分反映民心；另一方面，让农民积极参与到公益事业方案的实施过程中，使方案的实施过程充分聚民力，进而推动农村公益事业顺利发展。由此可见，发挥农民的主体作用是推动农村公益事业发展的核心和关键。

**（四）健全机制是公益事业长效发展的有力保障**

农村公益事业要想长效发展，就必须有健全的机制"保驾护航"。然而以往的农村公益事业囿于保障机制不健全，难以真正有效落地，更难以长久持续。为破解这一根本性难题，清远市积极探索公益事业发展的有效机制，通过建立健全集体兜底、利益协调、荣誉嘉奖等机制，打通了公益事业发展过程中的"梗阻"，疏通了公益事业发展的渠道。可见，农村公益事业的长效发展离不开强有力的机制保障。

# 城乡等值：
# 让农村公共服务"叫座又叫好"

## ——基于清远市农村公共服务下移及服务整合的调查与思考

执笔人：余奇瑶、李博阳

对于推进基本公共服务均等化的命题，"十三五"规划明确了"普惠性、保基本、均等化、可持续"的总体方向，明确指出了以农民为主体完善农村公共服务的基本原则。然而长期以来，农村地区公共服务"依附城市化、政府包办式、服务管理化"的特点明显，"重供不重需、重量不重质、重建不重管"等问题日益暴露，成为农村服务现代化的拦路虎。如何让公共服务"叫座又叫好"成为难点。基于此，清远市大力推进农村地区"服务下移+服务整合"，还原服务主体本位，重塑服务单元要位，创新服务机制上位，让服务更为"有质、有效、有力"，促动服务回归以村民为首位，走出了农村公共服务等值化的一大步。

## 一 聚合内外，多元联动，公共服务得"叫座"

清远市着力以三大参与主体为突破口，逐个击破，逐步联合。通过农村公共服务的组织建设、平台建设、机制建设，找寻城乡等值新内涵。

### （一）主体回归，供给能力等值化

只有打实农村服务的基础，寻回参与主体重心，才能找到农村公共服务未来发展的出口。其一，规模调整，唤醒内力。清远市积极推进农村地区自我管理服务水平提升，鼓励村民自主建立村民理事会，吸收村内精英参与，并推选村中有威望的人以及"能人"和"好人"担任理事长。通过理事会牵头，商议村内各项事务，自主申报美丽乡村建设，唤醒自治组织以及自然单元的服务功能。其二，分工重组，增加助力。一方面是分清职责边界，将行政功能与自治功能剥离并将行政服务整合到位，为村民提供一窗式整体服务。另一方面是转变激励机制。改变过去"一事一议"、对口补贴的形式，将涉农资金与部门资金整合，分五个梯度分别创建，进行以奖代补，为完善农村公共服务绘出了蓝图。其三，市场嵌入，强化活力。清远市在提升农村公共服务共建能力的过程中，以基层设置的片区服务站为支撑平台，利用互联网技术，给市场和农民提供了双向供需渠道。以金竹片区服务站提供的淘宝代购服务为例，农民可以通过淘宝代购服务购买到自己所需要的产品，也能将自己生产的农产品通过服务站提供的供货渠道供给市场。

### （二）单元吻合，配置效率等值化

各个分散单元有各自不同的境况，选择合适的服务单元、多元的配置模式，保证了公共服务的供给更加有效。首先，定位经济中心，丰富涉农服务。高道片区综合服务站设立前为农副产品集贸市场，是周边大洞镇、水边镇、西牛镇沙坝片区等往返西牛镇、英德市的必经之路，人口往来频繁，属于习惯形成的经济中心。以此为据点开展涉农服务既符合习惯，又遵循规律，"事半功倍"。其次，瞄准地理中枢，提供便民服务。黄花镇政府是一个传统的"办事中心"，镇区合并之后，在此设立了黄花片区服务站。而究其原因，则是片区合并后，镇区办公场所被撤除，与周边村民"办事找镇不找村"的习惯矛盾。黄花片区行政服务平台的设立，平衡了两者之间的矛盾，满足了村民的需求。最后，聚焦自然村落，填补社会服务空白。平台式服务触角始终无法延伸至村落内部，部分村庄的公共服务仍然办不好或者办不了，而通过还原自然单元的服务功能，各个村落重现了互动服务的良态。如活石水、新城等村庄均依靠集体力量兴修水利，平整土地，组建红白理事会，较好地填补了服务空白，实现了服务的自主供给。

### （三）方式转换，服务内涵等值化

以往农村公共服务方式僵化，资源浪费严重，服务效能低下。清远市在进行农村综合改革过程中，从实施单一方式到探索多种方式相互转换，给城乡公共服务等值提供了新思路。第一，自办变代办。农村社区不似城市社区，具有一定的分散性与独立性。龙塘村公共服务站，根据 7 名村干部的不同分工，安排了不同的代办项目，涉及 37 个部门 667 个行政审批事项和社会服务事项，为全村 5500 人代办各种证照等事务。村民足不出村即可办成各种事项。第二，有人变无人。红崩岗村无人售货点将农户收获的农产品，按照一定的分量进行包装，每份标明价格，各农户将商品放在销售平台上各自独立的货格上，每个货格有一个收款箱，农户各自锁好收款箱。顾客自选货物、自投货款、自备零钱。这种方式契合村庄中人力物力不足，少量农产品剩余的现状，填补了市场与政府的边角空白。第三，批量变定制。冲口村的农事服务超市以"定制服务，自行搭配"的方式，为农户提供蔬菜犁地、蔬菜整地、蔬菜育苗、水稻烘干、水稻犁耙田、水稻育秧等多项服务，农户根据各自需要进行选择。

## 二　主体互补，机制互动，服务建设获"叫好"

过去，以城市为服务中心开展的公共服务建设，辐射范围有限，乡村人口处于服务体系的边缘。清远市通过激励自建，鼓励多元主体参建，带来了乡村公共服务与城市公共服务相比同类不同质的飞跃。

### （一）提能增效，服务质量好起来

服务质量等值化是实现公共服务等值化的基础。农村服务不在多，而在有效，即"效率、普惠、适用"，具体体现在：其一，覆盖到面，拓展服务广度。清远市地处粤北山区，以往以镇为单元开展公共服务，服务单元过大而难以服务到户。以西牛镇服务站为例，服务人口 5.6 万，辐射面积 233 平方公里，村民常说"小事大办，小事难办"，一件事情办下来要往返十趟。现在，凭着"一站式"综合服务站，村民足不出村即可办理各项业务，从普通的行政代办到水电费代缴、农产品购销，惠及了村民生活的方方面面，节约了村民的时间和财力。其二，贯穿到底，延展服务深度。以小潭片区和龙塘村综合服务站为代表的免费"上门"代办服务，以及迳头镇创立的"夜访"制度，即通过夜晚等闲暇时间，下村入户，听闻农民心声，不仅打通了"最后一公里"，也为日常工作开展打下了良好的基础。以 2011 年迳头镇南玻项目为例，1000 亩土地的征地、拆迁工作仅仅花了 15 天，创造了"迳头速度"。其三，整合到站，提升服务效度。清远市通过整合涉农服务平台，建设了蕴含农技、农机、农资、农村金融、农村电商的"五位一体"的社会化综合服务平台，囊括农产品从种子到收获再到饭桌的一条龙服务，为农民带来了收益，减轻了农民的种植风险，也节约了农民花费在种植上的人力物力，提高了服务的效率。仅在冲口村农事服务超市的服务中，2017 年农户每亩增收即达 200 元，辐射服务土地面积 10000 余亩。

### （二）多元供力，服务体系立起来

清远通过多元主体服务规避了过去单一主体失活的陷阱，同时又以机制创新在多元主体中构筑了协作链条，形成了农村公共服务新体系。首先，破除了"政府失灵"问题，"大家长"变"辅导员"。政府自上而下提供服务，往往忽略村民需求，导致上冷下热，吃力不讨好。而今，验收奖补使过去的"家长"变为如今的合作方，提升了农民对政府的满意度与信任感，正如蓝屋村理事长所说，"你看我们村庄多好，政府做了件了不起的事情"。其次，解决了"志愿失效"困境，"等靠要"变"争创先"。"原来觉得这就是政府组织的事情，我们做好配合，搞下卫生煮个饭就好了。"新城村理事长道出了过去自主性不足的常态。而现在，采取自主申报自我完善的做法，清远市各村兴起了自治服务、自筹自建的热潮，激发了村民自治服务的积极性。如活石水村村民们议定村里每个青壮劳动力集资 2000 元，将本村两公里外清澈的山泉引到村庄里来，不但节省了时间和费用，还使村民真正成为新农村建设的"建设者、管理者、受益者"。最后，化解了"市场失序"难题，"短期型"变"长效型"。市场具有逐利性，在提供服务中易形成一次性工程，后续服务质量常难以保障。而在清远实践中，分批奖补以及再次考评能对服务提供商起到监督作用，即一年美丽乡村创建完成后将扣留 5%~10% 的奖补资金，待 3 年后再行考评，决定是否发放剩余奖补资金。同时，清远市建起了退出机制和摘牌、降级等促使市场主体自身提升服务能力、长久维持服务水平的机制。

### （三）发展一体，城乡等值合起来

清远市以公共服务等值化为杠杆，撬动了城乡发展一体等值的进程。第一，改善了居民生活水平，推动了生活质量等值化。以往"没人敢嫁进来"的新城村如今成了特色村，不仅让外出的"归雁"纷纷回家，许多城里人也来乡参观。"还有客人跟我们问村里有没有宅基地卖，想来这里修房子长住，又开玩笑说要把女儿嫁到村里来。"曾理事长自豪地谈道。第二，有利于培育现代农民，促进生产技能等值化。利用服务平台的磁场效应，佛冈便民服务中心聚力打造了青创茶室，为广大农村青年提供创业指导与经验分享契机。同时，服务平台又上联专业机构，发挥农技推广部门的潜力，技术服务室、产业孵化室的优势，根据需求为村民提供生产培训和技术咨询。青年创业服务中心（青创茶室）自创办以来已成功开展了多次青年创业交流会，成功培育了南田村的都市休闲旅游及天皇养殖有限公司等龙头创业项目。第三，塑造了农村公共精神，助力了乡风文明等值化。改革早期，在一家房地产公司帮扶下小湾片区曾打造出一个美村，但因没有调动村民参与，无法激发他们的自主管理意识，最终"美村"也渐渐"复原"。而在方式转换后，实现了村庄自建、市场助力、政府监督，如虎尾等村庄形成了自我管护、人人参与的村规民约，"现在有小孩乱丢垃圾，破坏公共设施，后面的小孩子看到了都会告诉他你这么做是不对的"。

## 三　模式活化，效能优化，服务模式能"叫久"

党的十九大报告提出了"乡村振兴"的总要求，清远市先治先行，随着"服务下移+服务整合"的推进，政府转换了服务方式，人民转变了参与方式，内联外动，调整服务单元，整合涉农服务平台，探索合适的服务机制，建立了长久有效的服务模式。

### （一）单元调整是激活多元服务的"催化剂"

清远市通过农村公共服务"下移+整合"，将原本在乡镇一级的农村公共服务下放到行政村一级，基层公共服务综合平台建设全面延伸至行政村

（社区）。进行服务单元调整的目的有二：一是明确各方职责边界，各司其职，还原政府的服务属性。旨在解决以往政府职能混淆、农村公共服务"眉毛胡子一把抓"、效率低下的难题。二是激活了主体参与积极性，唤醒了自治组织以及自然单元的服务功能。服务单元的"落地"，与实际人文、自然条件的契合，激活了主体的参与力量。

**（二）找准农村服务"最大公约数"方能实现服务等值化**

"最大公约数"不仅是人民群众最广泛利益的"平衡点"，也是最能激发社会内生动力的"关键点"。最广泛利益的重要"平衡标准"来自群众，村民自治组织给予了群众制定标准的权力，让群众自提自议自决。在城乡等值化进程中，公共服务机制链条不完善也无法保证长久激发社会内生动力。所以，延长服务机制链条，达到考核、约束、监督机制三位一体，可共同促进服务建设的长久维系。因此，在城乡服务等值建设中，只有把握群众总的"平衡标准"，促成服务机制互动互补，才能为公共服务提供有力的规则制度保障，促进公共服务长效运转。

**（三）服务等值化是实现城乡一体等值发展的重要途径**

习近平总书记在"乡村振兴"战略中指出，要"建立健全城乡融合发展体制机制和政策体系，加快推进农业农村现代化"。追求城乡融合中的农业农村现代化，并非为了消灭农村主体，打造城市的克隆体，而是在保持农村底色的基础上，回归乡村本色，追求城乡等值化。清远市通过"服务下移+服务整合"的改革，改变了农村以往的落后面貌，提升了农村公共服务质量，调动了多方主体参与服务，将单向供给服务改为双向互动服务，使服务等值得以真正实现，让乡村人口得以平等参与现代化进程并共享改革发展成果，为加快实现城乡等值与一体化发展奠定了良好基础。

# 自治下沉：
## 以"小集体"破解能力瓶颈难题

——基于广东省清远市"村民自治重心下沉"的调查与思考

执笔人：张绍杰、朱　露、胡平江

2014年、2015年和2016年连续三年中央"一号文件"都指出，可以开展以村民小组或自然村为基本单元的村民自治。长期以来，在规模大、人口多、利益杂的行政村开展村民自治，村民往往是一盘散沙，自治能力难以适应村民自治的需要，村民自治面临能力瓶颈难题。对此，广东省清远市从调整村民自治规模着手，探索出一条"小集体，大自治"的治理提升新路径，即以自然村为基本单元，借力自然村文化、地域、血缘、利益等纽带，凝聚和发挥村民集体精神，赋予自然村以参与能力、管理能力和服务能力，以此在"小集体"内激活村民自治，让自治落地生根。

## 一　大而难治：大集体下的自治能力瓶颈

长期以来在行政村层面开展村民自治，面临着村委组织难、利益协调难、民众参与难三大困境，村民自治难以有效运转。

### （一）村委实力寡，组织能力难激活

在行政村范围内设置村委会作为自治组织，囿于多种现实因素，村委

会难以组织村民进行自治。一是"二权分离"，无力组织。产权与治权的分离导致村委"有心无力"。清远市90%以上农村集体土地和集体资产掌握在自然村或村小组，行政村难以有效利用集体土地和资产发展集体经济。二是"千线一针"，无暇组织。行政村作为国家的基层组织单位，仅法律赋予其的行政职能就多达100多项，导致村委会陷于繁忙的行政事务中。三是"民心不向"，无法组织。以行政村为单元开展自治，村民对村干部存在抵触心理，"干部一进村，村民便认为又来收钱了"，村民不认可、不信任干部，导致他们不配合、不参与。

### （二）利益关系杂，协调能力难配合

行政村范围内利益复杂，难以进行有效协调，统一自治。一方面利益差异，村组纠纷多。各个村小组之间的利益存在差异性，难以形成有机共同体。如小湾村下属的4个自然村落为曾氏宗族后裔四大房支，但因相互械斗、争夺山林等原因难以合作。另一方面土地零散，村民冲突多。由于土地零散细碎，村民在耕种过程中小冲突不断，如叶屋村户均有11块耕地，种菜户打农药便会影响临近养蚕户。伴随土地分布问题而来的耕作问题频发。

### （三）治理规模大，参与能力难培育

多组合并而来的行政村村民对"大村"事务往往缺少关注度，无心参与自治。一是面孔生，参与缺合力。行政村范围较大且自然村间山林阻隔，各个自然村之间村民彼此生疏，难以开展合作，如新城村村民曾经"各家自扫门前雪，修水利等公共事务无人问津"。二是缺信任，参与无根基。如萤火村村支书李锦都介绍："之前村两委曾想在叶屋自然村修条路，劝村民让一些地。但村民认为村干部是借搞建设机会贪污，因此不了了之。"三是效力弱，参与少热情。如萤火村村干部表示："由于范围过大，许多群众并不认识候选人，且认为投票意义不大，民主选举的民主性大打折扣。"

## 二　小而能治：以小集体弥补自治能力短板

"自治重心"从行政村下沉到自然村，村庄内部的传统自治资源得以充分挖掘，促进了村庄自治真正落地运转。

### （一）传统延续，赋自治以内力

清远市较多农村有着自治的传统与基因，重心下沉挖掘传统纽带，激活了自治内力。第一，同宗族，以"血缘"为纽带思想聚。如九陂镇王屋村全村共 160 人，均为王氏宗族族人，历史上就形成了宗族自治传统。第二，共信仰，以"信缘"为基础观念合。佛洞村有"佛景庙"和"大王庙"等庙宇，长期以来村民围绕庙宇信仰开展有丰富的自治活动，自治重心下沉则充分挖掘了该村的信仰传统。第三，近地域，以"地缘"为根基行动齐。如连州市佛洞村有 17 个姓氏 400 余人，该自然村村民进出村庄需要跨越两条河流。自 1983 年开始，近 20 位村民自发成立了志愿服务队，负责道路和桥梁的修建与维护。

### （二）规模合适，赋自治以活力

村委会规模的缩小，促使自治单元走向合理化，激发了自治活力。一是小范围商议，村民"动起来"。石角镇中华里村在筹办村集体企业时，得益于村委会规模缩小，村委会和理事会能够多次召开村民家长会进行商议，村民参与村庄自治的积极性也更高。二是短距离传达，村民"连起来"。村庄规模变小意味着人口更少，村民建议传达的距离缩小、效率提高。熊屋村将村庄公共事务张贴在村庄显眼处，村民有意见可直接向村干部提，方便快捷。三是微利益关联，村民"聚起来"。佛冈县大田村一位村干部表示："之所以放弃外地的工作回乡，主要就是为了把村庄搞好，让子孙后代有一个共同的良好环境。"

### （三）发展牵引，赋自治以动力

村庄的持续发展是激励村民参与自治的一大动力。其一，村民增收，动力足。新城村村民在村委会的带领下进行土地整合，实现了农民人均年收入从不足 5000 元到如今超过 10000 元的转变，村民收入增加后参与自治更有动力。其二，集体发展，实力强。自治重心下沉后村委会能有效协调村民发展集体经济。如新城村 2015 年集体收入中仅山林一项便有 20 万元，而改革之前该村年集体经济收入仅有 2000 元。其三，村庄改善，容貌美。村庄集体经济的壮大，可为村庄建设提供资金支持。熊屋自然村在村委会的带领下集体自发修建凉亭 2 座，铺好 500 米的环山鹅卵石道路，建好村内文化室、篮球场等设施，使村民有了休闲娱乐的场地。

### 三 赋能于村：以能力提升激活自治潜力

清远市"自治重心下沉"，有效激活了村民参与村庄建设的积极性，提升了村民的参与能力、管理能力及服务能力。

（一）参与能力提升，构筑自治基石

"小集体"范围内村民对村庄事务参与更加积极，参与能力逐步提高。一是平台由无到有，村民"能参与"。清远市在推行自治重心下沉的过程中，通过在自然村设立党支部、村民委员会、经济合作社三大组织，使自然村从小组长"一人干"变为"三驾马车拉"。二是态度由冷到热，村民"想参与"。大量乡贤认为："以前我们想回来都没有站脚的地方，现在都愿意回来奉献一点，都是给自己和自己的叔侄亲戚做事。"三是方式由少到多，村民"会参与"。如石角镇中华里村通过建立"中华里大家庭"微信交流平台，每户都有代表加入微信群，实现了"线上"加"线下"的多种方式参与。

（二）管理能力提高，助推自治生长

自治重心下沉以后村民能管理、会管理、管得好，管理能力大大提高。一是村庄发展"会规划"。"自治重心下沉"让村民更具主动性，积极为村庄发展出谋划策。如连州市熊屋村成立村民委员会后，根据本村特色发展旅游业，已建成七家旅馆和一家大型农家乐。二是村民矛盾"能协调"。畔水村因为房屋修建、田地种植等问题，邻里间有较多矛盾。村内设立村民委员会后，通过开展土地整合与调整，成立种养殖合作社，原有矛盾摩擦逐渐淡化。三是重大事务"善决策"。自治重心下沉后更多"能人"回乡担任了村干部。如王屋村通过选举返乡大学生担任村主任，借助其文化优势，有效凝聚了村民的发展信心。

（三）服务能力增强，深化自治实践

"自治重心下沉"让农民成为自治主体，自我服务能力提高，自治行为不断深化。其一，服务主体多样化。在自然村设立专业合作社等组织，能够有效连接外部市场主体，引入市场服务。如中华里村通过对接深圳市一家企业，带领村民找到了种植红薯、红葱头的产业化道路。其二，服务范围拓展化。在"小集体"中村民享受到了更全面、更贴心的服务，如畔水村成立了农业发展服务公司，为村民提供农产品加工等经济服务。其三，服务方式内生化。如佛洞村组织村民自筹资金 2 万元，将村庄 2 米的窄路加宽至 5 米。原本依靠政府才能办的事，现在村民自己就解决了。

## 四　单元下沉：激活村民自治能力的经验启迪

### （一）合理单元是激活自治能力的重要条件

村民自治是村民依法办理自己的事情、维护自身合法权益的重要形式，是一项植根于群众实践的制度和活动。因此，村民的自治能力直接影响着村民自治的成效。以行政村为基本单元开展村民自治，由于地域规模和人口规模过大，村民之间互不熟悉，利益互不相同，村民难以有效组织起来开展自治活动。清远市从调整村民自治规模着手，以自然村为基本单元成立村民委员会，让村民自治基本单元匹配农民自治能力的实际，促进了村民自治的有效落地。可见，合理的单元是激活村民自我管理与自我服务能力的重要条件。

### （二）自治能力提升是村民自治的基础要求

村民自治是我国基层群众进行自我管理、自我教育、自我服务的重要形式，要求村民具备一定的自治能力。长期以来，村民自治机制不健全，导致村民合作能力、参与能力不足，村民自治陷入空转。清远市在探索村民自治有效实现形式的过程中，核心就是将村民自治重心下沉，借助自然村的地域相近、规模适度、利益相关、文化相连等因素，让村民更有效地组织起来，容易达成合作行为。可见，通过村民自治单元调整提升村民自治能力，是实现村民自治落地生根的有效路径之一。

### （三）自治能力培育需政府转变治理理念

村民自治的有效开展，既要以村民为主体，也要加强政府引领。只有将村民有效自治与政府高效服务有机衔接，才能保证农村的持续发展。清远在深化农村改革的过程中，政府主要是在政策上予以引导，在资源上予以整合，在考评上给予奖促，发挥了政府宏观引领的作用。同时，赋予了村民更多的自主空间，将具体操作留给村民，让村民自我管理、自我服务。可见，增强村民自治的能力，需要政府转变政策供给方式，既要避免包办，也要避免甩手不管。

**（四）基层有效治理需赋予基层弹性空间**

党的十八届三中全会提出要"推进国家治理体系和治理能力现代化"，这不仅要更新国家制度的顶层设计，同时要增强基层社会的治理弹性。从世界普遍规律来看，社会区域特性的复杂性决定了基层社会治理的丰富性。因此，深入推进农村改革，需为地方探索留出空间，遵循实事求是规律，鼓励各地因地制宜、大胆创新。如清远市结合华南宗族村落特性，挖掘传统历史基因，以人们世代聚居的自然村为单元，找回了村民心中认可的"小集体"，让村民自治得以真正落地。

# 找回群众：
# 以组织下沉重构党群共同体

## ——基于广东省清远市"支部下沉"改革探索的调查和思考

### 执笔人：李加斌、胡平江

习近平总书记强调，群众路线是我们党的生命线和根本工作路线。然而，长期以来以建制村为基本单元的党支部建设，规模过大、利益复杂，导致基层党组织无形之中面临失去党员、失去群众、失去执政基础的严峻挑战。为此，广东省清远市先行先试，以党支部下沉为抓手，破解传统支部"悬空"难题，探索出一条"找回群众"的有效路径。具体而言，就是将农村党支部设置到规模适度、利益趋同的自然村，将支部建设融入村落发展，将支部引领落实于日常生活，重新构建起党支部、党员、群众的利益共同体、命运共同体，以此化解党组织脱离党员、脱离群众的新危险。

## 一 支部下延：激活组织神经末梢

清远市围绕基层党建重心下移，灵活设置党支部，力求打破组织悬空障碍，将党建根基延伸到最基层。

### （一）坐实底盘，让支部"接地气"

清远市积极探索党建新路径，下沉党组织单元，党组织从此不再如以往"高高在上"。一是建起组织联系单元。以往党支部设置在行政村，由于村庄范围大，"村民可能不认识党员，党员联系不到村民，'举手党员''投票党员'的现象很多"。清远市根据各地实际情况，将党组织与自治组织结合下沉至自然村，在全市1023个行政村的自然村中成立了8597个党支部，使基层党组织有了建设堡垒。二是建实党建发展基地。以建制村为单元的党支部建设，因范围较大、利益关联较低等原因，党员难参与，党建基地大而不实。党支部下沉至单元相对较小的自然村更便于党员直接参与。英德市禾湾村支部书记表示："以往行政村，大家各有各的事，即使专门开会也往往凑不到一块。现在自然村，吆喝一声都到了。"三是建好为民服务窗口。将支部建在自然村，能够为民承办党务、治安、人口、民政、救助、劳保等服务。近三年来，仅石角镇村民代办事项就达5000多件。

（二）重塑内核，让支部"得力气"

以往党支部规模过大，引领作用难发挥。支部下沉后，党支部力量得以重新集聚，发挥引领作用也更为有力。其一，利益趋同，增强组织凝聚力。建制村治理单元偏大，随着村民诉求的多元化，利益难协调，"村内有新农村建设项目，给了这个自然村，其他自然村村民就闹意见"。清远市将支部下沉，优化支部规模，重建群众间利益纽带，变做别人的事为做自家事，有效地凝聚了村民合力。其二，整合资源，壮实组织领导力。党支部建在行政村，资源相对分散，想做事却无力着手。下沉到自然村后，通过引导农民整合土地资源和涉农资金，村党支部引领村民发展更有底气。西牛镇禾湾村建起党支部后，其协调村民间利益，平息了多年的山林纠纷，引导村民整合土地400多亩，利用集体经济收入和整合的涉农资金，再投资300多万元建设了新祠堂和62套新洋房。其三，充实队伍，提升组织牵引力。基层工作任务繁重却吃力不讨好，光靠村民小组长一人难以有效谋划发展，甚至没有人愿意当小组干部。如今，村中成立党支部、村委会、专业合作社等，自然村的发展由"一个人单干"变为"三驾马车齐拉"。

（三）内领外联，让支部"有人气"

清远市在支部下沉后，积极发挥党支部的枢纽功能，以党为核心，聚合、盘活社会力量。第一，吸引能人加入党。以往农民对支部不感兴趣，党员发展成为一项难事。现如今，群众看到党员真正为村民干实事，党组织的吸引力得以不断增强，吸引了大量年轻农民的加入。2015年全市共发展农村党员1623名，其中35岁以下的占50.2%，高中以上学历的占44.4%。第二，引导组织联动党。在具备条件的村办企业、农民合作社、专业协会等组织内也建立起了党支部，各种组织与党组织有了互动共助的机会。如连州冲口村党支部组织成立蔬菜生产专业合作社，并带动了西岸镇30多个村庄500多户农户种植蔬菜。仅2014年合作社就种植蔬菜8000亩，销售产品1.2万吨，产值6000多万元。第三，促进社会支持党。过去，由于缺乏强有力的组织引领，外来社会资源即使有心帮助也无从投入。在支部下沉之后，社会资源不但有了对接平台，配置与利用的效率也得到了有效保障。如太平镇北坑村引入了香港信善基金会等组织助推当地脱贫。

## 二 支部转型：打通基层组织关节

为增强基层党组织实力，清远市在建好村党支部的基础上，还促进了支部的职能转型，让党支部在下沉中真正活了起来。

### （一）变悬空型组织为融入型组织

建在行政村的党支部被看作定期参与组织生活会的"开会组织"。清远市将支部下沉到村组，改变了支部的领导方式与活动方式，增强了群众对党的认识与认同。一方面，打通由上至下的传达渠道。支部融入群众中，让党与政府的政策能直达农村社会末梢。熊屋村在新农村建设初期不知道相关优惠政策，仅靠自身募捐，力度略显不足。而在支部的宣传帮助下，该村找到了以奖代补的资金支持，建设得以锦上添花。另一方面，建起由下而上的反馈平台。自然村的熟人社会环境，增加了群众对党的信任度。村民有事愿意找支部，有问题愿意向组织反映，矛盾得以有效解决在基层。如连州市支部下沉后，2015年全市各类涉农信访同比下降11%，涉农矛盾纠纷化解率同比提高50%。

### （二）变执行型组织为引领型组织

长期以来，党支部的作用被限制在了执行上传下达和上级交办的党务工作上，引领作用难以发挥。支部下沉有效摆正了基层党组织的位置，重塑了其引领核心。首先，成为自治的领导者。支部下沉后，党组织与自治组织紧密结合，有效推动了村民自治的开展。石角镇干部感慨道："过去我们做工作，出钱出力不讨好。支部建在自然村后，我们拿着政策措施，让支部去引导农民搞建设，不出一分钱，各项工作都搞得比以前好多了。"其次，成为利益的整合者。如新城村曾想集中进行土地平整，但由于集体土地所有权在自然村，因此设置在行政村的党支部难以有效开展土地平整工作。在党支部下沉到新城自然村后，支部带领村民利用4万多元的种粮直补资金完成了土地整合。最后，成为发展的引导者。通过发挥支部的引导和自治作用，许多村庄不仅解决了存量问题，更找到了发展的增量。四九村党组织下移后加快了对本村土地的整合，抓住了发展机遇，成功引进东兴板材、东源竹制品等6家企业，初步形成了产供销一条龙的木材产业格局，壮大了村集体的经济实力。

### （三）变空转型组织为实干型组织

支部规模过大易造成党内主体参与动能不足，党组织陷入空转的状态。支部下沉到自然村，重织了利益纽带，激活了主体参与的积极性，让党组织拥有了发挥作用的能力与动力。其一，融入农村建设。丰阳镇畔水村领导班子合捐出20万元用于美丽乡村建设，触动了外出务工的村民回馈故里，后募集到约50万元资金，有力推动了村庄发展。其二，投身社会服务。在"5·23"洪灾中石角镇存久洞村支部书记陈月梅投身于救助群众中，自家损失至少2万元。对此，陈月梅坦言："当时管不了那么多了，村民的安全最重要！我是一名党员，我只是做了应该做的事。"其三，倾心矛盾调解。英德市西牛镇禾湾村上访问题严重，在2012年上访费用就占去当年集体收入的半数以上。而通过党组织的牵引，以自治组织为主力进行劝导，村民放下了狭隘成见，齐心发展集体经济，村庄一举摘掉了"上访黑名"，成为新晋的"宜居农村"。

## 三　小调整，大引领：支部下沉的价值与启示

清远市通过支部下沉，发挥出了党的领导作用，激活了社会力量共同服务于自治发展与乡村建设，促进了基层党组织实力和战斗力的提升。同

时也为我国其他地区加强党建工作提供了借鉴和启迪。

### （一）支部建设需从增数量向优质量转型

习近平强调，基层是党的执政之基、力量之源。只有基层党组织坚强有力，党员发挥应有作用，党的根基才能牢固，党才能有战斗力。长期以来，基层在推进党组织建设过程中强调有效覆盖，偏向于增加支部数量，但对于如何发挥支部作用以及如何提升支部组织能力则未建立机制。清远市将支部下沉后，虽然自然村的党员数量减少，但是与群众联系更密切，能更好整合村中资源，带领村庄发展，取得了良好成效。可见，支部建设亟须从增数量向优质量转型，让基层党组织真正发挥实效。

### （二）有效实现党的领导需创新实现形式

党的有效领导是推进农村发展的关键。农村党支部建设也必须引领和服务于农村发展，将党的建设融入农村实际生活中，以党建带发展，以发展促党建。以往支部建设常局限于组织建设，而忽略了党的领导功能的发挥，使农村支部看起来重要，但难以发挥实效。清远市在推进党支部下沉过程中，并非简单将党的组织下沉，而是借助支部下沉使其更好地承担服务群众、联系群众、引导群众的功能。可见，实现党对农村发展的有效领导，需要创新党的领导形式。

### （三）党的领导需适应村民自治新形势

2016年中央"一号文件"提出，要"探索村党组织领导的村民自治有效实现形式"。村党支部是党在基层组织和农村各项工作中的领导核心，因此，探索村民自治有效实现形式同样不能脱离党的领导，村民委员会组织建设也不能脱离党组织建设。清远在推进村民自治重心下移的同时，积极稳妥地推进党组织建设重心下移，以此确保党对村民自治的有效领导。由此可见，在农村基层治理和村民自治形式深刻变化的情况下，党的领导也需要适应村民自治新形势。

# 重振乡风：
## 新时代乡村建设的"里子"

——基于广东省清远市美丽乡村建设的调查研究

执笔人：闫　磊、董帅兵

党的十九大提出乡村振兴战略，将乡风文明作为五大要求之一，可见，乡风文明是乡村振兴的题中之义。然而，长期以来，参与主体单一、活动载体单调、制度规范不完善等问题，导致乡风文明建设难以"落地生根"，对社会主义新农村建设的助推力量有限。鉴于此，清远市通过振兴乡风充实乡村建设的"里子"，助力乡村振兴。具体来讲，以美丽乡村建设为契机，丰富参与主体，创新文明载体，健全制度规范，激活乡风文明"内动力"，为乡风文明"添活力"，保障乡风文明"稳落地"，使乡风文明"进家门，入心门"，保障了乡风文明建设的长效性和协同性。

### 一　"小做法，大内涵"，以农民智慧深植"文明之根"

清远市以美丽乡村建设为契机，通过拓展参与主体、创新文明载体与提供制度规范等举措激发乡风文明建设的内生力量，丰富了乡风文明的内涵，促使乡风文明建设落地生根。

### （一）拓展参与主体，乡风文明"注活力"

针对乡风文明建设中参与主体单一这一问题，清远市注重拓展团支部、教育基金会和新乡贤等参与主体，为乡风文明注入了新生机。其一，以"自治下移"促团支部参与。清远市积极推进农村基层自治组织下移，促使团支部在乡风文明建设中从"幕后"走到"台前"。新屋村"自治下移"之后，村庄自己的事情自己管，团支部得以在组织活动的过程中不断壮大，成为乡风文明建设的重要助推力量。其二，以"动员理事"促基金会发力。清远市以美丽乡村建设为契机，积极动员理事会这一中坚力量，培育乡村公益基金会，为建设乡风文明拓展新的主体。2017 年，杜屋村万青教育基金会共资助了 32 位家庭贫困的优秀学子，奖励资金共计 17000 余元，极大促进了村庄教育事业的发展，促进了文明程度的提升。其三，以"乡情乡愁"引新乡贤回归。清远市以乡情乡愁吸引新乡贤回村，支持家乡建设，为乡风文明建设注入了新鲜血液。为鼓励乡贤回村参与村庄建设，2017 年清远市评选出最美乡贤 7 人，为乡风文明建设树立典范。

### （二）创新文明载体，乡风文明"稳落地"

清远市通过敬老、奖励学业和评比最美家庭等活动创新乡风文明的载体，厚植文明理念，培育文明乡风。第一，"敬老活动"注入美德"营养液"。清远市创新村庄参与活动，以村民齐力共建促进传统美德的发扬与传承，助力文明乡风。中华里村每到中秋、国庆等重大节日都会组织村民集体进行敬老活动，为老人赠送礼品，弘扬了尊敬老人的传统美德。第二，"奖励学业"添加尚学"发酵粉"。清远市不断创新激励活动，以学业奖励带动村庄尚学好风气。熊屋村从 1998 年开始奖励村中学业优秀的人，已经连续奖励了 20 年，营造了文明尚学的优良风气。第三，"最美家庭"打好文明"强心针"。在乡风文明建设过程中，清远市以最美家庭评比活动为乡风文明强筋健骨。2017 年虎尾村共评选出 6 户"最美家庭"与"文明家庭"，通过小家庭的文明示范为村庄树立了乡风文明的榜样。

### （三）健全制度体系，乡风文明"添保障"

清远市通过规范自治制度、借力村规民约、落实家规家训为乡风文明建设提供制度依据，为乡风文明建设保驾护航。首先，规范自治制度，文明筑根基。清远市通过自治重心下移，明确基层自治制度，调动村民参与乡风文明建设的积极性与主体性，为乡风文明提供了生长基地。夏冬村副主任成运友说道："自然村成立了村委会，乡风文明就是我们自己的事情，村民们都积极参与乡风文明建设。"其次，借力村规民约，文明融乡土。清远市引导村民自商自定村规民约，让文明理念成为村民的一种习惯，实现了乡风文明建设与乡土文化的紧密衔接。王屋村的村规民约约定村民不能在村中公共区域放养家禽，村民人人都可以监督，有效地解决了村中散养家禽的问题，让自觉维护村庄整洁的理念成为村民的共识。最后，落实家规家训，文明进家庭。优良的家规家训是家庭美德的微观载体，清远乡村以社会主义核心价值观重塑家规家训，规范家庭成员的文明行为。李屋村开设国学课堂，每周末组织村中小学生学习家规家训、社会主义核心价值观等内容，目前已经举办了10余次，有100多名儿童参与学习。

## 二 "微治理，著成效"，以振兴乡风绽放"文明之花"

清远市通过拓展参与主体、创新文明载体、提供制度规范等多种举措，打造乡风文明建设的多元成效，使乡村的精神面貌焕然一新。

### （一）确保长效性，文明"行致远"

清远市将乡风文明建设充分融入基层治理，有力保证其参与、监督与发展的长效性，使乡风文明建设得以绵绵用力、久久为功。一是文明成果可持续。清远市将乡风文明建设充分融入基层治理，以多方合力为乡风文明建设注入源源不断的动力，保障乡风文明建设持续发力。杜屋村确认门前三包制度，维持村庄卫生整洁。杜屋村理事杜先生说："现在大家都自觉维护村庄卫生，小孩子们都能相互监督提醒，村里面的每个人都自觉维护乡风文明建设的成果。"二是文明参与常态化。清远市乡村通过一事一议、民主议事的规则，进一步激发民众参与的积极性。红崩岗村确认了理事会一事一议与民主议事的规则，确保每一位村民都能够参与到村庄文明建设中。村民邱先生说："现在大家都要按规则来参与精神文明活动，村民会按照规则持久地参与乡风文明建设。"三是文明发展长效化。清远市通过美丽乡村建设，以乡村产业振兴促进乡村文明的延续，确保乡风文明建设的长效发展。活石水村通过培育文明乡风美化了村庄环境，带动了村庄旅游业的发展。"通过乡风文明建设带动村庄旅游，村庄旅游又促进了乡风文明，村庄的发展越来越好，大家都对未来很有信心。"罗主任讲道。

**（二）注重协同性，文明"两手抓"**

乡风文明建设是社会主义新农村建设的重要环节，清远市的乡风文明建设既注重向子孙后代的传承，又着眼城乡发展的大局。一方面，新老接力，文明之火代代相传。清远市通过发扬传统美德、营造尚学氛围、树立家庭美德等措施，使文明薪火实现代际传递。蓝屋村理事会成员成先生说："我们搞这些精神文明建设活动，我觉得村里的小孩是改变最大的，现在他们对长辈更有礼貌了，知道爱护村庄卫生，更爱学习了，这和我们搞的这些活动是分不开的。"另一方面，城乡一体，文明成果共同分享。清远市通过乡风文明建设，提升了农村的精神文明水平，完善了村庄的公共文化设施，既丰富了乡风文明的"内涵"，又提升了美丽乡村的"颜值"。曹屋村通过整治村容村貌、修建文化活动室与古旧建筑等措施，以乡村旅游产业为桥梁，实现了村庄发展和城市发展的良性衔接。

**（三）促进规范性，文明"根基牢"**

清远市的乡风文明建设既实现了长效性和协同性，也通过理顺组织关系、强化民主监督等措施促进了乡风文明建设的规范化。首先，职责规范化，文明"有序前行"。清远市在乡风文明建设过程中，各组织严格明晰职责分工与权力界限，推动了基层各组织参与村庄治理的规范化。西牛镇陈书记说："通过这个乡风文明建设的各种活动，大家也逐渐摸索出了基层组织之间怎样的互动模式是适合自己村子的。所以说，乡风文明建设无形中也助推了村庄治理的更好的组织分工合作模式。"其次，监督规范化，文明"有章可循"。清远市通过乡风文明建设中监督机制的落实，促进了村庄整体监督机制的完善。畔水村初始时将村庄中用于乡风文明建设等的支出"上墙"，接受村民监督，后在这一支出"上墙"的带动下，村庄各项支出都要"上墙"接受村民监督，促进了村庄监督机制的规范化。村民们表示："一开始就是说村庄搞精神文明建设钱怎么花的给大家看一下，后来说不行，其他支出也得公布出来。"最后，建设规范化，文明"蹄疾步稳"。清远市将乡风文明建设与村庄整体规划相统筹，以乡风文明的逐步升级促进村庄建设的规范化。"乡风文明建设一点点地越搞越好、越搞越规范，带动了村庄整体建设也逐渐走向规范化，不得不承认，乡风文明建设的带动作用还是很大的。"松林村主任这样讲道。

## 三 "寓无形，得有形"，打造乡风文明的清远范本

清远市在乡风文明建设过程中，激活多元主体力量，创新乡风文明的活动载体和保障机制，使乡风文明进村入户，深入人心，为乡风文明建设提供了有益的经验和启示。

### （一）弘扬优良家风是落实乡风文明的基本抓手

家庭是社会的基本细胞，家庭和睦则社会安定，家庭幸福则社会祥和，家庭文明则社会文明。优秀家风是美好乡风的重要组成部分，乡风文明建设需要借助家风建设有效落实。清远市农村从细节着手，对接传统家庭美德，以社会主义核心价值观丰富家风内涵，创新家规家训，以家庭为单位落实村规民约，以家庭之间的相互监督和切实可行的文化活动传承文明家风，保证了乡风文明建设落地生根。

### （二）村民参与是激发乡风文明建设内生动力的关键

乡风文明建设不能只是"昙花一现"，归根到底要调动广大农民参与的积极性，激发村庄建设的内生动力，才能保证乡风文明持续发力。清远市在乡风文明建设过程中，改变政府主导的模式，一方面由新乡贤引领，通过创新多种机制，充分利用和挖掘农民智慧；另一方面，培育和壮大村民理事会等自治组织，创新荣誉激励机制和美德评比等方式，带动村民积极参与，全面激活乡风文明建设的内部力量，为乡风文明建设注入持久的生命力。

### （三）乡村公共文化是乡风文明建设的有效途径

习近平总书记强调："深入挖掘中华优秀传统文化蕴含的思想观念、人文精神、道德规范，结合时代要求继承创新，让中华文化展现出永久魅力和时代风采。"清远市农村对接优秀传统文化，以社会主义核心价值观创新村规民约、家风家训，以丰富多样的文化活动赋予乡风文明时代精神，让中华优秀传统文化在乡风文明建设中迸发新的生命力，使乡风文明从个人层面得到升华，进而使个人走出家庭参与村庄文明的共建，以继往开来的气魄塑造了乡村的公共精神，以与时俱进的理念培育了乡村的公共文化。

**（四）乡风文明是涵养社会主义核心价值观的必然要求**

乡风文明是推进美丽乡村建设的重要力量，也是涵养社会主义核心价值观的必然要求。社会主义核心价值观是乡村文化建设的灵魂所在，是乡风文明建设的落脚点。清远市以构筑文明乡风为举措，培养了坚定的文化自信心和自豪感，以乡风文明的落地充分涵养社会主义核心价值观，为清远乡村提供了更好的认识和改造自身的途径，提升了乡村的文明层次，推动了清远市社会主义美丽乡村建设的总体进程，服务清远乡村振兴的大局。

# 新乡贤"归根"：
# 社会力量如何聚心聚力聚智

——基于广东省佛冈县中华里村的调查与思考

执笔人：彭晓旭、刘迎君

2015 年中央一号文件明确提出，要"创新乡贤文化，弘扬善行义举，以乡情乡愁为纽带，吸引和凝聚各方人士支持家乡建设，传承乡村文明"；2016 年中央一号文件再次指出，要"培育文明乡风、优良家风、新乡贤文化"。但长期以来，乡贤功能多聚焦于单一的资金捐助，在激活村庄闲置资源、激发村民自动力、激励集体产业发展等方面作用甚微，农村缺乏能够凝聚人心、整合人力、聚合智慧的新乡贤力量。鉴于此，广东省佛冈县中华里村借助有道德、有知识、有魄力的村庄新乡贤力量，充分发挥新时代乡贤在美丽乡村建设中的助跑功能，通过牵引整合内外资源，引入先进发展要素，实现了情感"聚心"、资源"聚力"、发展"聚智"，打造出了社会力量牵引下的美丽乡村建设新高度。

## 一 新乡贤为基，打造要素合力，助力美丽乡村建设

新乡贤是新时代背景下，在乡民邻里间威望高、口碑好、德才兼备的群体。中华里村新乡贤力量充分发挥自身情怀与能量，聚合乡民，共同致

力于美丽乡村建设。

**（一）情感在乡，新乡贤倡引"聚心"**

一是治心，引导思想转变。作为中华里新乡贤力量之一的李庚原退伍回乡后，发现村庄年轻人沉溺于打牌赌博，原优良民风习俗逐渐消失。为此，新乡贤协同村民理事会成员，经常与村庄年轻人私下交流谈心，和他们打成一片，同时召集大家开展经验分享会，统一年轻人的思想，积极引导年轻人转变作风和行为。

二是归心，重拾忠孝文化。中华里村向来以"忠孝"文化为根，在新乡贤的带动下，村庄年轻人自主组织起来，于每年腊月二十八为村里 60 岁以上的老年人送保暖服，并亲自为老人准备一顿"敬老饭"。此外，新乡贤还号召村民逢佳节举行升国旗仪式，倡导爱国文化，通过一忠、一孝的活动，引导村民归心。

三是凝心，增强集体观念。为增强村民集体观念，村庄新乡贤积极组织村民开展唱歌、跳舞、猜灯谜等文娱活动，同时举办接力赛、拔河比赛等集体项目，发动村民以村民小组为单位进行竞技比赛。通过激活各个村民小组的凝聚力，使村民拧成一股绳，为齐心建设美丽乡村打下了认同基础。

**（二）责任在乡，新乡贤牵引"聚力"**

首先，乡贤带头聚人力。为改善美丽乡村的人居环境和生产条件，中华里新乡贤动员村民们参与田间大茅寮休息亭、中华里村大桥等系列村庄公益设施的共建。2010 年春节，新乡贤带领村民在冷雨天气下翻修中华里广场地笪。见雨势加大，乡贤劝说村民停工避雨，村民们却说："别停了，反正内裤都湿了，我们就一干到底！"仅用一天半时间，地笪便修整完工。

其次，民事民议合物力。为提升美丽乡村建设的精神文化水平，新乡贤与村民理事会商议修建村民文娱活动场地。之后，新乡贤与理事会一起征求村民意见，并倡导村民以大局为重，通过土地置换方式将零散闲置地整合成大块可用地，有的村民在乡贤号召下还自愿捐出自家堆柴的空地。通过合力打造，昔日闲置土地资源变成了禾塘赛鼓场、篮球场，村民的娱乐活动得以丰富。

最后，内筹外引汇财力。整合发展资金是推进美丽乡村建设的重要保障。为奠定村庄产业发展基础，中华里村新乡贤一方面通过个人力量联系企业老板，通过老板带资方式加入村庄公园修建项目，补足了100多万元的资金缺口。另一方面，新乡贤号召村民筹资捐款十多万元，使村民也为美丽乡村建设贡献一份力量。另外，新乡贤与理事会成员共同决策，争取到政府"一事一议"财政补贴资金27万元。通过内筹外引，聚合了发展资金源。

**（三）愿景在乡，新乡贤援引"聚智"**

其一，"大围事"共议，夯实产业发展基础。长期以来，村民经营的土地松散零碎，人均两分地且分散在四五个地方，土地效益难以发挥。为实现"以土生金"，2015年春节，中华里新乡贤号召进行土地集中流转，引导村民以土地入股。最初，有3户村民不同意参加，新乡贤就协同理事会成员、老村长等，通过召开"大围事"，向农户说情讲理，于4月4日全体村民均签字确认同意。最终，全村共整合耕地136亩、山地2600多亩，为美丽乡村产业升级打下了基础。

其二，"大创意"引导，建立多元经营模式。为充分发挥土地资源效用，中华里新乡贤贡献个人创意，探索出了适于本村的多元化产业经营模式。新乡贤一方面主持成立大茅寮经济合作社，开展红葱头等集体自主经营项目；另一方面引进外来企业老板，将整合起来的其中80多亩土地出租给老板种植西瓜，通过"村企合作"，促成集体分红；另外鼓励村民利用闲置土地种植红薯等经济作物，同时以"村民+合作社"模式创办"黄花鹅"养殖场、龙泉山庄等项目，多渠道发展产业。

其三，"大智慧"规划，探索村庄发展前景。为探索美丽乡村建设的可持续发展道路，规划村庄前景，中华里新乡贤充分发挥企业家精神和个人经验的作用，与理事会共议共谋，尊重村民意见，在分析村庄既有的山、水、生态优势的基础上，制定出了建立绿色生态旅游休闲区的长远目标，发动村民搭建"卧龙谷"绿色产业链条，使美丽乡村建设走出了自身特色。

## 二　新乡贤助力，"美丽乡村"升级，打造多元成效

中华里新乡贤通过发挥群体能量，推动"聚心""聚力""聚智"，有

效整合了美丽乡村建设的各方发展资源，实现了"美丽"升级。

### （一）村貌焕新，共筑美丽乡村心理归属

第一，改变了环境，暖民心。在新乡贤力量的带动下，中华里村的村容村貌得以焕然一新，一系列村庄公共设施的建设和完善则进一步惠及了村民的生产生活，村民获得了看得见的实惠。中华里村年龄最长的90岁老人感慨道："我做梦都想不到，我有生之年能够看到中华里的今天！"

第二，凝聚力增强，牵民心。中华里村民在新乡贤牵引进行美丽乡村建设的过程中，增强了共筹共建的自动力和主动性，村庄的每一点变化都成为村民们的期望。在2014年国庆节庆典暨中华里乡村公园开园仪式上，出现了"千人迎国庆"的盛况。新乡贤李庚原回忆称："开园那一天，外出多年的出嫁女都回来了，很多年都没见到过的面孔在那一天都看到了，村容村貌一下子提高了很多，村民们都看到了希望，大家的凝聚力也大大增强了！"

第三，认同感提升，聚民心。在美丽乡村建设过程中，新乡贤出力、出资、出智，为村庄和村民提升福祉义务奉献，提升了村民对新乡贤群体的认同感，反过来更加支持美丽乡村建设。理事会成员李汉华说："李庚原2014年回村十几次，光飞机票、火车票加起来都花了几万块。一有事他就会马上赶回来，这种真正为村子着想的人，整个黄花地区都难找。"

### （二）动能提升，共商美丽乡村规划蓝图

首先，增强了自我参与意识。在新乡贤带动下，中华里美丽乡村建设规划稳步推进，村民相比之前更乐意"舍小家为大家"，从过去的不参与、不配合转向主动参与、积极配合，实现了美丽乡村建设主体从政府向村民自身的转型。理事会成员李汉华讲："其他村一开会就吵架，资源根本整合不起来，在这里村民都积极配合，大家一起参与。"

其次，丰富了自主管理方式。中华里新乡贤牵头建立了属于村民自己的"中华里·兄弟群"（后改名为"中华里·大家庭"）微信群，借此互联网平台开展线上议事，关于美丽乡村建设的各项事务均提交在群里讨论，加快了信息共享，提高了办事效率。到2014年底，中华里村每家每户都至少有一个代表参与微信群中，微信平台丰富了"中华里·大家庭"的自主管理手段。

最后,提升了自为发展水平。在新乡贤主持成立村民理事会以前,村民小组长个人的能力与精力有限,在村庄建设和发展过程中的号召力受限,小组长功能难以充分发挥,影响了村庄发展进度。中华里新乡贤带动建立村民理事会,共同参与美丽乡村建设,发挥助推功能,使美丽乡村建设发展水平不断提升。

### (三)产业发展,共享美丽乡村建设红利

一方面,拓展了村民收入来源。利用美丽乡村建设的契机,新乡贤鼓励村民通过合作社进行土地入股,每家农户在 2016 年都拿到了 200 多元的股份分红。同时,黄花鹅养殖场、龙泉山庄等项目也优先允许本村村民参与,为在村劳动力提供了就业岗位,提高了村民的经济收入。此外,闲置土地的认耕认种也为村民带来了实际经济收益。"我们之所以选择土地入股发展集体经济,更多的是让村民利益最大化,一心为子孙后代留一片青山绿水。"新乡贤李庚原说。

另一方面,增加了集体收益渠道。中华里村依靠产业模式转型,形成村庄自主发展方式,在美丽乡村建设中增加了集体收益渠道。在黄花鹅养殖项目上,近 5000 只草地鹅中的 3000 只由集体合作社直接经营,收益直归集体。此外,在"外包"项目上,村集体可从企业老板的西瓜种植收益中获得 40% 的分成。而从长远利益出发,中华里打造的以绿色生态产业为基础,集吃、喝、住、玩于一体的休闲旅游度假区,则为村庄带来了可持续的收入。

## 三　新乡贤"归根":助推美丽乡村建设新高度的启示

中华里村发挥"新乡贤"在美丽乡村建设中的助推作用,在村容焕新的基础上,走出了一条从"借土糊口"到"以土生金"的产业发展之路,为美丽乡村建设升级提供了借鉴与启迪。

### (一)新乡贤群体是美丽乡村建设的重要助推力量

美丽乡村建设是一个系统工程,需整合多元发展要素形成合力。其中,"新乡贤"群体因其特殊的身份与能力,在美丽乡村建设中发挥着重要作用。一方面,相对于其他力量而言,新乡贤群体因掌握知识、文化、能力、财力等资源,在美丽乡村建设与规划过程中具有传统优势和后发优

势。另一方面，新乡贤群体往往有着浓厚的"报恩"情怀与反哺情结，"归根"参与和支持家乡建设的积极性也较高。在佛冈县中华里村，新乡贤在自己富裕的同时不忘牵引家乡建设与发展，用自己的能力造福乡民，成为美丽乡村建设中的关键助力。

### （二）扶持"关键少数"新乡贤是美丽乡村建设的捷径

美丽乡村建设离不开能人的示范效应和拉力作用，培育作为"关键少数"的新乡贤力量，有意识地因势利导、乘势而为，使其成为凝聚民心的倡导人、"美丽"人居环境的牵引人和产业致富的带头人，是美丽乡村建设的捷径。这一方面需扶持愿意施惠乡梓、建设美丽家乡的义举之人；另一方面需培育有施展抱负的技能、思想与知识的能人；另外要重点支持有持续发展意愿、非仅一日之功的新乡贤。在中华里村，正是有这样一批新乡贤群体，才保障了美丽乡村建设积极稳步向前推进。

### （三）新乡贤助推、乡民主跑是美丽乡村建设的应有之义

从本质上讲，美丽乡村建设的主体应是乡民本身，新乡贤作为关键助推力量，应发挥"助跑"和牵引的功能，农民群众才是"跑步者"。新乡贤群体作为美丽乡村建设的"关键少数"，其核心作用是凝聚乡民、激活村民参与美丽乡村建设的自动力，而不应是美丽乡村建设的主导力量。佛冈县中华里村新乡贤在牵引建设美丽乡村的过程中，坚持广泛收集民意、与民共商共议，充分尊重农民群体的意愿和主体意识，助推乡民激发了美丽乡村建设的内动力。

### （四）新乡贤功能的充分发挥需依靠政府支持与搭台

新乡贤作为美丽乡村建设的助推力量，其群体功能的充分施展除依靠自身能量外，还需要借助政府的资金、政策帮扶与平台支持来拉动。为此，在美丽乡村建设过程中，地方政府需通过一定的项目资金和政策投入给予新乡贤以发展空间和资源。在佛冈县，中华里村新乡贤充分利用政府"一事一议"奖补资金作为美丽乡村建设产业发展的基础资源，有效攻克了"美丽乡村"建设起步的资金难题。

# 市场领跑：
# 为美丽乡村建设挂上"加速挡"

## ——基于广东省佛冈县陂角村的调查与思考

执笔人：张　羽、潘雪芝、唐丹丹

2017 年"中央一号"文件指出，在农业农村发展动力方面，必须牢牢把握体制机制创新这个主要着力点，充分发挥市场在资源配置中的决定性作用。长期以来，农村零碎土地务农效益低下，规模化产业缺失，市场缺位，导致农村大量劳动力转移，村内优势资源闲置，村庄发展缺少有力的"支撑点"。在美丽乡村建设的大背景下，清远市出台的《实施意见》也明确要求充分发挥市场配置资源的主导作用，实施一二三产业融合发展战略。为此，陂角村积极探索并实践出一条"市场领跑"助推美丽乡村建设的新路子，具体而言，就是通过充分发挥市场作用，拓展参与主体，对接市场需求，丰富筹资渠道，将村内外人力、物力、财力资源在村内形成发展合力，让村庄发展增效用、提效益、壮前景，成功地为美丽乡村的建设挂上了"加速挡"。

## 一　整合资源，转动美丽乡村发展"变速器"

以美丽乡村建设为契机，陂角村充分发挥市场机制在资源配置中的主体作用，将人力、物力和财力资源高度汇聚于村庄建设中，激活了村内外优势资源，为美丽乡村的建设与发展助力。

**（一）拓展参与主体，激活人力资源**

过去，村庄建设往往被认为是少数村干部的事情，但他们力量小，作用微，更多有能力、有热情的村民未被充分吸纳到建设队伍中来。为汇聚所有人的力量，陂角村通过开放的市场理念，成功激活了村内外的人力资源。

首先，以"互联网+"集聚村民参与。陂角村在外务工但热心村庄建设的村民多，为能让更多村民参与村庄发展，陂角村通过"互联网+"，搭建起理事会微信群、陂角村村民微信群以及"岭南聚龙湾温泉古村落"微信公众号等平台，一方面通过公众号文章激发村民建设家乡的热情，另一方面通过微信群将所有村民拧成一股绳，在群内实现了村内大小事务的及时讨论、协商和决策。"微信群现在 200 多人了，好的坏的都能随时在群里提出来，一个小小的互联网应用，就把全村人的心都连起来了。"提议建立微信群的周永棠非常感慨。

其次，以"市场资源"吸引族内能人参与。作为汤塘镇乡村旅游发展的南大门，陂角村以其优越的地理位置、古村落和温泉等市场资源，成功吸引了同为周氏宗亲的村外能人参与村庄建设。周氏宗亲理事会副会长周永棠全程参与村庄规划，并带资进行美丽乡村整改。同时，为了让外村能人在陂角村充分发挥带头作用，村内将 10 亩公田的股份指标分给了他们，让他们也能共享合作社股份分红。

最后，以"优势互补"吸引企业精英合作。陂角村充分开发市场资源，借助区位优势，成功吸引周边企业精英关注，通过与周边五星级度假酒店强强联合，利用产业辐射的带动作用，将陂角村的旅游资源和酒店的优势客源连接了起来。周理事长说："我们有旅游资源，酒店有稳定客流量，我们完全可以'借船出海'嘛。"

**（二）接轨市场需求，集聚物质资源**

在将人力资源充分调动起来的同时，陂角村以市场需求为出发点，通过土地整合、环境优化、民宿开发等方式，将沉睡的物质资源成功唤醒，为美丽乡村建设开拓了广阔的空间。

第一，整合土地，市场流转。规模化经营是我国农业现代化的发展方向，陂角村为了破解过去土地零碎分散、土地效益低下的难题，以市场需求为出发点，积极引导村民自主进行村内"互换并地"，实现"一户一田一地"，充分激发土地作为"潜力股"的价值，并通过市场化流转，将土地入股到经济合作社中，凭借一三产业融合等方式，开展"花海"打造等农业项目，从而成功激发了土地资源的潜能和价值。

第二，优化村貌，市场激活。要转变村庄发展的模式，对接市场需求，就必须改变村庄"脏乱差"的面貌。陂角村首先对村口 20 多户农户的临建房、菜地进行了整治，同时对村内建筑重新规划，建立起文化室、喷泉池广场、荷花池等基础设施，村庄面貌焕然一新，游客大为增多，陂角村彻底摘掉了汤塘镇村容最差村的帽子。

第三，打造民宿，瞄准市场。陂角村瞄准近年来兴起的乡村旅游热潮，找准村庄特色，将村内保存完整的岭南特色围屋、爱莲书院等进行了整修与维护，通过招商引资，开发古村落民宿项目，打造了一个集"观光旅游、鲜果采摘、围屋民宿"于一体的特色旅游线路。

**（三）丰富筹资渠道，融汇财力资源**

为保障美丽乡村建设的持续性，陂角村在资金有限的情况下，充分发挥市场的作用，开辟多种资金筹集渠道，以"村民众筹+合作社募股"的方式，将村内外的资金合力激发了出来。

一方面，激励众筹。在陂角村一期建设初期，资金不足，为了聚集财力投入建设，陂角村通过市场化的捐资途径，采取"线上+线下"的筹款方式激励村民众筹。村民既可以在微信群里认捐，也可以现场缴纳捐款或是将自家整改腾出的临建房及菜地以折价方式换算为捐款数额。其中，微信认捐，成为外出村民捐资的重要渠道。村民纷纷被乡亲们建设家乡的热情所带动，村内下到 3 岁小孩，上至 90 岁老人，全部参与了集资，共筹得资金 20 余万元。

另一方面，募股融资。为适应市场化的发展需求，陂角村因势而动，成立经济合作社，让农民变为股民，即根据自愿互利原则，实行"以田入股"和以资金认股的形式筹集资金，村内人人均可按照每股 100 元的标准参股。合作社募股，不仅将资金聚合了起来，也通过合作社的发展带动，实现了资源的升值。"我现在将家里一亩四分地都入了合作社，同时还入了7000元现金，一共87股，合作社每年盈利的75%都用来分给我们股东，有钱分，大家都愿意将钱放在合作社里。"村民周柱煌介绍道。

## 二　释放红利，跑出美丽乡村发展"加速度"

市场作为美丽乡村建设的重要力量，在区位好、能人多、资源广的陂角村作用尤为突出。陂角村利用市场重开放、效率、竞争的特性，顺利将人力、物力、财力资源吸引到美丽乡村建设中来，为村庄建设增添了动力。

### （一）增效用：实现了资源配置最优化

陂角村从市场需求出发，将村内人力、物力、财力资源纷纷盘活，充分发挥了市场在资源配置中的作用。

一是提升了土地资源的效益。通过土地整合和市场流转，陂角村过去种植效益不高、抛荒严重的土地都被重新利用起来。现在，陂角村的规模化种植达到102亩，每年仅"花海"项目预计就将吸引上万人前来参观。

二是激活了闲置资源的价值。陂角村经过村庄建设，将过去闲置、杂乱的临建房、菜地统统进行了整改，村口不再垃圾遍地，而是变成了环境舒适的文化广场和停车场等，不仅环境漂亮了，还能收取停车费增加收入。"这片地过去荒废着，又脏又臭，现在一开发，荒地变成宝地了。"村民纷纷感叹。

三是实现了闲置人力就地务工。村民将土地进行了市场流转后，合作社吸收了一部分村内剩余劳动力就地务工，负责安排轮工的合作社理事周柱煌介绍道："现在村里有24人在合作社工作，按号排工，在打造'花海'的时候，每小时提供10元的报酬，次月5号准时将工资发放给农户。"有种植技术的在家村民不出家门就成功解决了就业问题。

### （二）提效益：促进了经济收入稳提高

陂角村以建设美丽乡村为契机，通过市场化的管理和运营方式，推动了村庄产业的发展，同时带动了村民和集体收入的大幅增加。

一方面，村民"旱涝保收"。过去，传统农业耕种成本高，收益低，遇到灾害天气甚至会颗粒无收。陂角村采取土地入股合作社的方式后，村民不用再担心种植收入不稳定的问题，他们不用耕种，就可以获得1200元/亩的流转租金，还能同时获得自己的股份分红收入，在合作社工作的村民每年还有工资。"现在我们不用下地干活，坐在家里赚的钱都比过去多，旱涝都保收，多好！"

另一方面，村庄"富裕富有"。以前，陂角村集体收入很少，每年只有外租20亩公田获得的2.8万元的租金。现在，通过一三产业融合，村集体每年还能收取经济合作社支付的10亩机动田的租金共12000元，并能享受经济合作社25%的股份利润，村集体的收入来源大大增加，村庄总收入也大幅提高了。陂角村依靠农业观光旅游产业大大增加了经济收入，集体和村民同步富裕起来了。

### （三）壮前景：保障了村庄发展可持续

陂角村在市场机制的作用下，不仅将村内多种资源激活了，同时，通过规则习惯的形成，为美丽乡村建设增添了持续性。陂角村村民通过"互联网+"平台，在微信上广泛参与村内议题的讨论，已经将村庄建设中的大小事情均当作自己的事，而不再像以前一样置身事外。"现在美丽乡村建设的任何事情，都是在群里讨论的，村民有不满的地方随时提出、随时解决，有任何好的提议，任何人都可以在群里商量。只要是发展村里的事情，现在人人都很支持。"理事会成员说。与此同时，陂角村作为汤塘镇的旅游点之一，不会局限于目前的发展，而是在汤塘旅游发展的整体规划下，充分对接市场需求，进一步推动民宿、温泉等新项目的开展。周理事长介绍说："我们的美丽乡村不是达到了'特色村'就行了，而是会根据市场的发展，寻求更有利于村庄发展的产业和项目，保障村庄建设未来的持续性。"

## 三 以"市"为帆：美丽乡村驶入发展"新航道"

陂角村通过建立符合市场经济要求的农村建设发展运行新模式，以市场机制为牵引，扬帆破解美丽乡村建设中市场缺位的难题，成功营造了一个开放、高效的发展环境，强有力地带动了美丽乡村的快速推进。

### （一）美丽乡村建设的核心是优化资源配置

过去，传统农村发展难度大、门路少，很大原因在于村内外资源没有被充分利用，土地零散、人力闲置、资金匮乏，导致村庄"脏乱差"且人心"涣散"。陂角村在美丽乡村建设中的成功，得益于其通过市场化的方式，将过去闲置的各种资源都充分吸纳到村庄建设中。土地的市场化流转助推了规模化种植和产业化发展，村内外的能人和热心村民的群策群力充分发挥了个人的带动作用，经济合作社的"以田入股"让村民的土地和闲置资金生出钱来，人力、物力、资金的充分优化配置，让村庄在发展过程中拥有了广阔的发展空间与能力。如果不能发挥市场在资源配置中的主体作用，让资源"活"起来，美丽乡村建设将只是昙花一现，难以持久存续。

### （二）优化资源配置的关键是引入市场机制

村内外资源的充分优化配置，仅仅依靠政府的引导是不够的，政府可以引导资源的分配，但是不能决定资源的去向。必须尊重市场在资源配置中的主体作用，通过市场的牵引，结合当地的特色，将资源吸纳到合适的位置发挥最大的效用。陂角村的成功正是尊重了市场的作用，根据市场经济的发展需求，实现了土地的市场流转，建立起经济合作社组织，并且通过"互联网+"汇聚了村内外的智力资源，在开放、竞争的市场环境下，让资源落到最适合的位置，自主发挥作用，而非政府政策指导下的"一刀切"优化方式。因此，在市场经济体制下，市场机制是资源配置的决定性力量，在进行美丽乡村建设时一定要充分发挥市场机制的作用。

### （三）产业融合发展是美丽乡村建设的有力保障

要保障美丽乡村建设可持续，必须有特色产业进行支撑。在传统农业基础上进行一三产业融合，与市场需求完美对接，是村庄发展的有力保障。我国大部分农村，没有充分挖掘当地特色，未搭建起产业发展的平台，仅依靠传统农业的发展很难改变村庄面貌。陂角村理事会凭借独到的眼光，充分利用当地的旅游资源优势，推动一三产业融合，推动了乡村旅游产业的发展，并通过入股经济合作社，使村民和村集体都获得了分红收入。村民从产业发展中看到了村庄建设的希望，内生出参与建设的自主性，村集体通过产业经济的发展，为美丽乡村的进一步发展奠定了经济基础，有力保障了村庄建设的可持续性。

# 小角色，大能量：
# "远、山、穷"村庄何以"蝶变"

## ——基于广东省佛冈县同兴村的调查与思考

执笔人：朱　露、刘迎君

美丽乡村建设是推进美丽中国建设与生态文明建设的重要一环。然而，长期以来，美丽乡村建设仅见政府单一力量主导，作为美丽乡村建设主体的农民群众却"不干预、不参与、不相关"。由于缺乏有效的村庄牵引力量，农民群众往往力量无处使、发展无人带，导致美丽乡村建设"上冷下热""内冷外热"。鉴于此，广东省佛冈县同兴村自建村民理事会，以尊重农民发展意愿为前提，通过"共谋共议""共筹共建""共理共管"等方式，重拾村民参与热情，重置村庄发展资源，重构村庄发展优势，实现了由"远、山、穷"村庄向美丽乡村示范村的转型，成为理事会带动下的美丽乡村建设范本。

## 一　理事会为基，筑实自主平台，助力美丽乡村建设

同兴村民理事会自主成立、示范带头，引导村民共谋共议、共筹共建、共理共管，成为美丽乡村建设的重要牵引力量。

**（一）共谋共议，组建美丽乡村建设"智囊团"**

一是自主推选，搭建理事会平台。2011 年，同兴村以村小组长换届为契机，通过民主选举成立了同兴村民理事会，吸纳有能力、有公益心、有威信的能人加入理事会平台，打破了过去村民小组长"带而难动"的困局。村民小组长朱然光讲道："过去我们村组织开会的时候大家都不愿意来，想集中解决问题也解决不了，村民们觉得开会讨论的事跟他们无关，开个会太难了，（村民小组）在群众心中没有威信，我也越来越没有信心。现在成立了理事会，光理事会成员就有 8 个人，来商量事情的人多了，这个会就自然而然开起来了。"

二是理事分工，议事有规可循。为便于协同议事，同兴理事会一方面从各房推选成员，另一方面依照成员优势进行内部分工，如朱然栋负责经济和财务，朱光振负责与政府、企业沟通接洽，朱然光负责全面统筹，保障所有待议事项及时解决。2013 年村庄修建文化室时，在资金筹集方式、文化室样式、工程造价等方面存有异议，通过"户代表建议+房理事提议+理事会决策"的议事方式，有效化解了争议。

三是微信助力，网上理事会共议。同兴村总人口近 400 人，常年在村人数仅 150 人左右。为有效带动村民共同商议美丽乡村建设事项，理事会组建了"同兴村理事会""同兴村大家庭"两个微信群，通过互联网微信平台收集民意、倾听民声，调动村民的议事积极性。村民朱沛傍说："我在外面打工 20 多年，过去家乡发生什么事情都不知道，更别提为村庄做事。现在有了微信群，在外地打工的年轻人，不用回村也能够为我们的村庄建设建言献策。"

**（二）共筹共建，当好美丽乡村规划"掌舵人"**

其一，"带路"资源重组，解决"地从哪里来"。过去，同兴村人均耕地不到 5 分，土地分散细碎，难以产生规模效益。理事朱光振说："砂糖橘产业衰败后，村里更没有人愿意种地，土地都长满了高高的草，基本上都撂荒了。"为发挥土地效益，村民理事会带头组织村民通过土地置换和土地整合的方式，将小块土地变大块、碎块土地变整块，为后期成立专业合作社、实现美丽乡村建设产业升级打下了基础。

其二，"领路"内筹外引，解决"钱从哪里来"。长期以来，同兴村集体经济收入薄弱，缺乏发展资金成为美丽乡村建设的一大难题。为此，村民理事会探索"领路"，开拓资金来源渠道。一方面鼓励"内筹"，邀请在村村民和村庄外出经济能人贡献财力；另一方面进行"外引"，理事会成员主动联系外村朱姓人捐款，同时做企业老板的工作，争取老板带资投入。通过内筹外引，共筹集到 100 多万元的美丽乡村建设资金，缓解了资金压力。

其三，"引路"整合动能，解决"人从哪里来"。人力资源是美丽乡村建设的基本力量。理事会一方面发挥示范引路功能，如理事长朱然栋、理事朱光振两人无偿提供自家挖掘机并亲自拆除村庄旧屋，形成示范效应，以此激发村民的配合积极性和能动性；另一方面采取市场用工方式，鼓励有劳动能力的在村村民参与美丽乡村建设工程，每天按市场标准给予 80 元用工报酬，以充分挖掘可参与建设的人力资源。

**（三）共理共管，凝聚美丽乡村发展"合力股"**

首先，整体规划布局，合心改变村貌。为改善美丽乡村村容村貌，理事会带头对农户的 156 间危房旧屋进行拆并后实施统一规划建设，村民配合理事会进行统一房屋规格再建、统一房屋朝向修建，改变了过去的乱搭乱建现象。同时，利用新整合的宅基地资源，同兴村相继建成了村庄文化室、篮球场、健身广场、公园等基础设施，理事会与村民同心使村庄面貌大为改善。

其次，向外取长补短，合智探索发展。为探索寻找适合本村的美丽乡村建设发展道路，同兴村民理事会成员自发到县域内特色乡村进行参观学习，交流美丽乡村建设经验，取长补短。在参观"田野绿世界"后，理事会掌握了释迦、红毛榴梿、红心番石榴等高端水果的种植技术，在进行市场考察后，于 2017 年初引进了 3000 棵果苗进行栽种试验，以积累发展经验。

最后，向内挖掘优势，合力发展产业。美丽乡村也应是富庶乡村，产业发展至关重要。同兴村理事会根据村庄实际，结合村庄优势，确定了"短期、中期、长期"三种不同的产业发展模式。具体来说，短期种植水稻、紫米等农作物，发展农业产业，保证农户基本收入；中期打造高端水果，发展经济产业，吸引外来游客；长期发展观光旅游业，利用村内优越地形，推进"七十二家房客"休闲民宿项目建设，实现村庄一三产业融合发展。

## 二 共惠共享：美丽乡村建设成果惠泽民生

同兴村民理事会以美丽乡村建设为方向，引导村民共议、共筹、共管，改善村庄环境，激活产业发展资源，实现了环境留人、情感聚人、产业引人，使"美丽"升级。

### （一）改善村庄人居环境，实现了环境留人

一是变"脏乱差"为"宜居地"，村民安于居住。理事会朱然栋回忆称："以前，满街都是老鼠，卫生很差，玉米没有收的，水稻也没得收，都被老鼠吃了。"同兴理事会引导村民改善生产生活环境，带领村民全面清理房前屋后的生活垃圾和废弃杂物，并统一设置垃圾箱，修建垃圾池，定期处理垃圾，使村容村貌焕然一新。2017年初，同兴村被评为县美丽乡村建设"示范村"，村庄成为宜居之所。

二是变无序为有序，村民乐于维护。在进行土地整合与规划使用前，村民常私占公共土地，村庄环境杂乱无序。理事朱光振说："原本属于集体的土地，村民在长期的生产生活中慢慢占用，各家在门前屋后种上竹林占用土地，时间久了，村民将这部分土地和竹林已经当作自己的私产。"理事会牵头进行土地整合与规划，统一在路边、屋边、田边栽树，使村庄四季常绿，村民享受到了环境变化带来的益处，开始主动进行维护。

三是变"空壳村"为人气地，村民乐于回村。长期以来，同兴村2/3的村民长年在外打工，村里只剩老人和小孩，环境脏乱差更加剧了"空壳"程度，很多外出的年轻人不愿回乡。理事朱金培说："将村子建设好，环境干净整洁了，基础设施完善了，村民们不止在重大节日才返乡，平时工作休闲时间也会从广州回家来看看，我们家亲戚朋友都爱来村里面玩，村庄变化太大了！"

### （二）聚力发展齐心合力，促成了情感聚人

首先，变反对为支持，激发了建设能动性。一开始，村民对美丽乡村建设不理解、不参与、不支持，在拆旧房时，有老人躺在路上阻止拆除，导致工程中断。在理事会引导美丽乡村建设取得成效后，村民开始转变态

度，支持理事会的工作。特别是修建文化室占用到部分农户的土地，村民均配合拿出，文化室建成，成为村民的娱乐活动中心，村民得到实在的收益，参与建设的能动性进一步提升。

其次，变被动为主动，激活了建设自主性。"没有理事会时，什么事都干不了，村民说没时间、没空，有事情不参加。"理事朱光振讲道。理事会反复做村民工作，带动大家共商事务、共筹共建，让村民自己的事情自己办，逐渐改变了村民的被动行为和观望心理，使村民觉得主动参与是在为自己改善条件，从而激活了他们的建设自主性。村庄在建文化室时，即使工资比较低，在村村民也都出力出工主动参与。

最后，从外出到返乡，激起了建设积极性。外出务工者是美丽乡村建设的重要力量，在理事会带动下，村庄环境的改变及产业的初步发展使外出村民看到了希望，吸引了大量外出者回乡看望，并参与到村庄建设中来。近两年来，逢年过节外出者不仅会自己返乡，还会带上亲朋好友到家乡旅游，外出者见到理事成员常说："做得好，做得好，家乡发展更好了！"

### （三）富民强村利益共赢，推进了产业引人

其一，盘活了村庄闲置资源，引人有依靠。在理事会牵引下，同兴村将抛荒耕地、废弃宅基地等重新整合，变小为大，变废为宝，为村庄产业引人夯实了资源基础。当前，同兴村成立了"农旅文专业合作社"，引导农民以"土地+资金"的方式入股，每股1.5万元，村民每亩土地作价500元，3亩土地为期10年可以算作一股，不足3亩，补足剩余资金，专业合作社共筹集到30万元的产业发展资金。

其二，壮大了集体经济实力，引人有基础。同兴村依托本地自然景观、生态产业和传统文化优势，摸索出了适合本村的资源型集体经济模式，并使其成为美丽乡村建设产业发展的可持续动力。村民小组长朱然光说："2010年的时候，我们村是水头镇最穷的村，村集体经济只有6000元。"当前，同兴村每年的集体经济收入达到了四五万元，为产业发展增蓄了能量。

其三，增加了在村农民收入，引人有保障。自砂糖橘染上黄龙病后，村民失去了稳定的收入来源，很多村民离开村庄向外发展。而在美丽乡村

建设过程中，在土地生金的基础上，理事会还积极牵线为村民提供从业岗位，如农忙时到合作社插秧人均每天 80 元，让懂技术的村民开农耕机每天给予 100 元报酬，此外，聘请两名保洁员每月支付 500 元报酬，使在村村民留在家里也能有收入。

### 三　小角色孕育大能量：理事会牵引美丽乡村建设启示

同兴村以村民理事会为美丽乡村建设的重要牵引力量，通过引导农民共议、共建、共管，实现了村貌改变、村民聚心、村庄发展升级，打造了美丽乡村建设的新范本。

#### （一）村民理事会是推进美丽乡村建设的可靠载体

村民理事会作为农民群众的自组织，在倡引农民共议、引导农民共筹、带领农民共建等方面具有特殊优势。特别是在探索进行美丽乡村建设的当下，充分发挥村民理事会在牵引整合村庄资源、尝试发展适宜产业等环节的作用，是美丽乡村建设有序铺开的重要保障。佛冈县同兴村一批志愿发展乡村的乡贤能人自主搭建起村民理事会平台，通过自身的示范引领和直接参与，不仅调动了村庄闲置发展资源，而且将农民这一美丽乡村建设主体的能动性充分激活，打造了村民理事会载体带动下的美丽乡村建设新模式。

#### （二）保障农民参与是理事会牵引美丽乡村建设的前提

习近平总书记提到："还农民建设美丽乡村之权，赋美丽乡村建设之能。"长期以来，农民群众作为美丽乡村建设的主体，却抱着"不干预、不参与、不相关"的态度，政府主导有余，农民参与不足，导致美丽乡村建设"上冷下热""外热内冷"，变成了村庄少部分人的事情。村民理事会作为重要牵引性力量，如果难以调动农民群众的参与和支持，也会使美丽乡村建设陷于"带而不动""牵而不走"的困局。佛冈县同兴村民理事会从引导农民共议共谋入手，通过户代表会、微信群平台等拓宽村民参与美丽乡村建设的渠道，后鼓励村民共同整合发展资源，征求村民发展意愿，形成了理事会与村民共建美丽乡村的合力。

#### （三）整合美丽乡村建设资源是理事会功能的重要着力点

美丽乡村建设不仅要"美"在外观，更要"美"在发展，依靠产业力量拉动富民强村。对于农村来说，能否有效整合自身的土地、资金、生态环境等既有资源，是能否确定产业发展模式、形成产业发展优势的关键。因此，作为美丽乡村建设的牵引者，村民理事会能否实现建设资源的整合，对其自身功能发挥至关重要。在佛冈县同兴村，村民理事会以带动村民进行土地、资金等资源整合为突破口，积聚了美丽乡村建设的产业发展基础，实现了为美丽乡村发展"添砖加瓦"。

# 激活小组：
# 为美丽乡村建设注入"源头活水"

## ——基于广东省佛冈县益茂村的调查与思考

执笔人：黄　莺、张利明

习近平总书记指出，美丽乡村建设"一定要走符合农村的建设路子，注意乡土味道，体现农村特点"，这就需要充分利用农村的内在特点和规律进行建设。然而，长期以来，我国很多地区都以行政村为单位开展乡村建设，由于"规模大、人口多、利益杂"，农民往往"无心参与、无力参与、无法参与"，导致美丽乡村建设"难发力、难落地、难持续"。鉴于此，广东省佛冈县益茂村以美丽乡村建设为契机，准确把握乡村特点，通过依托小组单元、激活组长功能、整合组内资源、利用小组机制，有效唤起了乡村的内在动力和活力，促进了美丽乡村建设"巧发力、深落地、可持续"。

## 一　小组为基，激活内部动力，让美丽乡村"动起来"

益茂村以村民小组为依托，将建设的关口下移至小组，筑牢在农民身边，让美丽乡村建设扎稳了根基，落到了实处。

### （一）依托小组单元，让建设"接地气"

首先，单元下沉至组，小组能作为。益茂村根据地域条件、人口分布、村民习惯等因素，以长期自然形成的小组为基准，将美丽乡村建设的重心下沉至村民小组，让美丽乡村从"十几公里外的事"变为"家门口的事"。"我们益茂是条大村，有54户人家，370多人，以村民小组为基础进行建设后，更容易与群众形成共同意愿了。"益茂村七三组组长陈汉钊说道。

其次，以小组聚能人，建设有队伍。村民小组通过村民推荐、自我举荐等方式，汇聚组内的乡贤能人，组成了一支热心公益、乐于奉献的8人队伍，为美丽乡村建设建言献策、出钱出力。鱼档老板陈汝流表示："经常要开会商量事情，自己的生意有时也顾不了，但能为村里做点事也就值了。"

再次，以小组搭平台，建设有载体。在政府引导下，益茂村小组经过群众民主推选，产生1名会长，6名成员，组成理事会，成员之间根据个人能力、特长等进行职责分工，相互配合，为美丽乡村建设提供了有效载体。益茂村理事会自2015年7月成立以来，每年都会召开30多次理事会议，召开3次以上会员大会，共同讨论美丽乡村建设。

### （二）激活组长功能，让建设"能落地"

一是担当"点子王"。益茂村小组长充分发挥自己懂政策、懂村情、懂组情的优势，适时为美丽乡村建设出点子、谋方子。小组长陈汉钊表示："我们参观其他村庄，发现他们通过建设文化室把村子搞热闹，搞活了。于是我们学习他们的经验，决定建起文化室。"

二是甘当"领头羊"。为保证美丽乡村建设有序推进，充分发挥小组长的带头作用，组长带头出地、出钱、出力，做好示范，有效提高了其他村民的积极性。小组长陈汉钊率先无偿交出自家0.2亩自留地，带动了绝大部分村民交出自留地，不到一个星期就完成了文化室建设用地整合。

三是巧当"协调员"。小组长充分发挥自己熟民情、知民意、有威望的优势，以公平公正为准则，调和村民之间、村民与集体之间的利益与矛盾。2015年益茂村在建设文化室时，村民在选址上产生了较大矛盾，小组长利用"土办法"，帮村民"算细账"，使村民之间达成了共识。

### （三） 整合组内资源，让建设 "有底气"

一方面，以产权相关整合土地资源。益茂村基于土地产权在村民小组的实际情况，以小组为单元，在村民自愿的原则上，按照相关的政策流程，通过区域划分、丈量到户、结果公示三个流程完成了土地整合，整合面积共303.53亩。

另一方面，以利益相连整合涉农资金。在政府政策指引下，益茂村根据规定流程，利用村组熟人社会、利益关联的特点，做通了村民的思想工作，整合了种粮直补、生态公益林补偿资金，用于美丽乡村建设中的公共事业。

## 二　小组为纽，聚合内外资源，让美丽乡村 "活起来"

益茂村以村民小组为纽带，通过引入政府、市场、群众多方能量，实现上中下三级联通，提升了建设动能，为美丽乡村建设汲取了 "活水"。

### （一） 上联政府，让建设有 "助手"

村民小组是政府政策执行和落实的 "最后一公里"，通过借力政府资源，为乡村建设提供强大 "助手"。

一方面，接收政策，建设有方向。益茂小组通过张榜公示、入户宣传等方式疏通政策传导渠道，打通了政策到民的 "最后一公里"。村民在阅读美丽乡村政策宣传展板后，增强了建设的信心。

另一方面，善用政策，建设能惠民。村民小组根据政策要点，将政府政策与当地实际相结合，使政策成为惠及民生的工具。益茂小组通过申报 "一事一议" 和示范村项目，共获得政府资金支持约160万元，有力推进了美丽乡村建设的进度。

### （二） 中接市场，让建设有 "外援"

其一，引入市场主体，建设更有活力。村民小组通过成立经济合作社，集中土地资源，以优越条件吸引农业企业、公司入村，有效提升了乡村建设的产业基础。引入以香蕉、冬瓜为主的规模种植业帮助将闲置土地以每年1100元/亩的价格流转出去，同时为村庄闲置劳动力带来更多就业机会，增加了村民收入。

其二，接入市场机制，建设更有效率。益茂村小组以公开招标的方式，接入市场竞争机制，提升了美丽乡村建设的效率。村民陈剑飞在"公开招标，价优者得"的机制下，以"更低金额，更多项目"的优势，获得了文化室项目及示范村项目的承建权，使美丽乡村建设实现了更优的效率。

**（三）下通群众，让建设有"主力"**

一方面，巧用"家长会"，共商共谋。村民小组定期召开"家长会"，召集户主参与美丽乡村建设事务的讨论，让村民共商共谋，激发了村民的"主人翁"意识。80岁老党员陈柏淳说道："作为村里的老党员，我们有义务为村庄发展提建议。只要天气好，我都会去参加家长会，每次开会还签到了呢。"

另一方面，依靠群众，共筹共建。村民小组通过利益引导、荣誉激励、心理认同等方式激发村民筹资筹劳，共同参与美丽乡村建设。益茂村小组以"300（元）以上刻碑、300（元）以下上榜"的方式向村民发起捐款倡议，动员群众捐款共10余万元。

## 三　小组为轴，转活内生机制，让美丽乡村"美起来"

益茂村积极利用村民小组内在的监督机制、约束机制和激励机制，为美丽乡村建设提供了制度化保障，破解了美丽乡村"一时新"的建设困局，实现了美丽乡村的"持久之美"。

**（一）创新监督机制，让美丽乡村"可延续"**

其一，建立会议纪要制，事事可监督。对于组内的重要事务，村民小组统一进行会议记录，建立常态化的"会议纪要制度"，在文化室门口显眼位置，及时公开党务、村务、财务等相关文字记录，实现决议有字可循，账目有账可查。

其二，创新动态网络制，实时可监督。益茂村民小组利用互联网技术，创建村组微信群，让村民实时掌握最新村态。外出村民通过"美丽乡村建设青年微信群"，可第一时间获得村内消息，消除了时间和空间的阻隔，实现了实时化监督。

**（二）构建约束机制，让美丽乡村"可持续"**

第一，用规章制度，拉起"规矩准绳"。益茂村小组根据村庄实际、村民习惯，设立村规民约、规章制度，规范村民行为习惯。《益茂村乡规民约》明确规定"禁止在路上晒东西和堆放杂物"。实行村规民约，有效约束了村民行为。

第二，签署承诺书，设下"思想防线"。益茂村通过动员村民签署各种承诺书，如《卫生公约承诺书》等，让村民在思想上重视美丽乡村建设。"想到了自己在责任书上签名，都不敢再随便扔垃圾了。"

第三，立惩罚机制，敲响"行为警铃"。益茂村通过取消评优资格等惩罚，有效防止村民的逾越行为。对于违反村规民约、规章制度且屡教不改的村民，村规民约规定取消其"文明家庭""优秀村民"等评选资格，同时禁止其使用村庄文化室设施，以此督促村民遵规守约。

**（三）强化激励机制，让美丽乡村"可长效"**

一方面，物质激励，让村民"尝甜头"。村民小组通过举办有奖竞赛等活动，给予村民物质奖励，让村民在经济上尝到甜头。小组长陈汉钊表示："春节期间举办篮球比赛，获胜一方可以获得1000元奖励，连在外打工的村民都回来参加比赛，村里赌博的风气也消失了。"

另一方面，荣誉激励，让村民"增劲头"。益茂村通过举办评选活动，授予村民荣誉称号，为村民参与注入了"强心针"。"村民看他人评上了'优秀村民'称号，都向他学习，也想争当优秀。"七三组组长陈汝流说道。

## 四　小组激活，促进美丽乡村"常新常美"

益茂村依托村民小组，整合乡土资源，激活乡土内生动力，为美丽乡村发展提供持久动力，实现了美丽乡村建设"常新常美"，具有重要的启示意义和借鉴价值。

**（一）村民小组是承接美丽乡村建设的合理单元**

美丽乡村建设的有效落地需要合理的承接单元。长期以来，我国的乡村建设主要以行政村为单元，往往由于规模过大、利益缺乏、形式单一，建设成效不甚理想。为此，广东省佛冈县益茂村以"美丽乡村"建设为契机，结合村庄实际，将村民小组作为建设的基本单元，充分挖掘村民小组"地域相近，利益相关，规模适度"的优势，整合组内资源，激活小组内部动力，使美丽乡村建设"动起来、活起来"，真正走好了"最后一公里"。由此可见，推进美丽乡村建设，需要根据因地制宜的原则，充分重视乡村的内在特点，探索多种有效的承接单元和建设单元。

（二）依托乡土内在资源是美丽乡村建设的基础

长期以来，由于乡土缺乏内生动力和建设主体，农村建设大多由政府单一主导，往往因"水土不服"而难以持续运行，难以自主发展。佛冈县益茂村依托小组单元，充分挖掘乡土内在要素，以聚合乡土人才汇聚人力，以整合乡土资源汇集物力，为美丽乡村建设凝聚了一股强大的内生力量。可见，美丽乡村建设不仅是单一的外部建设，更需要激活乡土内生资源，充分发挥乡土内部力量的作用，实现乡村的自我建设、自主发展。

（三）完善小组内生机制是实现美丽乡村持久发展的关键

美丽乡村建设是一项长期任务，需要长效推进，这不仅要发挥农民的主体性作用，还需要完善制度体系。佛冈县益茂村通过创新监督机制，形成了长效化、动态化的监督渠道；通过构建约束机制，利用小组的内在规约、内部规章来约束村民；通过强化激励机制，调动村民参与积极性，由此促进了乡村建设"建得好、保持住、不反弹"，保住了美丽乡村的"持久之美"。

图书在版编目（CIP）数据

清远改革：以治理有效引领乡村振兴／任路等著
. -- 北京：社会科学文献出版社，2018.8
（智库书系. 地方经验研究）
ISBN 978-7-5201-2887-2

Ⅰ.①清⋯ Ⅱ.①任⋯ Ⅲ.①农村-社会主义建设-
研究-清远 Ⅳ.①F327.653

中国版本图书馆 CIP 数据核字（2018）第 126050 号

智库书系·地方经验研究

清远改革：以治理有效引领乡村振兴

著　者／任　路　李博阳　方　帅　等

出 版 人／谢寿光
项目统筹／王　绯　赵慧英
责任编辑／赵慧英

出　　版／社会科学文献出版社·社会政法分社（010）59367156
　　　　　地址：北京市北三环中路甲29号院华龙大厦　邮编：100029
　　　　　网址：www.ssap.com.cn
发　　行／市场营销中心（010）59367081　59367018
印　　装／三河市龙林印务有限公司

规　　格／开　本：787mm×1092mm　1/16
　　　　　印　张：20　字　数：309千字
版　　次／2018年8月第1版　2018年8月第1次印刷
书　　号／ISBN 978-7-5201-2887-2
定　　价／89.00元